Brandt/Thiesen

Umwelt spielend entdecken

Petra Brandt · Peter Thiesen

Umwelt spielend entdecken

Ein Arbeitsbuch für Kindergarten, Hort und Grundschule

Beltz Verlag · Weinheim und Basel 1991

CIP-Titelaufnahme der Deutschen Bibliothek

Brandt, Petra: Umwelt spielend entdecken : ein Arbeitsbuch für Kindergarten, Hort und Grundschule / Petra Brandt ; Peter Thiesen.
[Ill.: Matthias Brandt]. – Weinheim ; Basel : Beltz, 1991
(Beltz Praxis)
ISBN 3-407-62138-8
NE: Thiesen, Peter:

Lektorat: Richard Grübling

Umschlaggestaltung: Atelier Warminski, 6470 Büdingen 8
Umschlagfoto: Peter Thiesen, 2400 Lübeck 1
Illustrationen: Matthias Brandt, 2061 Groß Weeden
Satz: Walter Huber, 7140 Ludwigsburg
Druck und buchb. Verarbeitung: Druckhaus Beltz, 6940 Hemsbach
Herstellung: Rainer Kusche, Goldener Schnitt, 7573 Sinzheim

Printed in Germany
ISBN 3 407 62138-8

Vorwort

Wäre die Natur nicht unverbesserlich,
wir hätten sie längst zerstört.
(E. Wertheimer 1846–1916)

Die Umwelt ist die Quelle aller Eindrücke, die auf das Kind einwirken. Sie ist der beständigste Lernanreiz und übt eine unglaubliche Anziehungskraft auf das Kind aus. Es kommt mit Menschen, Tieren, Pflanzen, Gegenständen und Erscheinungen in Berührung, die seine Neugier und sein Interesse wecken. Kinder machen täglich erregende Entdeckungen und erleben vieles immer wieder neu, woran sich die Erwachsenen gewöhnt haben und dem sie nur noch wenig Beachtung schenken.
Aus der engen Verbindung der Kinder mit dem Leben in ihrer unmittelbaren Umwelt und dem Interesse für seine Erscheinungen ergeben sich viele Anregungen, die die Kinder zum Handeln veranlassen. Kinder haben den Wunsch und das Bestreben, ihre Umwelt zu entdecken, sich mit ihr zu beschäftigen und sie zu verändern. Sie wollen sie kennenlernen, ihre Bedeutung verstehen und gestaltend auf sie einwirken. Nur im Prozeß der Einwirkung und Veränderung der Umwelt können sie in das Wesen der Dinge eindringen und diese erkennen.
Dem Handeln der Kinder sind aber in der Umwelt, in der sie aufwachsen, bestimmte Grenzen gesetzt, die sich daraus ergeben, daß sie noch nicht wie der Erwachsene in der Lage sind, ihre Ansichten und Bestrebungen in die Wirklichkeit umzusetzen. Beim spielenden Lernen jedoch sind den Kindern keine Grenzen gesetzt. Sie können alles ausführen, sich so verhalten und so handeln, wie sie es gerne möchten. Alles, was Kinder interessiert, was sie beobachten und erleben, wird im Spiel aufgenommen und verinnerlicht. Kinder lernen, indem sie spielen. Sie vergleichen ihre Handlungen mit den Ereignissen außerhalb des Spiels, was zu einem umfassenderen und tieferen Eindringen in ihre Bedeutung beiträgt. Dabei erfahren sie auch, welche Auswirkungen unbedachtes Verhalten des Menschen auf seine Lebensumwelt haben kann. Kinder im Vorschulalter bringen Dinge in einen Zusammenhang; eine Fähigkeit, die beim Fächerdenken in der Schule zum Teil leider wieder abgebaut wird. Gerade beim Erfassen der Umwelt ist es wichtig, in Zusammenhängen zu lernen, da ein Lebensbereich fast nahtlos in den anderen übergeht.

Dieses Buch enthält ein vielseitiges Methoden- und Materialangebot zum spielerischen Entdecken, Verändern, Schützen und konstruktiven Verändern der kindlichen Umwelt. Es ist prall gefüllt mit über 300 originellen Entdeckungsspielen, Versuchen, Experimenten, Rätseln, Geschichten, Anregungen für Gespräche, Beobachtungen und ästhetisches Gestalten in Kindergarten, Hort, Grundschule und Familie.

Dieses Praxisbuch ist besonders für projektbezogenes Arbeiten geeignet. Es ist aber auch so konzipiert, daß die Erzieherin/Lehrerin jederzeit einzelne interessante Spiel- und Lernangebote herauslösen und in ihre eigene Wochen- und Monatsplanung einbauen kann. Exemplarisch werden sieben praxiserprobte „Umweltentdeckungstouren“ dargestellt und ausführlich didaktisch beschrieben: Ernährung, Gesundheit, Haushalt, Einkaufen, Müll, Garten, Wald und Wiese.

Die Entdeckungstouren und Aktionen dieses Buches können dem einzelnen Kind wie der Gruppe zu wichtigen Erfahrungen und Erkenntnissen verhelfen und ihnen das Gefühl vermitteln, in freier, schöpferischer Tätigkeit etwas Wertvolles, Nützliches getan zu haben. Kinder, die heute mit vier, fünf oder sechs Jahren unsere Kindergärten besuchen, müssen voraussichtlich auch noch im Jahre 2060 lebensfähig sein. Um so wichtiger ist es, sie schon früh zu befähigen, auf die Entwicklung ihrer Lebensumwelt aktiv Einfluß nehmen zu können.

Ein wesentliches Anliegen des Buches ist es auch, die pädagogische Kompetenz von Erzieherinnen und Pädagoginnen bei der Vermittlung umweltkundlicher Inhalte in Kindergarten und Hort zu festigen und den Umweltschutzgedanken zu vertiefen.

Danken möchten wir unseren kleinen Entdeckern Carl-Christian, Felix, Florian, Hans-Hinrich, Martin, Mona, Moritz, Christian und Sarah. Sie haben durch ihre Neugier und ihre unbefangene Spiel- und Experimentierfreude maßgeblich zum Gelingen dieses Buches beigetragen.

Petra Brandt · Peter Thiesen

Inhalt

Grundlagen

Durchdachte Umwelterziehung in Kindergarten, Hort und Grundschule

Die Themen Umwelt-, Sach- und Naturbegegnung im Kindergarten- und Hortbereich sind nicht neu. Auch im Heimat- und Sachkundeunterricht der Grundschule werden sporadisch umweltkundliche Kenntnisse vermittelt. Ein überzeugendes, durchgängiges und praktisches Konzept zur Umwelterziehung wurde bisher jedoch nicht vorgelegt. Konsequente Umweltbegegnung- und erziehung muß aber bereits beim Kind im Kindergartenalter einsetzen, und sie sollte das Kind durch Grundschule und Hort, bis ins Jugendalter begleiten.

Gerade kleine Kinder sind gut zu motivieren, wenn es um ihre unmittelbaren Lebensbereiche geht. Sie sind besonders neugierig auf das, was um sie herum und in der Natur geschieht. Sie sind experimentierfreudig, spiel- und lernfähig. Kinder betrachten ihre Umwelt noch bewußt, sie interessieren sich auch für das kleinste Krabbeltier im Garten, können sich stundenlang mit einem einzigen Regenwurm beschäftigen, nehmen jede kleine Veränderung wahr und reagieren mit Neugier darauf. Lediglich die Ungeduld und das Desinteresse der Erwachsenen können die Kinder hindern, mit all ihren Sinnen die Umwelt zu entdecken, zu begreifen, sie zu pflegen und zu schützen. Deswegen ist es Aufgabe der Erwachsenen, besonders der Pädagogen, den Kindern bei der Entwicklung von Kompetenzen zu helfen, die sie befähigen, die eigene Lebensumwelt mit wachen Augen wahrzunehmen und zu erhalten.

Eine durchdachte Umwelterziehung, die im Kindergarten beginnt und sich in der Grundschule fortsetzt, wird Kindern Kenntnisse vermitteln, die langfristig dazu beitragen können, Umweltprobleme zu lösen, nachdem sie als problematisch erkannt und verstanden wurden. Es ist hinlänglich bekannt, daß die von Erwachsenen verursachten Probleme in der Umwelt Auswirkungen und entscheidenden Einfluß auf das Leben unserer Kinder haben. So gesehen, werden die Probleme der Erwachsenen auch immer die Probleme der Kinder sein. Wir müssen also den Kindern helfen, eine ihnen z. T. undurchschaubare Welt vertraut zu machen. Auch Verantwortungsbewußtsein und umweltbezogene Wertvorstellungen sollten mit den Kin-

dern entwickelt werden. Hierzu gehört auch das Wecken von Motivation, die eigene Umwelt aktiv zu erfahren und sich an ihrem Schutz zu beteiligen. Um dies zu realisieren, benötigen Kinder Fähigkeiten und Fertigkeiten, Umweltprobleme in ihrem Erlebnisbereich zu erkennen und – zumindest ansatzweise – zu bewältigen.
Kinder können auf allen Ebenen aktiv in die Mitarbeit einbezogen werden. Ihrem Schaffensdrang steht noch nicht, wie beim Jugendlichen und Erwachsenen, eine starke Konsumorientierung entgegen. Ihr Einsatz ist kein vorübergehender Aktionismus. Da, wo Kinder die Chance haben, naturverbunden und spielerisch am Objekt zu lernen, prägt sich ihnen Gelerntes so ein, daß sie ihre Kenntnisse auch in praktisches Handeln umsetzen können. Eine künstlich erzeugte Motivation ist für die in diesem Buch beschriebenen und durchgeführten „Umweltentdeckungstouren" nicht notwendig. Erzieherinnen, Lehrerinnen, Eltern und andere Personen, die mit Kindern spielen, arbeiten und lernen, müssen ihnen nur ein Umfeld schaffen, das entdeckendes „Umweltlernen" ermöglicht. Täglich ergeben sich z. B. situative Anlässe für Beschäftigungen und Spiel. Das kann die Ameise sein, die sich in den Gruppen- bzw. Klassenraum verirrt hat oder die Spinne, vor der sich einige Kinder fürchten. Das kann aber auch der Müllberg, der sich nach dem Frühstück angesammelt hat, das Gartenfeuer des Nachbarn oder die neue Haarfarbe der Erzieherin sein. Viele Situationen warten geradezu darauf, erarbeitet bzw. erspielt zu werden. Die hier vorgestellten exemplarischen „Umweltentdeckungstouren" möchten helfen, sich diesen Situationen zu stellen. Sie verstehen sich als Anregungen, die sich verändern und erweitern lassen. Gleichzeitig wollen sie dazu anregen, eigene Ideen zu entwickeln und die dargestellten Vorschläge fortzuführen.

Was ist „Umwelt"? – Begriffsklärung

Die Welt, in der wir leben, ist die einzige Welt, die es gibt. Und doch gibt es verschiedene Umwelten, weil wir die Welt immer in Bezug zu uns selbst bringen. So ist die Umwelt eines Kleinkindes eine andere, als die der Autofahrerin, die sich in den Urlaub nach Spanien begibt.
Jeder Mensch hat seine eigene Umwelt, und die besteht aus dem, was wir von der Welt kennen. Für ein Kindergartenkind kann die Umwelt aus dem Elternhaus, dem Kindergarten, dem Weg zwischen beidem, der Wiese vor dem Wohnhaus, den Pflanzen darauf, dem Supermarkt und den Häusern der Straße, in der das Kind lebt, bestehen. Die Umwelt eines Hort- und Schulkindes dehnt sich schon viel weiter aus. Der Aktionsradius des Schul-

kindes erstreckt sich vielleicht schon auf den anderen Stadtteil oder das Nachbardorf, die Innenstadt, das Kino und das Jugendzentrum, den nahen Wald oder die wilde Müllkippe.
Jeder Mensch nimmt auch die Dinge in seiner Umwelt unterschiedlich wahr; manche Dinge registriert er gar nicht. Während der eine den Schmetterling auf der Blume sieht und sich darüber freut, übersieht der andere ihn und ärgert sich nur über die wildwachsenden Pflanzen in seinem „sonst so schönen Garten“.
Bewußtsein hat etwas mit Wissen zu tun. Der Begriff „Umweltbewußtsein“ beschreibt folglich das, was wir über unsere Umwelt wissen. Das kann das Wissen über die Pflanzen in der Umgebung, in der wir leben, sein, die Menschen, die Tiere, die Landschaft. Mit Umweltbewußtsein beschreiben wir also das Leben in dieser Welt bzw. den Abschnitt der Welt, die wir kennen und die Bedingungen, unter denen sich Leben entfaltet oder auch Einschränkungen, unter denen das Leben leidet. „Umwelt“ wird heute als Begriff für ökologische Zusammenhänge benutzt. Das hat mit der Zerstörung der Umwelt zu tun. Indem der Mensch das ökologische Gleichgewicht stört, vernichtet er Teile der Umwelt. Immer mehr Menschen erkennen diese Zusammenhänge. Die Erkenntnis daraus, verbunden mit einem Verhalten, das die Umwelt schützt, drückt der Begriff „Umweltbewußtsein“ aus.

Voraussetzungen

Bedürfnisse, Interessen und Lernverhalten von Kindergarten-, Grundschul- und Hortkindern

Das Eingehen auf die Bedürfnisse und Interessen des Kindes ist ein wichtiges Grundprinzip bei der Planung pädagogischer Arbeit wie auch bei ihrer Realisierung. Bei jeder didaktischen Einheit, die wir durchführen, ist zu überlegen, welche kindlichen Bedürfnisse in ihr berücksichtigt sind bzw. sich in entsprechende Angebote umsetzen lassen.
Sehen wir einmal von Grundbedürfnissen wie essen, trinken und schlafen ab, so wollen sich Kinder unter normalen Umständen bewegen, sie wollen spielen, entdecken, lebhaft sein, sich geborgen fühlen, Zuwendung erhalten, anerkannt werden, sich mitteilen, sich schützen und andere schützen, sie wollen freudig sein, toben, aber auch entspannen, sie wollen mehr erfahren und selbständiger werden. Kinder sind neugierig, wissensdurstig, mitteilsam und kontaktfreudig, vertrauensvoll, umwelterfassend, aufnahmefähig und nachahmend, lernbegierig, unbefangen, egoistisch und in positivem Sinne eigenwillig.
Neben der Berücksichtigung kindlicher Bedürfnisse, hängt die Gestaltung von Lernprozessen davon ab, welche alters- und entwicklungsbedingten Voraussetzungen die Kinder einbringen und wie sich ihr Lernverhalten äußert.
Im Verhältnis zu seinem übrigen Leben lernt das Kind die meisten und unterschiedlichsten Dinge. In der Psychologie ist man sich bis heute nicht darüber einig, ob es notwendig ist, daß ein Kind von sich aus ein Lösungsprinzip entdeckt oder ob jemand anderes (Eltern, Erzieher oder Lehrer) es ihm genau so gut erklären kann. Beide Auffassungen haben etwas für sich. Es kommen auch beide in der Elementar- und Schulpädagogik zum Zuge. Beim Entdecken und Selbersuchen wissen wir sicher, daß das Kind verstanden hat, worum es geht. Außerdem steigert die Entdeckung, daß es etwas selbst gefunden hat, die Lernfreude des Kindes. Es wird sich spontan Aufgaben und Probleme suchen, um auch an ihnen seine Lösung auszupro-

bieren. Da dieses nicht immer funktioniert, können wiederum neue Probleme entstehen, die nach einer neuen Lösung verlangen. Ein Kind kann natürlich auch zu stereotypen Lösungen kommen oder bereits am Anfang ein Problem nicht bewältigen, so daß es nicht weiterkommt. Das hängt unter anderem von seinem Denkvermögen und seiner Intelligenz ab. Es ist nicht nötig, daß jedes das Rad oder das Flugzeug von neuem erfindet. Alle möglichen Lösungen, die andere bereits gefunden haben, können wir Kindern zeigen und erklären.

Zwischen dem 4. und 7. Lebensjahr entwickelt sich das Kind zu einer eigenständigen Person. In dieser Zeit des Ausprobierens entwickelt es Selbständigkeit und Selbstvertrauen und ist bereit, Grenzen zu akzeptieren. Das Denken ist noch stark an die Anschauung gebunden. Kinder im Vorschulalter sind jedoch allmählich in der Lage, sich unabhängig von einem sichtbaren Gegenstand Vorstellungen zu machen. Diese Fähigkeit ist für das Lernen des Vorschulkindes von großer Bedeutung, da wir es zu Tätigkeiten ermuntern können, die zum Erreichen eines noch nicht greifbaren Ziels notwendig sind. Die Kinder können jetzt Bedürfnisse aufschieben, um ein aussichtsreiches, in der Zukunft liegendes Ziel zu erreichen. Wenn wir z. B. mit Kindern ein Gericht zubereiten, einen Kuchen backen, müssen sie erst den Teig zubereiten und ihn anschließend im Ofen backen lassen, bis sie ihn essen können. Oder: Ehe die Kinder Kresse ernten können, müssen sie erst einmal aussäen und einige Tage abwarten.

Wir können die Kinder nun immer mehr mit ihrer Umwelt vertraut machen. Sie lernen im Spiel umd beim praktischen Tun ihre Sprache und ihr Denken, ihre motorischen Fertigkeiten, Empfindungen und Gefühle üben und zu verfestigen. Die Kinder können jetzt bestimmte Aufgaben planvoll, also in einer bestimmten Reihenfolge, auf ein bestimmtes Ziel hin ausführen. Durch die Hilfe der Erzieherin/Lehrerin bzw. der Eltern sind sie fähig geworden, in einem bestimmten Rahmen viele Tätigkeiten selbständig auszuüben. Das einzelne Kind spürt zunehmend, daß es viele Bedürfnisse unabhängig vom Erwachsenen befriedigen kann und erweitert so seinen Erfahrungsraum. Es ist interessiert, erkennt Zusammenhänge in seiner Umwelt, will mehr über sie wissen und sucht nach Wegen, selbständig seine Umwelt bewältigen zu können.

Das Lernfeld des Kindes ist komplexer Natur. Sein Erleben vollzieht sich ganzheitlich, d. h. kognitive, emotionale, psychomotorische wie kreative Kräfte werden zugleich angesprochen.

Demnach müssen unsere Lernangebote für das Kind bunt und flexibel und dürfen kein isolierter Lernstoff mit künstlichem Anfang und Ende sein.

Institutionelle und materiale Bedingungen

Um eine sinnvolle Umweltbegegnung- und -erziehung praktizieren zu können, sollten entsprechende Rahmenbedingungen hergestellt werden. Im Sinne von „Umwelt- und Naturbegegnung“ wird Umwelterziehung schon seit vielen Jahren in Kindergarten und Hort praktiziert. Ebenso werden im Heimat- und Sachkundeunterricht der Grundschule umweltkundliche Themen angesprochen. Heute jedoch müssen wir den Schutzgedanken noch stärker in den Vordergrund der pädagogischen Bemühungen rücken. Es gilt, den Kindern deutlich zu machen, daß wir für unsere Umwelt verantwortlich sind. Dies geschieht nicht nur über das Modellverhalten der Erzieherin/Lehrerin, sondern auch über den Haushalt in Kindergarten oder Hort und die Institution Schule. Kinder beobachten sehr genau. Sie sehen den kurzgeschnittenen Rasen, auf dem kein Gänseblümchen wachsen kann, und sie bemerken das Fehlen von Büschen, Sträuchern und Hecken, hinter denen nicht nur sie selbst sich verstecken, sondern auch die Tiere einen Unterschlupf finden können.

In einer umweltbewußten und umweltfreundlichen Einrichtung lassen sich z. B. die Wände begrünen. Wilder Wein, Efeu, Hopfen und andere Kletterpflanzen verschönern das Haus nicht nur optisch, sie schützen es auch vor Wind- und Wettereinflüssen, filtern den Staub, sorgen für Sauerstoff, dämpfen den Lärm und wirken isolierend. Außerdem müssen begrünte Flächen seltener renoviert werden. Für die Kinder aber entsteht mit den begrünten Wänden ein wahres Entdeckungsparadies: Spinnen verstecken sich dort und bauen wunderschöne Netze, Grashüpfer, Hummeln, Schmetterlinge und andere Tiere siedeln sich in der begrünten Wand an und laden zur praktischen Naturbegegnung ein, liefern Situationsanlässe in ungeheurer Vielfalt. Und Naturlernen findet nicht mehr allein durch das Medium Buch statt.

Schling- und Kletterpflanzen zur Begrünung

Name	Höhe	Wuchs	Blütezeit	Standort
Wilder Wein	15 m	schnell	Mai/Juni	halbschattig
Efeu	15 m	langsam	Sept./Okt.	sonnig/schattig
Hopfen	4–6 m	schnell	Mai/Juni	halbschattig
Knöterich	15 m	schnell	Juli/Sept.	sonnig/schattig

Auch eine Wiese gehört zur umweltfreundlichen Einrichtung. Sie ermöglicht den Kindern vielfältige naturkundliche Erfahrungen. Eine wildwachsende Wiese, die mit den Kindern gemeinsam angelegt wird, ist ein besonderer Spiel- und Erfahrungsraum. Viele Naturschützer bieten Samen von wildwachsenden Pflanzen kostenlos an (siehe Anschriften). Auch durch entsprechende Gartenzeitschriften sind Adressen von Samenlieferanten zu erfahren. Bei einem Nachsommerspaziergang lassen sich auch selbst Samen sammeln.

Die Wiese bietet auch vielen Klein- und Kleinsttieren einen unersättlichen Lebensraum. Eine natürliche Wiese macht spannende Erlebnisse möglich. Warum sollten Kinder nicht auch Brennesseln (sie eignen sich, wenn sie jung sind, für einen Salat) und Disteln kennenlernen?! Wir sollten Kindern ermöglichen, die besonderen Geräusche und Düfte einer Wiese wahrzunehmen. Wo sonst könnten Kinder „die kleine Raupe Nimmersatt" besser entdecken und ihre Lebensstadien mitverfolgen?

Gartenbeete mit Radieschen, Mohrrüben, Kräutern, einem Kürbis und ein paar Sommerblumen gehören auch in Kindergarten und Grundschule. Das wußten schon Pestalozzi, Rousseau und Fröbel. Soweit möglich, ließe sich auch ein kleiner Tümpel mit Fröschen und Wasserflöhen und ein Komposthaufen gemeinsam mit den Kindern anlegen.

Der umweltfreundliche Kindergarten und Hort sollte auch im Inneren der Einrichtung Vorbildfunktion zeigen. Beim Einsatz von Putzmitteln sollte sich die Einrichtung weitgehend auf abbaubare, also „umweltfreundliche" Reinigungsmittel beschränken. In den Kindergarten und in die Grundschule gehören auch möglichst keine Plastiktüten und Getränke aus Tetrapacks. Glasabfälle werden in die entsprechenden Container gebracht. Das Geschirr ist aus Porzellan. Das ist nicht nur umweltfreundlicher, sondern auch ein Stück Eßkultur und ermöglicht den Kindern zu lernen, wie von richtigem Geschirr gegessen wird. Auch die Nahrungszubereitung und alles, was damit in Verbindung steht, kann in Kindergarten und Hort erfahren werden (siehe Entdeckungstour „Ernährung"). Durch Erlebnisse der Kinder in der Einrichtung lassen sich so manchmal die beteiligten Erwachsenen dazu anregen, den eigenen Haushalt etwas umzustellen.

Selbst der gemeinsame Einkauf, der hin und wieder stattfinden kann, ist für die Entwicklung eines Umweltbewußtseins wichtig. Er sensibilisiert Kinder für alles, was mit umweltbewußter Haushaltsführung zu tun hat, z. B. auf überflüssige Verpackungen und den unnützen Gebrauch immer neuer Plastiktüten zu verzichten. Wir sollten es uns zur Gewohnheit machen, mit den Kindern gemeinsam auf diese Dinge zu achten und sich so vorbildlich, im Sinne von umweltfreundlich, zu verhalten. In den einzelnen Gruppen- und Klassenräumen oder einem anderen geeigneten Raum in Kindergarten, Hort oder Grundschule können wir eine „Umwelt- und Naturecke" einrichten. Feste Bestandteile sind Zimmerpflanzen, ein Aquarium,

Schaukästen und Herbarien. Die Sammlung kann ständig durch Dinge, die wir bei unseren Entdeckungstouren und Spaziergängen finden, erweitert werden. Das sind z. B. Steine, Zapfen, Schneckenhäuschen, Muschelschalen, Holzwurzeln oder Moospolster. Entsprechend der jeweiligen Jahreszeit, wird entsprechend neu gestaltet, so daß immer etwas Interessantes zu sehen ist. Ein bis zweimal wöchentlich übernehmen die Kinder die Pflege der Grünpflanzen und versorgen gemeinsam mit der Erzieherin das Aquarium. Gerade in zentralbeheizten Gruppenräumen sollten Blatt- und Blütenpflanzen stehen (z.B. Efeuaralie, Gummibaum, Usambaraveilchen, Fensterblatt und Bogenhanf). Die „Umwelt- und Naturecke" sollte ein fester Bestandteil in jeder Einrichtung werden.
Auch bei der Anschaffung des Kindergarten- und Schulbedarfs sollten sich Kindergarten, Hort und Grundschule ihrer Vorbildwirkung bewußt sein. Beim Spielzeugeinkauf ist neben der Berücksichtigung pädagogischer Aspekte darauf zu achten, daß es sich um ungiftige Materialien handelt, die leicht zu reinigen sind. Farben und Lasuren sollten umweltfreundlich sein. Spielzeuge aus Tropenhölzern sollten keine Verwendung finden. Wenn Plastikspielzeuge gekauft werden, dann sollte es sich um besonders haltbare Objekte handeln. Gute Spielwarengeschäfte und auch der Versandhandel für Kindergarten- und Schulbedarf, führen umweltfreundliche Produkte. Bei der Materialbeschaffung sollte die Qualität die Kaufentscheidung beeinflussen. Bei der Beschaffung von Papier, Mal-, Modellier- und Bastelmaterialien, empfiehlt es sich ebenfalls, auf umweltfreundliche Produkte zurückzugreifen.

Papier

wird in Kindergarten, Hort und Grundschule in allen Größen und Formen benötigt. Die Einrichtungen sollten alle Möglichkeiten erschließen, ihr Papier kostengünstig zu besorgen und dabei umweltfreundlich vorzugehen. Makulaturpapier geben Zeitungsverlage günstig ab, Tapetenreste eignen sich für großflächiges Malen, Computer-Papier eignet sich zum Zeichnen und Recycling-Kopierpapier ist wesentlich preiswerter als blütenweißes Malpapier. Recycling-Papier trägt außerdem dazu bei, daß die Müllberge langsamer wachsen und nicht unnütz Bäume gefällt werden müssen.

Buntstifte und Bleistifte

bestehen zwar vorwiegend aus Holz, sind also recht umweltfreundliche Schreib- und Zeichengeräte. Trotzdem sollten Erzieher und Eltern darauf achten, Holzstifte ohne farbigen Lack zu kaufen. Unlackierte Stifte malen und schreiben ebenso schön; der Herstellungsprozeß ist allerdings weitaus weniger umweltbelastend.

Filzstifte

stehen in den Familien und insbesondere bei den Kindern hoch im Kurs. Die meisten Filzstifte sind Einwegprodukte, die nur eine kurze Lebensdauer haben, gerade wenn kleinere Kinder sie benutzen, die häufig vergessen, die Kappe wieder aufzusetzen. Die Faserstifte landen also relativ schnell im Müll. Die Zeitschrift „ÖKO-Test" (12/88) fand in einigen untersuchten Stiften Cadmium und PVC. Viele Faserminen enthalten Lösungsmittel. Die Zeitschrift „natur" testete Filzstifte und entdeckte bei einer Reihe Produkte das stark allergisierende Formaldehyd. Manche Kunsterzieher stehen Filzstiften kritisch gegenüber. Sie sagen, die Farben würden sich nicht zum Mischen eignen und so nicht zu einer vernünftigen Farberziehung beitragen. Seit dem 1. Januar 1991 müssen Faserstifte mit CE (Europa-Norm DIN EN 71) gekennzeichnet sein.

Wachsmalstifte

Wachsmalstifte gibt es in bruchsicheren Verpackungen, in schlichter Papierhülle oder im Block ohne zusätzliche Verpackung. Die Kinder lernen, sachgerecht mit Wachskreiden umzugehen, damit sie beim Andruck nicht zerbrechen. Sollte es trotzdem einmal passieren, haben sie eben zwei kleinere Stifte.

Flüssige Farben

sind als gebräuchliche Tuschkasten-Sortimente oder auch einzeln erhältlich. Es gibt Malkästen mit Deck- und Aquarellfarben. Plakatfarben gibt es in Tuben und Gläsern. Dabei handelt es sich um flüssige Wasserfarben aus der Gruppe der Dispersionsfarben, die untereinander mischbar und vielseitig zu verwenden sind. Bei der Verwendung von Öl- und Acrylfarben und Nitrolacken ist Vorsicht geboten (Terpentinöl und Nitroverdünner).

Modelliermassen

gibt es in mannigfacher Zusammensetzung und Ausführung.
Ton ist bereits fertig aufbereitet als Töpferton zu kaufen. Er muß jedoch in einem Spezial-Brennofen gebrannt werden. Selbsthärtender Ton trocknet bereits in etwa einer Woche bei Zimmertemperatur aus.

Papiermaché stellen wir selbst her, indem wir Streifen aus Zeitungspapier in dick angerührten Tapetenkleister tauchen. Nach dem Trocknen läßt sich Papiermaché mit wasserlöslichen Farben bemalen.
Pappmaché erhalten wir durch das Zerreißen von leeren Eierkartons in pfenniggroße Stücke und Einweichen in dick gerührtem Tapetenkleister.
Knet- und Modellierwachs sind weiche und geschmeidige Materialien, die sich gut mit den Händen verarbeiten lassen.
Alle genannten Modelliermassen sind umweltfreundlich und gesundheitlich unbedenklich.

Kleber

werden in den Einrichtungen in größeren Mengen verwendet. Es sollte auf lösungsmittelfreie Produkte geachtet werden. Sie kleben zwar nicht ganz so schnell, aber daran gewöhnt man sich. Für klein- wie großflächiges Kleben kann man auch auf den guten alten Tapetenkleister zurückgreifen, nicht zuletzt weil er recht kostengünstig herzustellen ist.

Anforderungen an Erzieherin und Lehrerin

Die Vorbildfunktionen der Erzieherin in Kindergarten/Hort und der Grundschullehrerin sind von besonderer Bedeutung. Sie stehen in enger Beziehung zum Kind und bieten ihm ein Modell, an dem es sich orientieren kann. Die Erzieherin/Lehrerin beeinflußt das Kind nicht nur durch ihre verbale Ansprache, sondern auch durch ihre Modellfunktion, sowie durch die Übereinstimmung zwischen ihren pädagogischen Ansprüchen und Forderungen dem Kind gegenüber und dem eigenen Verhalten. Die Erzieherin/Lehrerin ist geradezu prädestiniert für diese Modellfunktion: Sie kann belohnen, ignorieren und selbst belohnt werden, sie hat in der Gruppe eine dominante Stellung und sie vermittelt interessante Erlebnisse und Erkenntnisse. Ihre Glaubwürdigkeit ist dann gegeben, wenn ihre Handlungen mit ihren Ansprüchen an die Kinder übereinstimmen, d.h. wenn sie willens und in der Lage ist, ihre theoretischen Ansprüche auch in praktisches Handeln umzusetzen. Das bedeutet auch, daß der Erfolg der Umweltbegegnung und -erziehung im wesentlichen von der Vorbildfunktion der Erzieherin/Lehrerin abhängt. Sie muß sich selbst zunächst sachkompetent machen (z.B. bei Umweltschutzorganisationen informieren) und durch entsprechende Literatur ihr eigenes Handeln auf die bewußte Wahrnehmung, Entdeckung und den Schutz der Umwelt ausrichten. Dem sollte die konstruktive Auseinandersetzung mit Kolleginnen und Eltern folgen.

Im Rahmen der Elternarbeit sind die Eltern nicht nur mit den Zielen der Umwelterziehung vertraut zu machen, sondern möglichst auch für eine Mitarbeit zu motivieren. Vielleicht finden sich Eltern, die gerade in ihrem Garten einen Komposthaufen oder gemeinsam mit ihrem Kind einen kleinen Blumen- und Gemüsegarten angelegt haben und dabei auch im Kindergarten oder Hort helfen könnten. Vielleicht ist auch jemand bereit, mit den Kindern Nistkästen zu bauen. Eltern vom Sinn der Umwelterziehung zu überzeugen, trifft in der Regel grundsätzlich erst einmal auf Verständnis. Umweltbegegnung mit Kindern bedeutet nicht nur Arbeit, sondern auch viel Freude über die meist sichtbaren Ergebnisse.
In einer Broschüre des Umweltbundesamtes (Berlin 1988) heißt es u. a.: „Selbst und gerade in der Vorschulerziehung können sich Erzieherinnen und Erzieher nicht mehr zurückziehen auf einen Kanon des Wissenswerten. Nur als Lernende, sich selbst Verändernde, können sie die Kinder lehren." Die Begeisterungsfähigkeit, die Neugier und der Optimismus von Kindern können den Erzieherinnen dabei als Motivation dienen.
Kinder im Vorschulalter lernen besonders personengebunden. Der demokratisch-kooperative Erziehungsstil wird der Motivationshaltung der Kinder in besonderer Weise gerecht. Partnerschaftliche Erziehung bedeutet für die Erzieherin
- Voraussetzungen für offene Gespräche zu schaffen,
- genügend Raum für Eigeninitiative, Kreativität und Mitverantwortung zu geben,
- bei den Bedürfnissen und Erwartungen der Kinder anzusetzen,
- eigene Absichten, Ziele und eigenes Handeln durchschaubar machen,
- sich auf neue Menschen und Bedingungen einstellen zu können, situativ zu handeln,
- Impulsgeber, Beobachter, Berater und Befähiger zu sein,
- sich auch zurückziehen zu können.

Um Lernvorgänge zu aktivieren, wird die Erzieherin/Lehrerin von den Erfahrungen und Kenntnissen der Lernenden ausgehen, auf Bekanntes zurückgreifen, anschaulich sprechen und demonstrieren, wechselseitige Gespräche fördern, Themen aktualisieren und erbrachte Leistungen der Kinder verstärken.
Das Neugierverhalten des Kindes ist ein schon sehr früh erkennbares Streben, sich Informationen über die Umwelt zu verschaffen. Um eine autonome Persönlichkeit zu werden, ist das Streben nach Erkenntnis, die Wißbegierde des Kindes, eine elementare Voraussetzung. Die Erzieherin/Lehrerin sollte stets versuchen, die kindliche Neugier, Erwartung und Faszination zu fördern und zu erhalten. Durch „spannendes" Vorgehen,

originelle und abwechslungsreiche Spiel- und Lernangebote bleibt die Motivation der Kinder im Verlauf des Lernens erhalten. Die Erzieherin/ Lehrerin sollte an das Vorwissen der Kinder anknüpfen und vorhandene Kenntnisse ausschöpfen. Das neu zu lernende kann so besser integriert werden. Bei der Umweltbegegnung ist es wichtig, Inhalte und Aufgaben zu wählen, bei denen die Kinder besonders mitwirken können (Aktivitätsprinzip). Wir müssen sicherstellen, daß die Kinder die von uns aufgestellten Ziele gut erreichen können. Durch Denkanstöße und weiterführende Hilfen werden die Kinder ermutigt und wird ihre Motivation stabilisiert. Durch Methodenwechsel wie er auf unseren „Umweltentdeckungstouren" oft vorgenommen wird, dynamisieren wir den Lernprozeß und beugen somit möglicher Gleichförmigkeit und Langeweile vor.

Einbeziehung von Eltern und anderen Personengruppen

Als erster Mittler („Sozialisationsagentur") zwischen Kind und Umwelt ist für gewöhnlich die eigene Familie zu betrachten. In unserem Kulturkreis wird in der familiären Erziehung dem Kind jene Bezugsgruppe geboten, in der es seine ersten Erfahrungen machen kann. Die Familie ist gewissermaßen der Filter zwischen Kind und Umwelt. Dem Kind werden erste Kulturtechniken und manuelle Fähigkeiten vermittelt (z.B. Sauberkeitserziehung), es wird sich Normen und Werte aneignen (z.B. auch zum Umgang mit Umwelt und Natur), und es wird mit Tabuzonen und Verboten konfrontiert (z.B. von gewissen Dingen die Finger zu lassen). Das Kind wird lernen, sich sozial zu verhalten und auf Risiken einer technisierten Umwelt zu achten, es wird erfahren, daß die Gesellschaft männliche und weibliche Rollen unterscheidet und mit unterschiedlichen Erwartungen und Chancen verknüpft, und es wird seinen Wortschatz und seine Kommunikationsfähigkeit ausbilden. Bei alledem sind Eltern die Personen, die ihren Kindern die ersten Verhaltensmodelle liefern.
Die Erziehung wird ergänzt durch weitere „Sozialisationsagenturen" wie Kindergarten und Schule. Damit sich keine gegensätzlichen Tendenzen entwickeln, die bei Kindern zu Irritation und Orientierungslosigkeit führen können, sollten Eltern und Erzieherinnen vertrauensvoll zusammenarbeiten.
In der Regel suchen Eltern selten von sich aus das Gespräch mit der Erzieherin/Lehrerin. Solange „alles läuft", keine größeren Probleme bestehen, findet relativ wenig Austausch statt. Im Rahmen umweltbewußter Erziehung sollte grundsätzlich eine Zusammenarbeit angestrebt werden. Dies gilt sowohl für ein Zusammenwirken mit den Eltern wie mit anderen

Personen und Gruppen, die mit Kindererziehung, Gesundheitserziehung, Umwelt- und Naturschutz und ähnlichen Bereichen befaßt sind.
Die Erzieherin/Lehrerin muß von sich aus den Kontakt suchen und intensivieren. Wollen wir Eltern für unsere Vorhaben gewinnen, ist es wichtig, ihre Mitarbeit nicht auf Hilfsdienste wie Kuchenbacken, Mithilfe in der Küche und auf reine Beaufsichtigung zu reduzieren. Bei der Planung umfangreicherer Umweltprojekte sollten die Eltern möglichst schon bei der Planung einbezogen werden, ihre Ideen einbringen und Vorschläge für künftige Verhaltensweisen entwickeln. Der Kontakt zu den Eltern, die ganz unterschiedliche Berufe ausüben, kann zu einem wichtigen Korrektiv für die Maßnahmen und Verhaltensweisen der Erzieherin/Lehrerin werden. Die unterschiedlichen Erfahrungen der Eltern, die sich von denen der Erzieherin unterscheiden, sind für ihre Erlebnisse, Einstellungen und Maßnahmen ebenso wichtig wie ihre Ratschläge für die Eltern. Insofern ist vertrauensvolle Zusammenarbeit von Eltern und Erziehern ein wechselseitiges Geben und Nehmen.
Erfahrungsgemäß sind Eltern, wenn es darum geht, ernsthaft in die Arbeit einbezogen zu werden, gerne zur Mitarbeit bereit. Barrieren entwickeln sich eigentlich nur da, wo sich Eltern „mißbraucht“ fühlen und zu Arbeiten herangezogen werden, die der Erzieherin lästig sind.
Einzelne Umweltentdeckungstouren- bzw. -projekte können durch einen Elternabend vorbereitet werden, für den die Kinder zusammen mit der Erzieherin/Lehrerin eine Einladung an die Eltern geschrieben haben. Inhaltliche Schwerpunkte der Elternarbeit könnten sein:
- Information über Zielsetzung und Konzeption unserer Umweltentdekkungstouren
- Information über mögliche Erwartungen, Einstellungen und Meinungen der Eltern zu unseren Vorhaben
- Diskussion der Auffassungen
- Information über die Planung
- Verständigung über den zeitlichen Umfang (Tages-, Wochen- und Monatslauf)
- Erörterung konkreter Mitwirkungsmöglichkeiten von Eltern
- Fortsetzung der pädagogischen Ansätze im Elternhaus.

Das Elternhaus kann die neu erworbenen Kenntnisse und Fertigkeiten der Kinder stützen und ergänzen, indem sich auch Eltern um umweltbewußtes Verhalten bemühen und sich ihr Kind so an ihrem „Modell“ orientieren kann. Eltern wiederum werden die Erfahrung machen, wie leistungsfähig Kinder sind, und daß Autonomie nicht erst gelernt werden muß, sondern bei Kindern vorhanden ist, wenn Erziehung sie nicht zuschüttet.

Die Beschäftigung mit der Umwelt, d.h. die Einsichtsvermittlung, erfolgt auf drei Beziehungsebenen, die zusammengenommen das soziale Endziel der Verselbständigung haben: Die Mensch-Mensch-Beziehung, die Auseinandersetzung des Kindes mit sich selbst und die Mensch-Umwelt-Beziehung. Aus diesen Beziehungsebenen ergibt sich die Notwendigkeit, einzelne Personen und Personengruppen, die nicht zu Kindergarten, Hort oder Schule gehören, in unsere Umweltentdeckungstouren einzubeziehen. Die Erzieherin/Lehrerin wird, je nach Vorhaben, z.B. Kontakte aufnehmen zu Ärzten, einem Förster, Umweltschützer, Gärtner, Kaufmann, Mitarbeiter der Verbraucherzentrale usw. Diese Fachleute können uns durch ihre Erfahrungen und Fähigkeiten bei der sachlich richtigen Gestaltung einzelner Projekte sehr hilfreich sein.

Didaktische Überlegungen

Themen

Die Umwelt ist ein unerschöpflicher Lernbereich. Die Beschäftigung mit ihr ist für das Kind ein umfassender, komplizierter Vorgang, da es nicht nur Sachverhalte aufnimmt, sondern auch Wertungen, Einstellungen, Haltungen und Sinnbezüge verinnerlicht. Umwelterziehung ist immer in Verbindung mit der Wahrnehmungs-, Denk-, Sprach- und Sozialerziehung zu sehen. Die Entwicklung des Umweltverständnisses hängt vom Alter, der vorausgegangenen Sozialisation des Kindes und seinen bisherigen Möglichkeiten der Umweltentdeckung ab, d.h. wie differenziert dem Kind bisher Umweltangebote gemacht wurden. Dies kann durch Gespräche mit Eltern und anderen Bezugspersonen, bei Spaziergängen und Ausflügen, bei der Mithilfe im Haus oder beim Einkaufen erfolgt sein. Ein genaueres Bild vom Entwicklungs- und Kenntnisstand wird sich die Erzieherin durch Einzelbeobachtungen und durch Gespräche mit den Eltern verschaffen.
Anhand von 7 exemplarischen „Umweltentdeckungstouren“ wollen wir Möglichkeiten aufzeigen, wie sich Kinder unter einfühlsamer Mithilfe des Erwachsenen bewußt mit ihrer Umwelt, den persönlichen und mitmenschlichen Aspekten, den sachlichen und naturbedingten Erscheinungen und Vorgängen vertieft auseinandersetzen und gewinnbringend lernen können.
Themenschwerpunkte des Buches sind die Bereiche
- Ernährung
- Gesundheit
- Haushalt
- Garten
- Einkaufen
- Müll
- Wald und Wiese.

Die Auswahl der Themen durch die Erzieherin/Lehrerin wird vom Standort der Einrichtung abhängen und den damit bestehenden Bedingungen. Umweltentdeckungstouren- und -projekte werden in einer großstädtischen

Einrichtung andere Schwerpunkte haben, als in einer ländlichen Einrichtung. Dennoch gibt es Themen, die unabhängig vom Standort, alle betreffen. Dies wurde bei unseren Vorhaben und Angeboten berücksichtigt.
Bei der Erstellung der 7 Entdeckungstouren ließen wir uns von 7 Grundsätzen leiten:

1. Die Bedürfnisse der Kinder sind zu berücksichtigen.
2. Die Themen müssen dem Erfahrungs- und Lebensraum der Kinder entstammen.
3. Die Angebote müssen sich praktisch und anschaulich erarbeiten lassen, lebensnah und abwechslungsreich gestaltbar sein.
4. Das ganzheitliche Lernen des Kindes muß bei der Planung aller Angebote berücksichtigt werden und zum Tragen kommen. Bei aller sachlichen Richtigkeit ist eine Verschulung bzw. Verwissenschaftlichung zu vermeiden.
5. Die Spiel- und Lernprozesse müssen sich in einem Rahmen (Erzieherverhalten, Umgebung, Atmosphäre) entwickeln können, in dem sich die Kinder wohlfühlen. Spielsituationen eignen sich hierfür in besonderer Weise.
6. Die projektorientierten Entdeckungstouren sind so anzulegen, daß die Erzieherin auch jederzeit Einzelelemente in ihre individuelle Tages-, Wochen- und Monatsplanung einbauen kann.
7. Unsere Entdeckungstouren sind auf Handlungen der Kinder ausgerichtet und im wahrsten Sinne des Wortes „umweltbezogen", d. h. sie vollziehen sich in und außerhalb von Kindergarten, Hort und Schule. An unseren Vorhaben wollen wir nicht nur Kinder beteiligen, sondern auch Eltern und Personen, die im jeweiligen Situationsbereich auf die Kinder treffen.

Ziele

Leitziel der Umweltbegegnung und -erziehung ist der sachkompetent handelnde, konstruktiv kritische, umweltbewußte Mensch. Um dieses Ziel zu konkretisieren, haben wir für unsere „Umweltentdeckungstouren" folgende Grobziele gewählt:

1. Die Kinder sind in der Lage, ihre Umwelt bewußt wahrzunehmen und genau zu beobachten.
2. Die Kinder zeigen Interesse an ihrer Umwelt und können selbständig auf „Entdeckungsreisen" gehen.
3. Die Kinder haben Freude, selbst etwas zu entdecken.

4. Die Kinder entwickeln Umweltbewußtsein und Verantwortlichkeit für sich und andere.
5. Die Kinder besitzen vielfältige Kenntnisse in verschiedenen Rahmenbereichen der Umwelterziehung (z. B. Ernährung, Gesundheit, Haushalt, Garten usw.).
6. Die Kinder beherrschen Fertigkeiten, um sich ihre Umwelt selbständig zu erschließen.
7. Die Kinder besitzen Kompetenzen, die sie befähigen, bestimmte Probleme in ihrer Lebensumwelt unabhängig und selbständig zu lösen.

Eine Ausdifferenzierung dieser Ziele findet zu Beginn jeder Entdeckungstour statt.

Planungsansätze

Für die sozialpädagogische Arbeit in Kindergarten und Hort gibt es unterschiedliche Planungsansätze. Wir praktizieren bei unseren „Entdeckungstouren" den *funktionsorientierten* Ansatz (geschlossene, strukturierte Planungsform mit festgelegter Organisation) und den *situationsorientierten* Ansatz (offene Form, Abwandlung und Erweiterung der Planung je nach Situation). *Beide* sind in der Kindergarten- und Hortpädagogik notwendig! Wenn auch der situative Ansatz in diesen Bereichen besondere Beachtung erfährt, so kann die Kindererziehung in der Praxis nicht auf Lernangebote des funktionalen Lernens verzichten. Beim situativen Ansatz wird von der Lebenssituation und den Alltagserfahrungen der Kinder ausgegangen. Dem sozialen Lernen wird dabei mehr Bedeutung beigemessen als dem Erwerb von Sachkompetenzen. Das pädagogische Handeln der Erzieherin/Lehrerin geschieht in einem Rahmen von Bedingungen, die durch jeweilige Situationen des Kindes, der Gruppe, der Einrichtung und der Pädagogin selbst bestimmt sind.

Beim funktionsorientierten Ansatz ist das zentrale Anliegen die Entwicklung von Fähigkeiten, Fertigkeiten und Persönlichkeitsmerkmalen, die relativ situationsunabhängig sind, sich aber in unterschiedlichen, vielfältigen Situationen anwenden lassen. Das Kind sollte genügend Freiraum erhalten, um in seinen kognitiven, emotionalen, psychomotorischen und kreativen Fähigkeiten die Grundlage für seine spätere Entwicklung und Lebensfähigkeit zu finden. Beim funktionsorientierten Ansatz geht es somit auch stets um die Vermittlung von Kulturtechniken. Das funktionsorientierte Vorgehen der Erzieherin, bei dem das Lernen in einzelne Lernschritte aufgegliedert wird, erleichtert die Lernkontrolle. Die Motivation wird durch die Erzieherin initiiert, während der situative Ansatz davon ausgeht, daß sich die Motivation aus den Bedürfnissen, Interessen und Neigungen der Kinder als Grundlage des Tuns ergibt. Beim situativen Ansatz werden Ziele, Inhalte, Methoden, Materialien und Medien ausgesucht und zu Projekten entwickelt. Dies soll den Kindern ermöglichen, selbsbestimmt zu denken und zu handeln. Kindergarten und Hort öffnen sich zudem nach außen und orientieren sich an Lernorten außerhalb der Einrichtung (z. B. durch den Besuch eines Bauernhofes, Ausflug in den Wald, Besuch einer Gärtnerei, Mülldeponie u. ä.). Der situative Ansatz erfordert auch in besonderer Weise die Kooperation mit Kollegen und Eltern. Da sich aus Situationsanlässen nicht immer angemessene Lernangebote entwickeln lassen, können wir auf funktionales Lernen nicht verzichten, was eine bestimmte Motivierung durch die Erzieherin voraussetzt. Das Argument, die Lernmotivation dürfe nur vom Kind selbst ausgehen, ist zu relativieren. In der Praxis finden beide Ansätze in vermischter Form ihre Berücksichtigung. Kein Ansatz sollte ausgeklammert werden. Durchgängiges Prinzip bei all' unseren Umweltentdeckungstouren ist das „learning by doing“, das Lernen durch Handeln.

Kindgemäße Lern- und Erlebnisformen

Umweltbegegnung und -erziehung bietet dem Kind die Möglichkeit, die Welt Schritt für Schritt besser erklären und verstehen zu können. Die Erzieherin/Lehrerin sollte belebte und unbelebte Objekte aus der Umwelt für das Kind erfahrbar machen und Einsichten in ihr Wesen, ihre Wirkung auf den Menschen und den Einfluß des Menschen auf Umwelt und Natur vermitteln. Lernmethoden, die wir in der Umwelterziehung einsetzen, müssen die verschiedenen Grundformen der Auseinandersetzung des Menschen mit der Wirklichkeit in kindgemäßer Form repräsentieren.
Kinder in Kindergarten, Hort und Grundschule lernen beim:

– *Spielen*

Entdeckungsspiele sollten, wie das kindliche Spiel überhaupt, in erster Linie der individuellen Spiel- und Lebensfreude dienen und die Lust am Beobachten, Aufpassen, Nachdenken, Planen und Probleme lösen entwickeln und steigern. Im Spiel entwickelt das Kind Fantasie und wird zu unterschiedlichen Tätigkeiten und gemeinsamem Tun ermuntert. Spielen fördert soziales Verhalten, vermittelt demokratische Normen und Werte (z. B. Toleranz, Regelverständnis, Rücksichtnahme) und vermittelt Erfolgserlebnisse.

– *Sprechen*

In Gesprächen werden Gedanken, Ideen und Begriffe geklärt, Vorstellungen erweitert, vertieft und gegebenenfalls korrigiert. Gespräche (z. B. über den Sinn und Unsinn von Verpackung oder die Notwendigkeit der Körperpflege für die Gesundheit) fördern die Sachlichkeit des Denkens.

– *Beobachten*

Verhalten wird vom Kind bewußt erfaßt (z. B. Keimvorgang von Pflanzen: Kresse, Blumen, Bohnen usw.). Die Beobachtungsfähigkeit und somit die Verbesserung der Wahrnehmungsfähigkeit können durch kindgemäß durchgeführte Versuche und Experimente, durch Besuche, Ausflüge, Besichtigungen und durch das Untersuchen von Dingen gefördert werden.

– *Sammeln*

Der Mensch ist Sammler. Kinder finden Dinge in der Natur, z. B. im Garten Blätter, Früchte und Pflanzen; im Wald Tannenzapfen und Äste, Wurzeln und Moos; am Strand Steine, Muscheln und leere Schneckengehäuse. Alle gesammelten Gegenstände bieten Anlaß zum Untersuchen, Spielen, Sprechen und schöpferischen Tun.

– *Betrachten*

Beim Betrachten von Lebewesen, Gegenständen, Fotos, Bilderbüchern u. ä. kommt es zum bewußten Sehen und Erfassen von Merkmalen, Formen, Farben und Größenverhältnissen.

– *Experimentieren*

Wir können beim Experimentieren auch von „Untersuchen und Probieren durch handelndes Tun" sprechen. Bei Experimenten werden Beobachtungsgabe, Ausdauer und Konzentrationsfähigkeit gefördert. Experimente müssen geplant werden, ohne daß wir dabei das Ergebnis vorwegnehmen. Bei der Durchführung sollte jedes beteiligte Kind probieren können. Nach der Durchführung erfassen wir gemeinsam die Beobachtungsdaten und halten die Ergebnisse fest. Experimente können von jedem Kind selbst (Einzelversuch) oder von Kleingruppen (3–4 Kindern) aufgebaut und durchgeführt werden. Als „Demonstration" kann auch die Erzieherin ein Experiment vorführen.

Fragen, die sich die Erzieherin/Lehrerin vor der Durchführung von Experimenten stellen sollte:
1. Was will ich mit den Kindern ausprobieren?
2. Welche Materialien, Gegenstände, Hilfsmittel benötige ich dazu?
3. Wie wird das Experiment begonnen, und wie beziehe ich die Kinder aktiv ein?
4. Was müssen dann die Kinder/wir gemeinsam dabei beachten?
5. Was können die Kinder bei dem Experiment beobachten?
6. Welche Erklärungen gibt es dafür?
7. Wo können die Kinder ähnliche Beobachtungen machen?
8. Was können wir bei dem Experiment lernen?

– *Vergleichen*

Die Kinder stellen Ähnlichkeiten, Gemeinsamkeiten oder Verschiedenheiten (z. B. von Tieren, Pflanzen, Vorgängen in der Umwelt und Natur) fest und trainieren bei diesem Vorgang das logische Denken.

– *Zeichnen/Malen*

Das Zeichnen und Malen ist eine Aktivitäts- und Lernform von besonderem didaktischen Wert. Kinder im Vorschulalter verarbeiten in ihren Zeichnungen und Malereien meist auch emotional bewegende Eindrücke aus ihrer Lebensumwelt.

– *Herstellen, Konstruieren, Bauen, Modellieren*

Diese Tätigkeiten werden auch als „Denken der Hand“ bezeichnet. Die notwendige gedankliche Klärung erfolgt während des Vollzugs. Das anschauende Auge, das registriert und vergleicht, setzt hier den Denkprozeß in Gang. Bei unseren „Entdeckungstouren“ können die Kinder mit Hilfe vielfältiger Materialien ihre Einfälle verwirklichen.

– *Feststellen*

Ergebnisse (z. B. am Ende eines Experiments oder in Form eines gemalten Bildes) lassen wir in der Sprache der Kinder wiedergeben und festhalten. Dieser Vorgang führt zur gedanklichen Vertiefung und Festigung.

Lernprinzipien

Um die komplizierten Vorgänge in Umwelt und Natur anschaulich und für die Kinder verständlich darbieten zu können, berücksichtigen wir bei unserem pädagogischen Vorgehen die wichtigsten Prinzipien zur Stützung von Lernvorgängen:

1. Prinzip der Anschauung
   Die Kinder lernen in der direkten Begegnung mit dem Objekt. Sie nehmen es nach Möglichkeit mit allen Sinnen wahr, d.h. sie riechen, betasten, sehen und schmecken den Gegenstand. Nur wenn der reale Gegenstand nicht als Objekt der Anschauung besucht oder in die Einrichtung gebracht werden kann, begnügen wir uns mit Anschauungsmitteln wie Bildern, Dias, Modellen, Filmen und Zeichnungen. Ansonsten werden Medien unterstützend eingesetzt.
2. Prinzip der Aktivität
   Durch praktisches Tun, Spielen, Experimentieren, Ausprobieren, Beobachten und Vergleichen wird das Kind zur Unabhängigkeit, Selbstbestätigung und Entscheidungsfähigkeit geführt. Aktives Handeln des Kindes ist ein durchgängiges Prinzip bei all unseren Umweltentdekkungstouren (learning by doing).
3. Prinzip der Übung
   Schon sehr kleine Kinder trainieren körperliche Funktionen durch ständiges Üben. Übung ist eine kindliche Betätigungsform. Ohne Übung ist ein Lernfortschritt nur schwer denkbar. Das Ziel der Übung ist die Festigung von Fähigkeiten und Fertigkeiten. Das Üben geschieht in Teilschritten „vom Leichten zum Schweren“ und wird von der Erzieherin beobachtet. Die Erzieherin gibt Hilfestellung durch eventuelle Korrekturen.
4. Prinzip der Lebensnähe
   Bei diesem Prinzip geht es um die Auseinandersetzung mit Inhalten, die dem Kind Erfahrungen mit seiner Umwelt ermöglichen, gleichgültig, um welches Bildungsgut es sich handelt. Sinnvollerweise werden wir Kinder erst mit der heimischen Umwelt und Natur vertraut machen, bevor wir uns mit Überseeregionen befassen.
5. Prinzip der Kindgemäßheit
   Die Erzieherin/Lehrerin muß ihre Angebote stets unter Berücksichtigung des Entwicklungsstandes und der alterstypischen Besonderheiten des Kindes planen. Beim Umgang mit dem Kind sind seine Wünsche, Bedürfnisse, Interessen und Neigungen zu berücksichtigen und die Wissensinhalte in kindgemäßer Art anzubieten. Kindgemäßes Lernen bedeutet spielendes Lernen.

6. Prinzip der Individualisierung
   Bei unseren Lernangeboten ist zu berücksichtigen, daß wir es mit Kindern verschiedener sozialer Herkunft und mit unterschiedlicher Entwicklungs- und Lerngeschichte zu tun haben. Dies gilt auch für unterschiedliche Vorerfahrungen, die Kinder in ihren Familien zum Thema Umwelt und Umweltschutz gemacht haben. Wir müssen versuchen, die Kinder unter Anerkennung ihrer eigenständigen Persönlichkeit und unter Berücksichtigung ihres individuellen Arbeits- und Lerntempos anzuleiten und zu fördern.
7. Prinzip der Variabilität
   Damit die Kinder bei unseren Umweltentdeckungstouren den Lernverlauf mitsteuern können, nutzen wir die Themen- und Medienvielfalt. Beweglichkeit beim Ansteuern der Ziele, variierende Wiederholungen zur Einübung und eine Vielfalt an Material- und Medienangeboten fördern die geistige Flexibilität und Spontaneität der Kinder.
   Ausführliche Hinweise zur Vorbereitung, Durchführung und Auswertung didaktischer Einheiten finden Sie in: Peter Thiesen: Die gezielte Beschäftigung im Kindergarten. Freiburg [4]1990

Symbolische „Wegweiser" für die Entdeckungstouren

Kinder lernen naturgemäß ganzheitlich. Umweltbegegnung und -erziehung in Kindergarten, Hort und Grundschule hat demnach ganzheitliches Wahrnehmen, Erkennen und Lernen zu ermöglichen. Eine enge Parzellierung, fächerähnlich gegliedert wie in der Schule, steht beim Umwelterfassen im Widerspruch zu unserem ganzheitlichen Ausgesetztsein mit der Umwelt und ihren Problemen. Wasser läßt sich z. B. nicht auf die chemische Formel H_2O reduzieren. Wasser ist Meer, Teich, Fluß, Getränk, Schwimmen, Abwaschen, Baden, Duschen, Kochen, Regen, Kreislauf, Leben und vieles andere mehr. Aus dem Entdecken, Erleben und Erkennen muß aktives Handeln erwachsen, als Hinführung zur realen Umwelt, mit all' ihren Möglichkeiten und Hemmnissen. Umwelterziehung in Kindergarten, Hort und Grundschule ist nicht nur ein Lernen für das Handeln und Leben im Jetzt, sondern auch stets ein Lernen für die Zukunft. Alle unsere pädagogischen Bemühungen zielen letztlich auch immer auf Zukunft.

Die Spiel- und Lernangebote unserer Entdeckungstouren zielen sowohl auf begriffliches wie kreativ-entdeckendes Lernen, was langfristig ein Denken in Vernetzungen ermöglicht und Fantasie für die Zukunft freisetzt.

Die neun Symbole sollen als „Wegweiser" auf unseren „Umweltentdeckungstouren" sofort Auskunft über die einzelne Aktivität geben. Sie sind auch als Erleichterung für die Auswahl und Einbau von Angeboten in eigene Wochen- und Monatspläne der Erzieherin/Lehrerin gedacht.

„Wegweiser“

Spielen

Gespräche/ Rätsel

Kreatives Tun, Malen, Basteln

Ausflüge, Exkursionen, Besichtigungen

Experimente

Beobachten/ Wahrnehmen

Anpflanzen/ Aussäen

Kochen, Rezepte ausprobieren

Geschichten, Gedichte, Buchvorschläge

Praxis

Entdeckungstour „Ernährung“

Informationen

Es ist noch nicht lange her, da mußten sich die Menschen ihre Nahrung durch harte, körperliche Arbeit selbst beschaffen. Dadurch wußten sie den Wert ihrer Nahrungsmittel sehr zu schätzen und achteten darauf, daß nichts umkam. Auch die Natur, die die Nahrungsmittel hergibt, wurde geachtet, und man stellte nur soviel her, wie der Mensch brauchte. Nichts mußte verderben. Heute benötigt der durchschnittliche Bundesbürger nur noch wenige Minuten, um genügend Geld für den Nahrungsbedarf des Tages zu erwirtschaften. Das hat zur Folge, daß auch Lebensmittel wie Wegwerfprodukte behandelt werden.
90% aller schulpflichtigen Kinder haben bereits Karies. So kommt es nicht von ungefähr, daß immer mehr Süßwarenhersteller mit der „gesunden Ernährung“ der Kinder werben, um den Eltern das schlechte Gewissen zu nehmen. „Gesunde Vitamine naschen“ oder „In einem Joghurt steckt die Energie eines Steaks“ und „Sechs Kekse enthalten das Vitamin C einer Orange“ sind verkaufsfördernde Argumente. Dabei sind diese Produkte für die Ernährung unserer Kinder nicht gerade empfehlenswert.
Außerdem: Etwa 40% der Bundesbürger sind übergewichtig. Die Kosten für ernährungsbedingte Krankheiten liegen ungefähr bei 1000 DM pro Kopf und Jahr. Einhellige Meinung von Ärzten und Ernährungsberaterinnen: Wir ernähren uns zu fett, zu süß und zu ungesund. Dies trifft bereits für Kinder im Kindergartenalter zu.
Da der Erwerb von Nahrungsmitteln keine schweißtreibende Arbeit mehr ist, hat der Mensch sich zum „Allesfresser“ entwickelt. Im Geo-Heft 1/1990 heißt es: „Das flippige Video-Clip-Cid mit der 30 Sec.-Aufmerksamkeitsspanne zieht sich mal hier 'nen Burger, mal dort ein paar Kartoffelchips 'rein.“
Die Fernsehwerbung suggeriert den Kindern, daß Snacks, Frühstücksflokken, Torten und Kekse extra für die Kinder hergestellt worden sind. So wird den Kindern schon früh der Drang nach Süßem und der Griff zu

Fertigprodukten antrainiert. Mit wenig Aufwand wollen wir möglichst hochwertige, eiweiß- und energiereiche Nahrung zu uns nehmen. Das geschieht durch den Griff zu Fertigprodukten, die uns nicht nur einen kaum vernichtbaren Müllberg bescheren, sondern auch unserer Gesundheit schaden. Außerdem sind diese Produkte erheblich teurer als andere, enthalten Haltbarmacher, Emulgatoren und Geschmacksverstärker, verlieren oft den Geschmack und die Nährstoffe. Das läßt sich leicht beim Vergleich von Freilandtomaten mit Tomaten aus der Dose oder dem Gewächshaus feststellen.

Und noch ein Wort zum Fast-food-Phänomen: Die „Hamburger“ werden international zusammengebaut. Das Fleisch stammt z. B. von argentinischem Vieh, dieses wurde mit amerikanischem Mais oder thailändischen Sojabohnen gefüttert, die Brötchen wurden in England gebacken, aber mit amerikanischem Weizen. Der Käse kommt natürlich aus Holland, die Zwiebeln aus Spanien, der Salat aus Kalifornien. Das Ganze wurde dann in Skandinavien verpackt. Eigentlich klingt das ganz positiv, international. Aber der wichtigste Bestandteil des „Hamburgers“, nämlich das Fleisch, verursacht durch seine „Herstellung“ Probleme für unsere Umwelt, weil immer mehr Wälder für die Rinderhaltung und den Anbau von Weizen und Soja, mit denen die Rinder ernährt werden, gerodet werden müssen.

Durch seine Lebensweise hat sich der Mensch zum Spitzenräuber der Umwelt entwickelt. „Was 100 Vegetarier ernährt, reicht – grob geschätzt – nur für zehn Fleischfresser.“ (Geo Heft 1/1990).

Der Mensch wird lernenmüssen, das ökologische Gleichgewicht durch seine Ernährungsgewohnheiten nicht zu stören und seine Gesundheit durch falsche Ernährungsgewohnheiten nicht zu beeinträchtigen.

Pädagogische Absichten

Wir wollen den Kindern den Zusammenhang zwischen unseren Ernährungsgewohnheiten und unserer Gesundheit bewußt machen.
Da gerade die Kinder von falschen Ernährungsgewohnheiten betroffen sind und die Konsequenzen zu tragen haben, wollen wir den Kindern deutlich machen, daß sie sich selbst und der Umwelt durch negative Verhaltensweisen schaden.
Die Kinder werden erkennen, daß wir in einem Netz voller Abhängigkeiten leben und daß dieses Netz nicht zerstört werden darf, da sonst die Funktionsfähigkeit beeinträchtigt wird. Dies wollen wir ihnen anschaulich vermitteln, indem sie ein Umweltmobile bauen, ihre eigenen Eßgewohnheiten überprüfen und der Herkunft unserer Nahrung auf die Spur kommen. Sie werden lernen, zu kontrollieren, wieviel ungesunde, gefärbte, folienverschweißte und vitaminentleerte Produkte sie zu sich nehmen und erforschen, welche umweltfreundlichen Alternativen es gibt. Sie werden erkennen, daß Essen etwas mit Gewohnheit zu tun hat und wir uns ebenso, wie wir uns an übersüßte Nahrung gewöhnt haben, auch an gesunde Kost, die nicht weniger schmackhaft sein muß, gewöhnen können.
Es ist Absicht, den Kindern die These des Philosophen Feuerbach „Der Mensch ist, was er ißt“, verständlich zu machen. Wenn ihnen eigenes Fehlverhalten bewußt ist, können sie beginnen, Eßgewohnheiten langsam zu verändern. Kinder können das eher als Erwachsene, deren Ernährungsgewohnheiten festgefahren sind.
Die Kinder werden dazu ermuntert nachzufragen: Wo kommen unsere Lebensmittel her? Wie wurden sie hergestellt? Welche Auswirkungen hat die Herstellung der Nahrungsmittel auf uns, auf die Umwelt, auf andere Menschen, Tiere und Pflanzen?
Sie sollen lernen, einheimischen Produkten den Vorzug zu geben. Der Hang zu Verschwendung sollte möglichst abgebaut werden zugunsten eines umweltfreundlichen Lebensstils. Das gilt insbesondere in bezug auf Verpackungen, aber auch in bezug auf den Genuß von Fast-food-Produkten. Die Kinder sollen dabei erkennen, daß sie nicht Verzicht üben müssen, sondern daß es reizvolle und geschmackvolle Alternativen gibt und weitere entwickelt werden können. Gerade für Kinder gibt es auf diesem Gebiet viel zu entdecken. Die gemeinsame Nahrungszubereitung, die natürlich, gesund, umweltbewußt und abwechslungsreich sein sollte, kann schon mit vierjährigen Kindern erfolgen. Kleine Kinder haben Spaß daran, in einer alten Kaffeemühle Getreidekörner zu Mehl zu mahlen und daraus – mit Hilfe eines Erwachsenen – Brot zu backen. Sie können schon selbst eine Quarkspeise zubereiten und Salate kreieren.

Der Griff zur „Fertigpizza“ oder der Gang in das Fast-food-Restaurant sollten seltene Ausnahme bleiben oder werden.

Ziele

Die Kinder wissen, daß
- jedes Glied in der Nahrungskette seinen wichtigen Platz hat und deswegen nicht grund- und ersatzlos entfernt werden darf;
- gesunde Ernährung schmackhaft und preiswert sein kann und auch von Kindern mit einfachen Mitteln zubereitet werden kann;
- Fertigprodukte nicht zur gesunden Ernährung beitragen, sondern häufig teuer, wenig nährstoffhaltig und ungesund sind;
- eine gesunde Ernährung unserer Gesundheit dient und auch dem Schutz unserer Umwelt;
- der Körper Nährstoffe benötigt, z. B.: Eiweiß für den Aufbau und die Erhaltung von Muskeln und anderen Organen, Fett zur Erhaltung der Körpertemperatur, Kohlehydrate als Energielieferant, Mineralstoffe als wichtige Bausteine für Zähne und Knochen, Ballaststoffe zur Regulierung der Darmtätigkeit und Vitamine, die dabei helfen können, Krankheiten zu verhindern.

Die Kinder
- entwickeln einen Wochenplan für ein gesundes zweites Frühstück in der Einrichtung;
- gehen gemeinsam mit der Pädagogin einkaufen und achten beim Einkauf auf umweltfreundliche Ware, heimische, naturbelassene Produkte und Vollgetreide wie: Reis, Weizen, Gerste, Mais, Hirse und Hafer;
- lassen sich beim Einkaufen beraten;
- kaufen nach Möglichkeit beim Erzeuger, erwerben Kenntnisse über die Entstehung und Herstellung der Produkte;
- stellen fest, daß viele Menschen sich falsch ernähren und deswegen z. B. übergewichtig oder zahnkrank sind;
- besuchen Zahnärzte und Verbraucherorganisationen, um sich über die Folgen falscher Ernährung zu informieren und Hinweise für eine gesunde Ernährung zu erhalten;
- essen viel frisches Obst und ungekochtes Gemüse;
- essen statt Süßigkeiten lieber Nüsse, gekeimte Samen oder getrocknete Früchte;
- verzichten auf hochverarbeitete Fertigprodukte, übermäßig verpackte Lebensmittel und Nahrung mit hohem Industriezuckergehalt;

- probieren selbst Rezepte aus;
- experimentieren mit ungewöhnlichen „Nahrungsmitteln" wie: Löwenzahn, Brennesseln, Brunnenkresse und anderen Kräutern.

Leitlinien für eine zeitgemäße, umweltbewußte Ernährungserziehung

- Die Erzieherin/Lehrerin und die Eltern sollten sich selbst bewußt gesund ernähren.
- Neben den anwendungsbezogenen Lernzielen müssen Kompetenzen wie: verbales Ausdrucksvermögen, Ich-Stärke, Wahrnehmungs- und Konfliktfähigkeit, Autonomie gefördert werden.
- Das den Kindern beizubringende Wissen muß konkreten Bezug zur Lebenssituation des Kindes haben, muß gelebt werden und an die Interessen und Bedürfnisse der Kinder anknüpfen .
- Statt gesundheitlicher „Volksbelehrung" ist soweit wie möglich ein handlungsorientiertes Konzept zu wählen.

Praxisbeispiele

Das Umweltmobile

Jedes Kind zeichnet auf festem Karton Lebewesen, Pflanzen, Tiere und Naturbereiche, die es kennt. Die Pädagogin gibt Impulse und ergänzt fehlende Teile, indem sie mitarbeitet.

Das Mobile wird von der Erzieherin/Lehrerin aufgehängt. Sie demonstriert damit das Zusammenspiel der Natur. Wird nur ein Teil aus dem Mobile entfernt, gerät es, wie die Natur, aus dem Gleichgewicht. Das Mobile sollte enthalten: eine Erdkugel als Symbol für das Land, Bäume, Pflanzen, Blumen, Meere, Flüsse, große und kleine Tiere, Insekten.

Miniplanet

Durch den Bau eines Miniplaneten können wir den Kindern die Selbstregulierungsfähigkeit der Erde demonstrieren. Die Kinder lernen den Wasserkreislauf kennen, denn in unserem Miniplaneten wird das Wasser ständig umgewälzt. Außerdem spaltet das Blattgrün bei Licht (Photosynthese) das Wasser und verbindet den Wasserstoff mit Kohlendyoxid zu Kohlehydraten, wobei Sauerstoff frei wird.

Miniplanet

Das Moos des Miniplaneten „atmet". Es nimmt Sauerstoff auf, bildet wieder Kohlendioxyd und Wasser. Auf der beschlagenen Scheibe läßt sich das erkennen.

Zur Herstellung des Miniplaneten benötigen wir eine Käseglocke, eine Glasunterlage, Glasklebstoff und Moos.

Auf die Glasunterlage legen wir verschiedene Moose, die wir mit den Kindern gesammelt haben. Sie sollten noch etwas Erde enthalten. Das Ganze wird mit etwas Wasser angefeuchtet. Darüber stülpen wir die Glocke. Wenn die Glocke tagsüber etwa zur Hälfte beschlagen ist, stimmt der Wasserhaushalt und die Glocke kann mit einem Glaskleber auf der Glasplatte festgeklebt werden. Ist das nicht der Fall, stimmt der Wasserhaushalt nicht, und wir müssen noch etwas mit Wasserzugaben oder Verdunstung experimentieren.
So erhalten wir ein Biotop mit etwa 100 Millionen Bakterien und Mikropilzen, tausenden winzigen Insekten, Milben und Fadenwürmern. Das Biotop kann sich über Jahre hinweg selbst im Gleichgewicht halten, so wie es die Erde auch tut.

Plakat Nahrungskette

Wir benötigen einen großen Bogen Plakatpappe, verschiedene Naturmaterialien und Wachsmalkreide.
Im Stuhlkreis überlegen Erzieherin/Lehrerin und Kinder gemeinsam, wie so eine Nahrungskette aussieht. Da es recht unterschiedliche solcher Ketten gibt, sollte die Pädagogin daraufhinwirken, daß eine einfach darzustellende, also tierische Nahrungskette gewählt wird, z.B.: Raupe frißt ein Blatt, Vogel frißt die Raupe, Wiesel frißt den Vogel, Greifvogel frißt das Wiesel, der Greifvogel stirbt, verwest und wird zu Erde (Aas wird zu Humus). Oder: Heuschrekken fressen Pflanzen, Mäuse fressen Heuschrecken, Eulen fressen Mäuse. Den Kindern selbst fallen sicherlich auch Nahrungsketten ein, die Pädagogin gibt auch Denkanstöße.
Auf das Plakat wird gezeichnet, Blätter und Gräser werden aufgeklebt. Auch aus Materialien wie Pfeifenputzern können Tiere, z.B. die Raupe, dargestellt werden.

Die Mäusegeschichte

Die Erzieherin/Lehrerin beginnt:

Es war einmal eine große Mäusefamilie. Die lebte in einem Weizenfeld. Das Weizenfeld brachte aber nicht genügend Weizen hervor und der wenige Weizen, der vorhanden war, wurde von den Mäusen ratzeputz weggefressen.
Das ärgerte den Bauern so sehr, daß er beschloß, gegen die Mäuse vorzugehen. Er besorgte sich ein Gift, das den Pflanzen nicht schadet, aber die

Mäuse vernichtet und streute es auf sein Feld. Und tatsächlich, bald gab es keine einzige Maus mehr in dem Feld. Das gefiel dem Bauern sehr und den anderen Bauern auch. Deswegen machten es bald alle so. Und nun gab es auf der ganzen Welt bald keine einzige Maus mehr ...

An dieser Stelle bricht die Pädagogin ab. Die Kinder „spinnen" die Geschichte weiter. Das kann der Reihe nach geschehen, jedes Kind sagt einen Satz. Die Pädagogin kann aber auch ein Wollknäuel in die Hand nehmen und es dem Kind zuwerfen, das weitererzählen darf. Dabei ist es wichtig herauszuarbeiten, daß auch Mäuse ihre Daseinsberechtigung haben.

Naturpantomime

Alle Kinder liegen auf dem Boden. Sie sind die Saat von Pflanzen, Blumen oder Bäumen. Wir spielen, wie die Saat langsam aufgeht, sich entwickelt und zu einer stattlichen Pflanze oder einem großen Baum wird.

Die Erzieherin/Lehrerin kann dazu eine entsprechende Geschichte erzählen, die von den Kindern pantomimisch begleitet wird.

Tomatentest

Die Erzieherin/Lehrerin besorgt unterschiedliche Tomaten: Freilandtomaten, Tomaten die selbst gezogen worden sind, Tomaten aus der Dose und Tomaten aus dem Gewächshaus. Die Kinder machen einen Geschmackstest: Sie stellen fest, welche Tomaten intensiv nach Tomate schmecken.

Variante: Milch direkt vom Bauern, H-Milch, Milchpulver. Weißmehlbrötchen, Brötchen aus selbstgemahlenem Mehl.

Besuch bei einem Ökobauern

Viele Kinder kennen nur die Milch, die es im Supermarkt in der Tüte gibt. Beim Bauern können sie beobachten, welchen Weg das Gras über die Kuh nimmt, um zu Milch, Butter und Käse zu werden.

Der Bauer kann erklären, warum die Milch nicht grün wie Gras ist, und er kann über hygienische Vorschriften Auskunft geben.

Vielleicht dürfen die Kinder auch beim „Buttern“ helfen. All diese Eindrücke können tatsächlich nur noch beim Ökobauern oder in einem naturkundlichen Museum nachvollzogen werden, weil der „normale“ Landwirt weder Butter noch Käse selbst herstellt.

Chinesisch essen

Fast wie im China-Restaurant können die Kinder versuchen, mit Hilfe einer Hand und drei Zahnstochern 10 Haselnüsse in kurzer Zeit in den Mund zu befördern und zu knabbern.

Ernährungsspiel

Die Kinder sitzen um zwei zusammengestellte Tische. Die Erzieherin/Lehrerin beginnt ein Gespräch über die Ernährung: „Was essen wir? – Wie oft essen wir? – Wie heißen die Mahlzeiten?“
Ausgehend von der Frage „Warum essen wir?“ fertigen die Kinder Bilder an, die Eisschränke darstellen. In diese „Eisschränke“ werden „Lebensmittel“ einsortiert, die zuvor aus Katalogen ausgeschnitten wurden.
Zusammen mit den Kindern ordnet die Pädagogin die Lebensmittel in drei Gruppen:

1. Nahrungsmittel, die uns helfen gesund zu bleiben: Obst und Gemüse (Vitamine).
2. Nahrungsmittel, die uns beim Wachsen helfen: Fleisch, Fisch, Eier und Milch (Eiweiß).
3. Nahrungsmittel, die uns kräftig machen: Reis, Brot, Haferflocken, Kartoffeln (Kohlehydrate).

Für den Bastelvorgang werden Papierbögen (DIN A 2), Kataloge, Scheren, Buntstifte und Kleister benötigt.

Riechen und schmecken

Die Erzieherin/Lehrerin hat verschiedene Früchte aufgeschnitten. Zuerst werden einheimische, ein anderes Mal fremdländische Früchte zusammengestellt. Die Kinder raten mit verbundenen Augen.
Riechproben: Apfel, Erdbeeren, Himbeeren, Johannis-

beeren, Pflaumen, Weintrauben ... Banane, Apfelsine, Ananas, Pfirsich, Aprikosen ...
Schwieriger sind geschlossene Früchte oder Trockenobst zu erraten, da sie nicht soviel Aroma verbreiten. Anschließend können die Früchte „erschmeckt" und am Ende der Raterunde vernascht werden.
Variationen: Gartengemüse ist zu erraten. Riech- und Schmeckbeispiele können sein: Gurke, Tomate, Sellerie, Kartoffel, Lauch, Karotte, Kohlrabi ...
Auf Teelöffel werden kleine Proben zum „Erschmecken" angeboten: Brot, Haselnuß, gekochtes Ei, Käse, Honig, Kuchen usw.

Stockbrote und Grillbanane

Nach einer anstrengenden Entdeckungstour wollen wir auf dem Gartengelände der Einrichtung grillen. Die Kinder haben sich Stockbrote und Grillbananen gewünscht.

Stockbrote

Ausgehend von 20 Kindern und zwei Erzieherinnen/Lehrerinnen benötigen wir einen Hefeteig von etwa 3000 Gramm, etwas Mehl zum Bestäuben, etwas Öl, Backpinsel und 22 angespitzte Holzstöcke. Aus dem schön aufgegangenen Hefeteig, der ca. 1 Stunde im Warmen geruht hat, formen die Kinder zuerst kleine Klöße (für jedes Kind zwei) und rollen sie dann zu langen Würsten. Diese werden noch einige Zeit beiseite gelegt. Die Kinder wickeln dann die Teigwürste um die Stöcke und drehen sie solange über der Glut bis sie gar sind.
Zutaten für den Hefeteig: 2100 g Mehl, 300 g weiche Butter, ¾ Liter warme Milch, 3 Eier, 1½ Teelöffel Salz und 3 Päckchen Hefe.

Grillbanane

Zum Nachtisch legen die Kinder Bananen auf den Grill. Sobald die Schalen dunkel sind, legen wir sie auf Teller. Jedes Kind kann sich nach Belieben auf die an einer Seite geöffnete Banane Zimt und etwas flüssigen Honig drübergeben und anschließend auslöffeln.

Zaubereisblüten im Erfrischungsgetränk

Für ein Sommerfest oder für eine andere festliche Gelegenheit wollen wir Säfte mit Eiswürfeln anbieten, in denen eßbare Blüten oder Früchte eingefroren sind. Die „Zaubereisblüten“ können Kinder ganz einfach selbst herstellen. Dafür werden Eiswürfelschalen aus dem Kühlschrank gut ausgespült und mit frischem Wasser aufgefüllt. Dann kommt in jedes Schälchen eine eßbare Blüte (z. B. Veilchen, Glycinien oder Akazienblüten). Ebenso lassen sich Johannisbeeren, Kirschen, Orangen- oder Zitronenscheiben einfrieren. Die Schalen stellen die Kinder ins Gefrierfach zurück, und nach einiger Zeit erkennt man deutlich die bunten Blüten bzw. Früchte im klaren Eis. Als Zugabe zu einem Obstsaft sind diese Eiswürfel genau das richtige für kleine wie etwas größere Umweltentdecker.

Butter und Käse selbst herstellen

Zusammen mit den Kindern wollen wir Butter herstellen. Dafür benötigen wir ½ Liter Schlagsahne, Zitronensaft, eine Schüssel, einen Schneebesen oder elektrischen Mixer und etwas Salz. Zuerst müssen wir den ½ Liter Schlagsahne (Zimmertemperatur!) mit dem Saft einer Zitrone ansäuern. Dann wird die angesäuerte Sahne mit dem Mixer durchgeschlagen. Für die Kinder heißt es, Geduld aufzubringen, da trotz langen Schlagens die Sahne nicht dicker zu werden scheint. Ist dies der Fall, empfiehlt es sich, die ganze Angelegenheit für etwa 10 bis 15 Minuten ruhig stehen zu lassen und erst dann weiter zu rühren. Jetzt wird die Masse auf einmal immer körniger, und wir stehen kurz vor dem Ziel. Es scheidet sich eine milchige Flüssigkeit ab, und die kleinen Klümpchen ballen sich zu einem schönen Klumpen Butter zusammen. Um die restliche Buttermilch zu entfernen, wickeln wir ihn in ein Tuch und drücken es aus. Mit einer kleinen Prise Salz wird die Butter verknetet und kann anschließend von allen probiert werden.
Nachdem uns die Butter gelungen ist, können wir mit den Kindern versuchen, einen Frischkäse herzustellen. Dafür benötigen wir 1 Liter Vollmilch und den Saft einer Zitrone. Die Milch wird erwärmt und mit dem Saft der Zitrone versetzt. Beim Umrühren scheidet sich der Käsestoff in dicken Flocken ab. Er wird von der Molke getrennt, mit einer Prise Salz versehen und mit einer Gabel kräftig durchgeknetet. Gut gekühlt schmeckt der so entstandene Frischkäse Kindern wie Erwachsenen gleich gut. Die gewonnene Molke kann gekühlt mit Fruchtsaft vermischt getrunken werden.

Zuckerkristalle züchten

Mit etwas Geduld, Gläsern, Bleistiften, Fäden, Zucker, Wasser und einem Topf können wir gemeinsam mit den Kindern Kandiszuckerkristalle züchten. Dafür gießen wir ein dreiviertel Glas Wasser in einen Topf, erhitzen ihn und fügen nach und nach eine Tasse Zucker hinzu. Die heiße Zuckerlösung gießen wir vorsichtig in das Glas zurück. Dann knüpfen wir einige Fäden an einen Bleistift und hängen sie in die Lösung. Nach ein bis zwei Wochen können die Kinder daran schöne Kristalle wachsen sehen.

Ratet, was ich esse!

Die Kinder überlegen sich, wie eine bestimmte Speise charakteristisch gegessen wird. Pantomimisch „essen“ die Kinder z.B. Spaghetti, Hähnchen, Pizza, ein zähes Schinkenbrot, eine Apfelsine oder Banane usw. Wer errät, was der einzelne gegessen hat, darf die nächste Eß-Pantomime vorführen.

Gedicht (mündliche Überlieferung)

Gestern abend auf dem Ball
tanzte Herr von Zwiebel
mit der Frau vom Petersil,
das war gar nicht übel.

Die Prinzessin Sellerie
tanzt besonders schicklich
mit dem Prinz von Rosenkohl
das machte sie sehr glücklich.

Der Baron von Kopfsalat
der war besonders herzlich.
Er tanzte mit Frau Sauerkraut;
doch diese blickte schmerzlich.

Ritter Kürbis, groß und schwer,
trat einer auf die Zehen.,
Das war die Gräfin Paprika,
die ließ ihn einfach stehen.

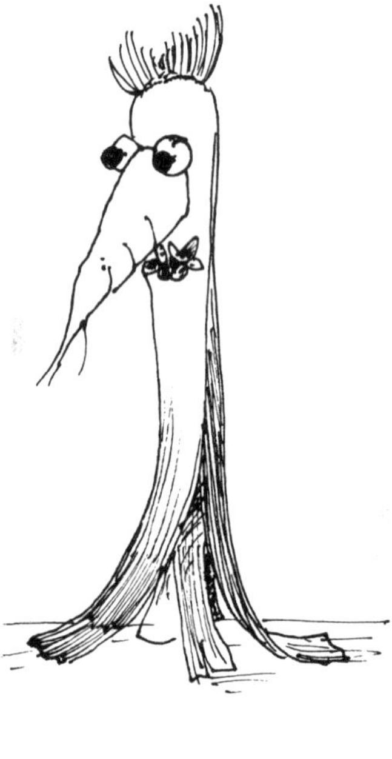

Gemüsepuppen

Wenn es Gemüse im Überfluß gibt, und Kinder und Erzieherin/Lehrerin Lust haben auszuprobieren, wie eine Gemüsesuppe schmeckt, dann können vorher aus den Zutaten Gemüsepuppen hergestellt werden. Dafür eignen sich Rüben, Kartoffeln, Porreestangen, Mohrrüben und auch andere Gemüsesorten. Sie werden mit Draht oder Band zusammengehalten und mit Ingwerwurzeln, Pfeffer- und Nelkenkörnern verziert.

Schrumpelköpfe

Aus Kartoffeln lassen sich auch Puppenköpfe herstellen. Sie sind auch noch reizvoll, wenn sie zu altern beginnen und schrumpelig werden. Aus den jungen Puppenkindern werden mit der Zeit alte Damen und Herren mit entsprechendem Aussehen.
Ein Foto vom Tag der Herstellung kann dokumentieren, wie die Kartoffel sich im Laufe der Zeit verändert, wenn sie keine Nahrung und kein Licht bekommt.

Die Riech-Schmeck-Fühlwand

Aus fester Pappe wird ein Paravent hergestellt. Auf den Paravent wird ein Kindergesicht mit Mund- und Nasenöffnung gemalt. An den Seiten befinden sich Öffnungen für die Hände. Hinter dem Paravent stehen Dinge zum Befühlen, Schmecken und Riechen. Die Kinder entscheiden sich, ob sie etwas erriechen, erschmecken oder erfühlen wollen. Sie gehen nah an den Paravent heran und lassen sich z.B. etwas in den Mund stecken: ein Stückchen Zitrone, eine Gurkenscheibe, etwas Mehl usw. Sie können auch ihre Hände durch die Öffnungen stecken und fühlen, ob ihnen ein Tannenzapfen, ein Apfel, ein Löffel oder eine Kartoffel in die Hand gegeben wird.

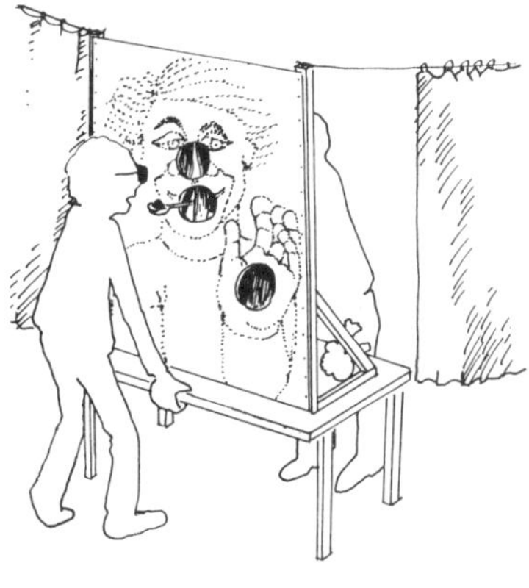

Interview

Die Kinder bekommen die Aufgabe herauszufinden, welche Nahrungsmittel die Menschen früher verwendet haben.
Sie sollen auch beim Einkauf mit den Eltern darauf achten, ob es vielleicht Nahrungsmittel gibt, die früher verwendet wurden und heute wieder in den Supermärkten stehen.
Wer kennt Rezepte für z. B. die Zubereitung von Gerstengrütze, Haferbrei, Graupensuppe, Holunderküchlein, Brennesselsuppe oder Löwenzahnsalat?
Was verstehen unsere Eltern und Großeltern unter „gesunder Ernährung"?

Gespräch

Wir unterhalten uns über die Interviewergebnisse, überlegen, welche Rezeptvorschläge wir ausprobieren wollen.
Die Erzieherin/Lehrerin erzählt den Kindern, welche Nährstoffe sie brauchen, um lernen, wachsen und sich bewegen zu können. Sie gibt Impulse dafür, daß die Kinder herausfinden, wieviele Mahlzeiten der Mensch am Tag benötigt und wie ein vernünftiges zweites ausgewogenes Frühstück aussehen könnte.
Kinder und Pädagoginnen planen gemeinsam das zweite Frühstück für eine Woche und achten dabei darauf, daß es vollwertig (d. h. weitgehend naturbelassen) ist, kostengünstig hergestellt werden kann und dem Geschmack der Kinder entspricht. Das zweite Frühstück sollte keine Mahlzeit mit zu hohem Zuckergehalt sein und ausreichende Nährstoffe enthalten. Milchschnitten, Müsliriegel, Kuchen und Brötchen aus Weißmehl, süße Limonaden und fertige Milchmixgetränke lassen den Blutzuckerspiegel zwar schnell ansteigen und sorgen so für einen Energieschub. Der sinkt aber ebenso schnell wieder, wenn nicht rasch Nachschub kommt. Das führt zu Übergewicht und fördert die Kariesbildung.

Möglicher Frühstückswochenplan

Montag: Quarkspeise mit Obst, Früchtetee
Dienstag: Vollkornkekse, Milch
Mittwoch: Bananenjoghurt, Saft
Donnerstag: Kräuterbrot oder -brötchen, Löwenzahnkaffee
Freitag: Obstsalat, Früchtetee.
Vorbereitung:

- Einkauf der Zutaten, die nicht selbst hergestellt oder im eigenen Garten geerntet werden können.
- Getreidemühle ausleihen oder eine alte Handkaffeemühle besorgen.
- Kresse, Ölrettich, Alfalfa und andere Samen keimen lassen.
- Rezepte sammeln, aufzeichnen, für alle kopieren, auf Plakate zeichnen oder schreiben.
- Eltern um Zusammenarbeit bitten (Elternabend).

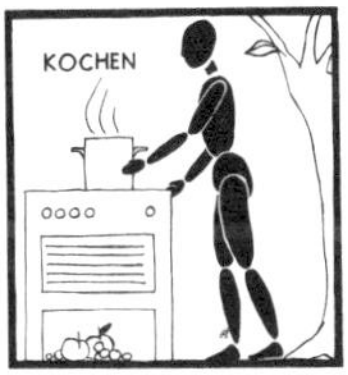

Quarkspeise mit Früchten (Rezept für 4 Personen)

250 g Früchte
je nach Jahreszeit waschen, putzen, zerkleinern.
½ Zitrone auspressen.
Einige Löffel
Ahornsirup mit dem Zitronensaft zum Obst geben.
200 g Sahnequark auf das in Dessertschalen verteilte Obst geben, etwas Ahornsirup in die Mitte.
Carob-Pulver oder Kakao zum Bestreuen.
Der Sahnequark kann auch vorher mit einem Ei und etwas Honig oder Ahornsirup vermengt werden.

Früchtetee

Es gibt eine Reihe von Wildpflanzen und Früchten, die sich zur Teezubereitung eignen. Wildpflanzen sind nährstoffreich und schmecken gut.
Beim Sammeln der Pflanzen sollten die Erzieherin/Lehrerin und Eltern helfen. Dazu benötigen wir ein Bestimmungsbuch.
Frische Minze, echte Kamille, Ackerschafgarbe, Hagebutten und Ackerstiefmütterchen können zu Tee aufgebrüht werden.

Äpfel, Hagebutten, und andere Früchte werden getrocknet, vorher zerkleinert und zum Tee aufgegossen.
Blätter von Himbeeren, Brombeeren, Erdbeeren und die Triebe des Heidekrauts können getrocknet und zu Tee aufgegossen werden.

Vollkornkekse für den Dienstag

(Rezept für 4 Personen)

250 g Weizenkörner
½ Löffel Zimt
1 Eigelb
3 Eßlöffel Ahornsirup, Honig oder anderen „Süßstoff"
125 g Butter oder Margarine
etwas Milch und ein paar Nüsse.

Und so wird es gemacht:

1. Das Korn wird abgemessen und in der Getreidemühle gemahlen, eine alte Kaffeemühle tut es aber auch.
2. Mehl, Zimt, Honig und Eigelb werden in einer Schüssel gut gemischt.
3. Butter in kleine Flöckchen zerteilen und mit den Händen gut unter die Mischung kneten. (Achtung! Hände waschen nicht vergessen!)
4. Den Teig zu einer Kugel formen und etwa eine Stunde im Kühlschrank ruhen lassen.
5. Teig zu einer Rolle formen (gewünschte Plätzchengröße), fingerdicke Scheiben schneiden und auf ein bemehltes Backblech setzen.
6. Plätzchen mit Milch bestreichen und mit gehobelten Nüssen verzieren.
7. Blech in den Backofen schieben und ca. 15–20 Minuten bei mittlerer Hitze gold-gelb backen.

In der Weihnachts- und Osterzeit stechen wir Motive aus dem ausgerollten Teig aus.
Zu den Vollkornkeksen gibt es Milch. Die Milch kann auch als Mixgetränk gereicht werden.
Rezept: 2 Tassen Früchte der Saison waschen, pürieren und mit einem Löffel Ahornsirup oder Honig in die Milch rühren.
Am Dienstag sollte auch schon der Joghurt für den nächsten Tag zubereitet werden.

Joghurt für 6 Personen

Wir benötigen:
1 Liter Milch
1 Becher Joghurt.
Die Fettstufe von Milch und Joghurt müssen übereinstimmen.

Material: Milchtopf, Rührlöffel, ein großes oder mehrere kleine Gläser mit Schraubverschluß.

Und so wird es gemacht:

1. Die Milch wird in einen Topf gegossen und auf kleiner Stufe langsam erwärmt. Wenn die Milch lauwarm ist (Fingerprobe!!!), wird sie vom Herd genommen (Joghurtkulturen sterben, wenn sie zu stark erhitzt werden).
2. Joghurt in die Milch rühren, in Gläser füllen.
3. Das Ganze 24 Stunden an einen warmen Ort stellen, damit die Joghurtkulturen die Milch zu Joghurt verwandeln.
   Im Joghurtbereiter wird der Joghurt schon nach 5 Stunden fest. Dann verbrauchen wir allerdings, wie beim Herd auch, Strom. Im Backofen müssen die gefüllten Gläser auch etwa 5 Stunden bei minimaler Hitze stehen (unter 42 Grad).
4. Danach werden die Gläser in den Kühlschrank gestellt.

In den Joghurt können wir Bananenscheiben, Nüsse, Trockenfrüchte oder eingeweichte Getreidekörner mischen.
Für den Joghurt muß am Mittwoch nichts weiter vorbereitet werden. Wir können aber schon das Kräuterbrot oder die Brötchen backen.

Kräuterbrot

500 g Mehl (frisch gemahlen)
1 Teelöffel Salz
1 Teelöffel Zucker
1 Päckchen Trockenhefe (oder einen Würfel frische Hefe)
¼ Liter Milch
frische, gehackte Kräuter.

Und so wird es gemacht:

1. Mehl, Salz, Zucker und Trockenhefe gut vermischen.
2. Lauwarme Milch langsam hinzugeben, Teig ca. 10 Minuten gut durchkneten.

3. Teig gut zugedeckt an einen warmen Ort stellen und „gehen" lassen (d.h., er muß doppelt so groß werden).
4. Kräuter unter den Teig kneten.
5. Backblech einfetten, den Teig in Brot- oder Brötchenform drauflegen, noch einmal „gehen" lassen.
6. Teig mit lauwarmer Milch bepinseln und etwa 20 Minuten bei 200 Grad backen.

In einer Kastenform gebacken, bekommt das Brot eine schöne Form. Es läßt sich auch mit dem Messer einritzen und mit Flocken oder geraspelten Nüssen bestreuen.
Dazu trinken wir am Mittwoch Löwenzahnkaffee.

Löwenzahnkaffee

Der Löwenzahnkaffee ist koffeinfrei. Wir benötigen dazu die Wurzeln des Löwenzahn, die zerkleinert werden müssen, nachdem sie gründlich gewaschen wurden. Die zerkleinerten Löwenzahnwurzeln werden in einem Topf oder im Backofen geröstet, bis sie ganz hart sind (das dauert etwa eine Stunde).
Die gerösteten Löwenzahnwurzeln müssen in einer Kaffeemühle gemahlen oder in einem Mörser zerdrückt werden.
Dann werden 7 Löffel „Kaffeemehl" mit einem Liter Wasser aufgegossen.
Für diese Art der „Kaffeeherstellung" eignen sich auch die Wurzeln der Wegwarte, des Bocksbart, der wilden Möhre und der Quecke.
Die Herstellung des Obstsalates werden wir nicht beschreiben, da davon auszugehen ist, daß in jeder Einrichtung schon Obstsalat zubereitet wurde.
Dafür aber noch ein paar andere Rezepte aus der Naturküche. Sie regen dazu an, mit den „Unkräutern" zu experimentieren. Statt Unkraut benutzen wir den Begriff: Wildpflanzen.

Löwenzahn

Die Kinder können am Beispiel des Löwenzahn besonders gut nachvollziehen, daß das, was die meisten Menschen für Unkraut halten, ein wertvolles Nahrungs-, bei den Homöopathen sogar Heilmittel sein kann.
Löwenzahn ist im Frühjahr überall in großen Mengen zu finden. Gemeinsam kann auf einem Spaziergang Löwenzahn gesammelt und später untersucht und verarbeitet werden.

Die Kinder können den Löwenzahn in seine Bestandteile zerlegen, und nach der Säuberung die Knospen und Wurzeln probieren (nach zweimaligem Kochen verschwindet auch der Geschmack des Bitterstoffes). Sie sollen herausfinden, wozu sich der Löwenzahn verwenden läßt (vielleicht auch im Gespräch mit älteren Menschen). Der Löwenzahn eignet sich gut als Salat, zur Teezubereitung, als Suppeneinlage und kleingehackt auf Quark als Brotaufstrich.

Wildgemüsesalat

1. Löwenzahn, junge Brennesseln, Gänseblümchen und Sauerklee sammeln, gründlich waschen, klein hacken.
2. Kräuter und gehackte Nüsse zugeben.
3. Sauce zubereiten: Joghurt oder Sahne mit einem Löffel selbstgemachtem Senf mischen, Saft einer halben ungespritzten Zitrone, etwas Kräutersalz und eine Prise Zucker untermischen.

Löwenzahnhonig

1. Löwenzahnblüten ohne Stiel pflücken, gründlich waschen.
2. 1 Liter Wasser zum Aufkochen der Blüten.
3. Nach ca. 10 Minuten alles durch ein Sieb gießen und die Flüssigkeit mit braunem Rohrzucker etwa 1 Stunde weiterkochen lassen bis der „Brei“ dickflüssig ist.
4. Eventuell Zitronen- und/oder Orangenstückchen mitkochen.
5. In Gläser füllen und kaltstellen.

Löwenzahnkapern

1. Die kleinen, leicht bitter schmeckenden Knospen des Löwenzahn pflücken und gründlich waschen.
2. In Estragonessig einlegen, ziehen lassen und wie Kapern verwenden.

Die jungen Knospen des Löwenzahn schmecken, ebenso wie die zarten jungen Blätter, roh und leicht gedämpft sehr gut. Löwenzahnwurzeln lassen sich wie Schwarzwurzeln zubereiten. Sie enthalten viel Vitamin A und C und Mineralstoffe. Löwenzahn ist harntreibend, verdauungs- und stoffwechselanregend.

Kleegemüse

Blätter und Blüten werden nach einer gründlichen Säuberung abgekocht, in erwärmtes Fett gegeben und gedünstet. Bei Bedarf kann etwas Wasser zugegeben werden. Das Kleegemüse wird gedünstet, bis es mürbe ist.
Auch die Wurzeln des Klee lassen sich zubereiten (siehe Löwenzahn).

Brennesselspinat

1. Junge Brennesselblätter pflücken und gründlich waschen.
2. Fein hacken oder ganz lassen.
3. Speck würfeln und rösten, kleingehackte Zwiebeln dazugeben.
4. Alles unter die wie Spinat gekochten Brennesseln mischen und mit Muskat und Kräutersalz abschmecken.

Brennesselsalat

1. Junge Brennesseln mit behandschuhten Händen etwas drücken, damit sie nicht mehr brennen.
2. Kleinhacken.
3. Mit Gurken, Tomaten und anderen Salatzutaten vermischen.
4. Eine Sauce aus Olivenöl, Senf, Kräuteressig, Zwiebeln und Salz anrichten und darübergießen.

Gänseblümchensuppe

Ein Aberglaube besagt: Das erste Gänseblümchen, das man sieht, soll man essen. Dann hat man Glück im Leben. Daher weiß man auch, daß Gänseblümchen eßbar sind.
Im Mittelalter benutzten die Menschen die Gänseblümchen zur Regulierung der Verdauung. Auch für die Leber und die Blutreinigung soll das Gänseblümchen eine Rolle spielen. Und so bereitet man die Suppe zu:

1. Gemeinsam Gänseblümchen pflücken und gründlich säubern.
2. Feinhacken und in eine mit Brühe aufgegossene Mehlschwitze rühren.
3. Mit saurer Sahne, Schnittlauch und Salz verfeinern.

Noch ein paar Informationen zum Wildgemüse:
Es gibt etwa 100 Sorten „Unkräuter“, die nicht nur in Notsituationen eßbar, sondern immer schmackhaft sind.
Eigentlich ist es verwunderlich, daß die Menschen beispielsweise Spinat oder Mangold gegenüber der Brennessel bevorzugen. Einen logischen Grund dafür gibt es nicht. In Kriegszeiten wurde vieles von dem, was wir heute für Unkraut halten, gegessen.
In Frankreich z. B. wird sogar heute der Löwenzahn wieder kommerziell angebaut. Bei uns gibt es ihn auf Märkten zu kaufen. Wildpflanzen sind in der Regel viel würziger und eiweißreicher als unser Kulturgemüse. Allerdings sollten wir nicht gerade an einer verkehrsreichen Straße Wildgemüse pflücken und auch nicht an einem gespritzten Ackerrain.
Eine ebenso vielseitige Pflanze wie der Löwenzahn ist die Brennessel. Kinder haben beim Spielen mit der Brennessel sicher schon unangenehme Bekanntschaft gemacht. Vielerorts wurde die Brennessel wegen der unangenehmen Eigenschaft zu brennen ausgerottet, dabei läßt sie sich auch zum Düngen, zur Schädlingsbekämpfung und zum Essen gut verwenden.
Die Kochwoche schließen wir mit einigen Spielen ab, die das bisher Erlernte noch einmal auffrischen und verfestigen.

Rollenspielparty

Jedes Kind schlüpft in die Rolle eines Menschen, der in irgendeiner Weise etwas mit Ernährung, Umwelt oder Haushalt zu tun hat. Die Erzieherin/Lehrerin kann den Kindern auch ins Ohr flüstern, welche Rolle sie übernehmen sollen. Die Kinder überlegen sich kurz, wie sie die Rolle ausfüllen wollen und beraten sich, wenn nötig, mit der Pädagogin.
Nun beginnt eine Party. Auf dieser Party werden die Menschen einander aber nicht vorgestellt. Durch die nun zu führenden Gespräche sollen die Kinder herausfinden, mit wem sie es auf der Party zu tun haben. Jeder Mitspieler versucht möglichst viele Namen, Funktionen oder Berufe der Partygäste herauszufinden.
Beispiele: Bürgermeister, Supermarktchef, Hausfrau, Köchin, Putzfrau, Chemikerin, Gärtner, „Müllmann“, Verbraucherberaterin (falls bekannt).

Ufo-Landung

Für dieses Spiel benötigen wir gegebenenfalls einen Fotoapparat und einen Kassettenrecorder.
Die Kindergruppe wird in zwei gleich große Gruppen aufgeteilt. Eine Gruppe verkleidet sich möglichst verrückt. Die Kinder dieser Gruppe stellen sich vor, sie wären Wesen aus einem fremden Land, besser von einem fremden Planeten. Sie sind nur zufällig auf der Erde gelandet, treffen Lebewesen, die sich Menschen nennen (die Kinder der anderen Kleingruppe) und deren Eß-, Lebens- und Einkaufsgewohnheiten ihnen völlig fremd sind und die sie erforschen wollen.
Die Gruppe der Wesen vom anderen Planeten soll sich dabei ausgesprochen uninformiert geben und ganz genau nachfragen. Nach einiger Zeit werden die Rollen getauscht.

Variante:
Alle Kinder schminken und verkleiden sich. Dann gehen sie mit der Erzieherin/Lehrerin in den Ort, um als „Wesen vom fremden Stern“ Leute zu interviewen: Was essen sie gerne? Was schmeckt ihnen gar nicht? Kennen sie Wildgemüse?
Zum Schluß der Ernährungstour lesen wir den Kindern eine Geschichte vor. Sie heißt „Leckerli“ und wurde von Edgar Wüpper (1990) geschrieben.

Leckerli

In den Osterferien ist Kerstin meistens bei Oma zu Besuch. Omas Lieblingsbeschäftigung ist Frühstücken. „Wie das Frühstück, so der Tag“, sagt sie immer. Danach müßte bei Oma jeder Tag ganz herrlich sein, denn das Frühstück ist Klasse! Wenn Kerstin morgens gähnend in die Küche kommt, fängt ihre Nase schon an zu schnuppern. Omas starker Bohnenkaffee, der Duft von Kakao und frischen Brötchen machen gleich Appetit. Auf dem Tisch stehen eine Vase mit Frühlingsblumen, Gläser mit Marmelade, Gelee, Sirup und Honig. Und unter den bunten Eierwärmern aus Stoff schlummern zwei dicke braune Frühstückseier.
Auch heute schmeckt es Kerstin. Sie angelt nach dem Glas mit ihrem Lieblingssirup.
„Oh, fast leer!“ sagt sie etwas enttäuscht. „Das war das letzte Glas Leckerli!“, stellt Oma fest.

„Warum heißt denn der Sirup, Leckerli?" fragt Kerstin.
„Weil er so lecker schmeckt!"
Beide lachen. Als Oma und Kerstin den Tisch abräumen, meint Oma: „Wenn du Lust hast, können wir heute ein paar neue Gläser Leckerli machen."
Kerstin freut sich: „O ja. Aber wie geht das?"
„Du wirst schon sehen. Ich verrate noch nichts."
Nach dem Abwasch holt Oma zwei Henkelkörbe und sagt: „Wir müssen ein Stück gehen."
Es ist ein schöner Tag. Die Sonne streichelt die Haut, und die Erde riecht schon nach Wärme.
Hinter dem Dorf fließt der Bach vorbei. Oma zeigt auf einige breite grüne Blätter am Ufer.
„Da wächst Beinwell. Ich werde morgen ein paar Wurzelstöcke ausgraben. Sie geben eine gute Salbe gegen mein Rheuma."
Plötzlich bleibt sie stehen. „Weißt du was?" sagt sie. „Wir pflücken gleich noch ein paar Wildkräuter und machen heute Mittag einen Salat daraus."
Unterwegs erklärt sie Kerstin, welche Blätter sie sammelt.
„Das ist Huflattich. Er heißt so, weil seine Blätter aussehen wie Pferdehufe."
Oder: „Das ist Bärlauch. Riech mal!" Sie zerreibt ein Blatt zwischen den Fingern. „Er riecht wie Knoblauch." Kerstin rümpft die Nase, Oma lacht.
Bald haben sie einen Korb voll mit Sauerampfer, Huflattich, Bärlauch, Gundermann, Schafgarbe und vielen anderen Kräutern.
Von einem Holunderstrauch will Kerstin sich ein Stück Holz abschneiden.
„Davon mache ich mir ein Blasrohr!"
Oma gibt ihr das Taschenmesser. Aber schon beim Aufklappen schnappt die Klinge zurück und ritzt Kerstins Finger.
„Ich hab mich geschnitten, ich blute!" ruft Kerstin. „Und wir haben kein Pflaster ... Warte!"
Während Kerstin das Blut von ihrem Finger saugt, guckt sich Oma suchend am Wegrand um.
„Komm her!" ruft sie. „Siehst du die langen schmalen Blätter da? Das ist Spitzwegerich. Nimm ein Blatt, steck es in den Mund und kau darauf herum, bis es ein Brei ist."
Kerstin schaut Oma zweifelnd an.
„Na los, mach schon", drängt Oma.
„Und nun?" fragt Kerstin.
„Jetzt streichst du den Brei über die Wunde, und schon ist das Pflaster fertig. Morgen ist alles verheilt. Der Brei hilft auch gegen Mückenstiche."
„Toll", murmelt Kerstin, „das muß ich mir merken."

Vor dem Wald ist eine kleine Bergwiese, über und über mit dottergelben Blüten gesprenkelt.
„So", sagt Oma, „jetzt sammeln wir die gelben Köpfe, bis der zweite Korb voll ist."
Kerstin guckt genauer hin. „Das ist ja Löwenzahn!" ruft sie überrascht. „Und daraus wird Leckerli?"
„Ja, da staunst du, was?"
Bald ist der Korb voll. Vom vielen Bücken muß sich Oma etwas ausruhen. Sie setzt sich auf einen Holzstamm.
„Der Löwenzahn ist eine tolle Pflanze", sagt sie. „Von der Wurzel kannst du einen Kaffee herstellen. Obwohl ... " sie kichert leise, „mein Bohnenkaffee schmeckt mir ehrlich gesagt doch besser! Die jungen Löwenzahnblätter ergeben einen guten Salat, und aus den Blüten machen wir unser Leckerli!"
Als sie wieder zu Hause angekommen sind, nimmt Oma einen Topf und setzt ihn auf den Herd.
„So, jetzt paß gut auf!"
Erst nimmt sie vier große Handvoll Blüten, schüttet Wasser darauf und läßt sie fünf Minuten kochen.
„Gib mir mal das Sieb", sagt sie, nimmt einen anderen Topf und gießt alles durch das Sieb hinein.
„Jetzt bleibt nur noch Flüssigkeit übrig. In die kommen noch anderthalb Kilo Zucker und der Saft von zwei Zitronen. Das Ganze lassen wir jetzt auf kleiner Flamme einkochen, bis der Sirup übrigbleibt."
„Bei uns in der Nähe gibt es auch ganz viel Löwenzahn", sagt Kerstin.
„Siehst du", lacht Oma, „dann machst du dir demnächst dein Leckerli selbst!"
(Edgar Wüpper)

Wer kennt sich aus?

In fünf Minuten ist ein Ei gekocht. Wieviel Minuten kochen vier Eier? *(genauso lange)*
Wer trägt 'ne große, weiße Mütze und arbeitet bei großer Hitze? *(Der Koch)*
Ist weiß wie Schnee und versinkt in Tee und Kaffee. *(Der Würfelzucker)*
Ein Rätsel kann man raten, ein Schnitzel muß man ...

Gesunde Lebensmittel

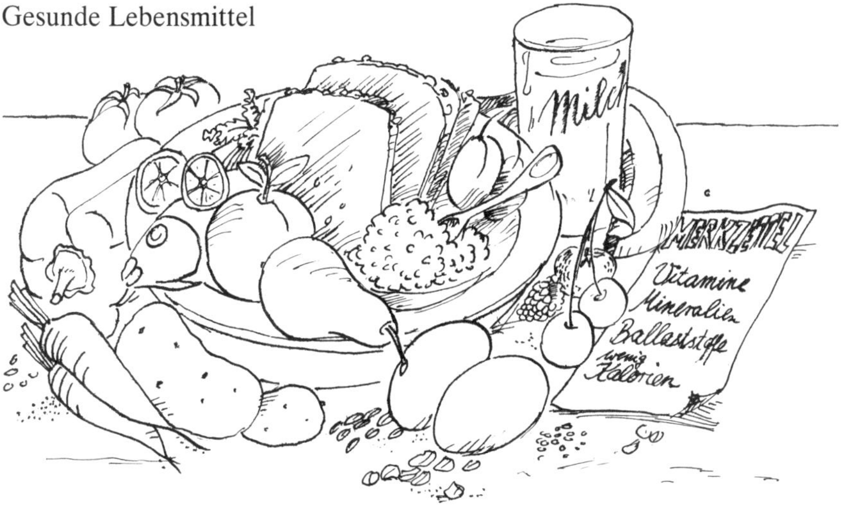

Entdeckungstour „Gesundheit“

Informationen

Es gibt viele Menschen, insbesondere natürlich auch Kinder, die nicht genügend auf ihre persönliche Gesundheit achten, weil sie Gesundheit als „Abwesenheit von Krankheit“ verstehen.
Gesundheit umfaßt aber viel mehr und läßt sich nicht nur medizinisch erklären. Gesundheit wird auch durch Lebensgewohnheiten, genetische Faktoren und Umweltfaktoren wie z. B. Streß, Wohngifte, Wasser, Luft, Arbeitsplatz und Freizeitkultur beeinflußt.
Der „gesunde“ Mensch ist nicht nur nicht krank, er meidet auch gesundheitliche Risiken wie das Rauchen, den Genuß von Alkohol, falsche Ernährung und Bewegungsmangel. Er vermeidet Streß, gestaltet seine Umwelt weitgehend gesund (weitgehender Verzicht auf Chemie im Haushalt, Wohnen mit Pflanzen, gute Durchlüftung der Räume) und geht vernünftig mit sich selbst um (ausreichend Schlaf, vernünftige Ernährung, Vermeidung von Überernährung).
In den letzten Jahren wurde schon viel im Rahmen der Gesundheitserziehung erreicht.
Es gibt wohl keine Einrichtung, in der nicht auf ein gesundes zweites Frühstück geachtet wird, die Zähne nicht geputzt werden und niemand auf das Waschen der Hände achtet. Trotzdem reichen diese Maßnahmen in der Regel nicht aus. Die Lebenspraxis der Menschen zeigt, daß die Lernformel: „Wissen vermitteln – Einstellungen entwickeln – Verhalten ändern“ nicht immer greift. Jeder Raucher kennt sein gesundheitiches Risiko, er raucht trotzdem weiter. Jugendliche werden in der Schule und im Elternhaus aufgeklärt, sie wissen über Verhütungsmittel und Aids Bescheid, schützen sich aber trotzdem nicht. Immer noch laufen die Kinder, trotz aller Aufklärung, mit zu schweren Schultaschen herum, schnallen Eltern ihre Kinder im Auto nicht an, sitzt die Familie Chips kauend vor dem Fernsehgerät und läßt der Opa das Enkelkind vom Bier nippen.

Kinder im Kindergartenalter sitzen heute schon täglich eine Stunde und mehr (manchmal schon morgens) vor dem Fernsehgerät. Deswegen gilt es, das bisherige Konzept der Gesundheitserziehung zu erweitern. Kinder müssen in Situationen, die sie selbst betreffen, viel früher und viel intensiver mit gesundheitsfördernden Lebensbedingungen vertraut gemacht werden und lernen, entsprechende Zusammenhänge zu erkennen (zuviel Essen belastet den Kreislauf, Süßigkeiten schädigen die Zähne). Das Stichwort lautet Ahmaz = Alles hängt mit allem zusammen.
Kinder erleben sich selbst täglich in Situationen, die ihre Gesundheit fördern (Anschnallen im Auto, Impfen, Obst essen, Bewegung in der frischen Luft) oder schädigen (mitrauchen, zuviel oder zuwenig essen). Hier kann die Erzieherin pädagogisch ansetzen.

Pädagogische Absichten

Kinder sollten schon sehr früh eine gesundheitsbewußte Einstellung erwerben, die es ihnen möglich macht, ihr Leben entsprechend einzurichten.
Sie benötigen sachliche Informationen und eine besondere emotionale Einstellung zur persönlichen Gesundheit, die dazu führen sollte, daß die Kinder Risikofaktoren, die die Gesundheit bedrohen, einschränken. Die Kinder können diese Risikofaktoren in ihrem unmittelbaren Lebensumfeld selbst entdecken, wenn sie angeregt werden, danach zu forschen.
Jedes Kind kennt Situationen, in denen seine Gesundheit gefährdet wird. Das kann geschehen durch Mitmenschen (mitrauchen), durch eigene Schwächen (Gier nach Süßigkeiten) und durch unsere Umwelt (Luftverschmutzung). Mit Hilfe der Erwachsenen können Kinder herausfinden, wo eigene Schwächen liegen. Sie können daraufhin ein Programm entwickeln, das diese Schwächen eingrenzt und der Gesundheit förderlich ist (z. B. ein tägliches Bewegungsprogramm, gemeinsames Putzen der Zähne, Joggen). Dazu ist es auch notwendig, die Ich-Stärke der Kinder zu fördern und ihre Ausdrucksfähigkeit zu stärken, damit sie selbstbewußt ihre neu gewonnenen Erkenntnisse um- und durchsetzen können.
Die Kinder befassen sich zum einen ganz allgemein mit der Thematik Gesundheit (Was bedeutet „gesund sein“ für mich, was bedeutet es für andere? Gibt es überhaupt den „gesunden“ Menschen?), und sie erweitern zum anderen ihren Erfahrungshorizont, indem sie mit der Erzieherin/ Lehrerin in Bereiche vordringen wie zum Beispiel: gesunde Ernährung, Streßabbau, Entspannung und Lockerung. Das Bedürfnis der Kinder wird entwickelt, die Lebensumwelt „gesund“ zu gestalten (z. B. Blumen auf die Fensterbank zu stellen, den Raum zu lüften) und den eigenen Körper

wahrzunehmen, auf seine Signale zu achten (feuchte Hände, „Bauchgrimmen“, Kopfschmerzen).
Pädagogische Absicht ist es auch, daß Kinder lernen, auf Körperhygiene und körperliche Aktivität zu achten. Ebenso sollten Themengebiete wie: Impfungen, Anschnallpflicht im Auto, rauchen und mitrauchen problematisiert werden.

Ziele

Die Kinder

- lernen, daß „gesund sein“ nicht nur bedeutet: nicht krank sein,
- wissen, daß zu einem „gesunden Leben“ auch eine möglichst „gesunde“ Umwelt geschaffen werden muß, eine gesunde Ernährung gehört, der Körper besonderer Pflege bedarf, das Leben aktiv und kreativ gestaltet werden sollte,
- erkennen, daß Risikofaktoren vermeidbar sind,
- definieren ihren ganz persönlichen Gesundheitsbegriff,
- erforschen Faktoren, die ihre Gesundheit gefährden, benennen diese (Ernährungsgewohnheiten, mangelnde Hygiene, Bewegungsmangel),
- entwickeln ein Programm, das Maßnahmen enthält, die die Gesundheit fördern,
- nehmen ihren eigenen Körper wahr, können ihre Körperteile benennen und wissen über deren Funktion und Pflege Bescheid,
- trainieren ihre Sinne,
- lernen, sich zu lockern, zu entspannen, sich zu konzentrieren und mit einfachen Mitteln das Wohlbefinden zu steigern,
- nehmen Beeinträchtigungen durch Mitmenschen nicht einfach hin (Lärmbelästigung, Belästigung durch Rauch),
- können ihre Kleidung je nach Witterung, Zweckmäßigkeit und hygienischen Erfordernissen richtig auswählen,
- kennen Grundlagen der gesunden Ernährung.

Bevor wir ein „Gesundheitsprogramm“ entwickeln, stellen wir fest, wodurch die Gesundheit möglicherweise beeinträchtigt wird. Dazu fertigen wir ein Poster an.

Praxisbeispiele

„Krankenposter“

Jedes Kind benötigt einen großen Bogen Papier (Tapetenrest, Makulaturpapier von einer Zeitungspapierrolle), Wachsmalkreiden oder Wasserfarben und Pinsel. Wir bilden Spielpaare. Jeweils ein Kind legt sich auf einen großen Papierbogen, während das andere Kind dessen Körper mit Wachskreide umzeichnet. Die Flächen können mit Wasserfarben ausgemalt werden.
Um das Kind herum malen die Kinder Dinge, die ihre Gesundheit negativ beeinflussen oder beeinflussen könnten.
Die Erzieherin/Lehrerin gibt Impulse: Was ißt du gerne, glaubst du, daß das für dich gut ist? Wo sitzt du im Auto deiner Eltern? Schnallst du dich an? Gibt es Situationen, in denen dich das Verhalten anderer Menschen stört, z. B. in der Eisenbahn, im Auto, im Restaurant?
Wie fühlst du dich, wenn du dich wenig bewegt hast, z. B. an einem Regentag? Ermutigen dich andere Menschen Dinge zu tun, die für dich nicht gesund sind?

Variation: Die Symbole können auch aus alten Katalogen und Zeitschriften ausgeschnitten werden. Das hängt von den zu fördernden instrumentellen Fertigkeiten ab.

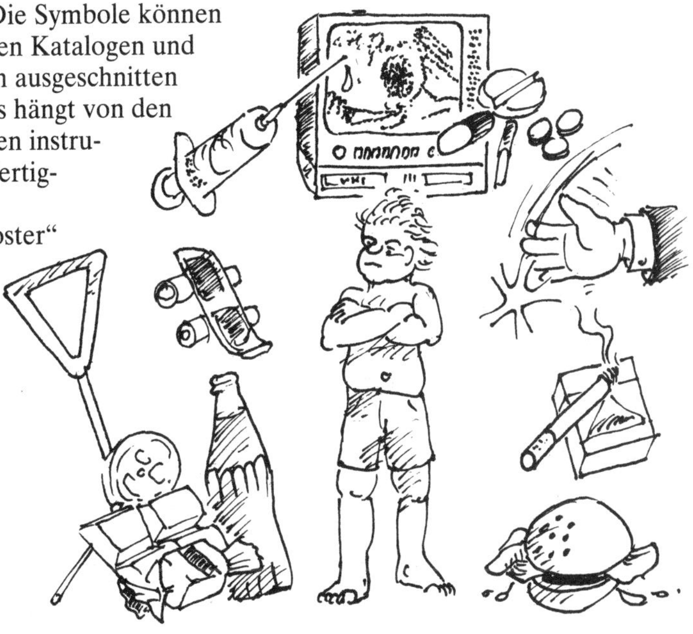

„Krankenposter“

Familieninterview

Um ihre Kenntnisse zu verfestigen, „interviewen“ die Kinder ihre Eltern und Geschwister. Sie finden heraus, welche Dinge und Verhaltensweisen die Gesundheit schädigen können und ergänzen das Poster.

Geschichte von Hans und Mona

Die Erzieherin/Lehrerin erzählt die Geschichte von den Kindern Mona und Hans, die meinen, sich besonders gesundheitsbewußt zu verhalten. Sie fordert die Kinder auf, laut „falsch“ zu rufen, wenn sie Verhaltensweisen der Kinder in der Geschichte entdeckt haben, die die Gesundheit beeinträchtigen. Die Kinder rufen auch „falsch“, wenn sie Fehler im Verhalten anderer Menschen, die in der Geschichte vorkommen, entdecken.
Einprägsam ist es, die Geschichte durch Symbole zu begleiten, die die Pädagogin vorbereitet hat, und die während der entsprechenden Stelle in der Geschichte von den Kindern aus der Kreismitte genommen und an die Pinnwand geheftet werden.
Hans und Mona werden am Morgen vom Vater geweckt. Der treibt seine Kinder gleich zur Eile an. So laufen die Kinder schnell, ein Stückchen Toastbrot mit Schokoladencreme kauend, ins Bad, um sich anzuziehen.
Zeit für ein gemütliches Frühstück ist nicht mehr, der Papa muß zur Arbeit. Die Kinder nimmt er gleich im Auto mit, da kann die Mama noch ein bißchen ausschlafen.
Ein süßer Frühstücksriegel für das zweite Frühstück im Kindergarten und eine Packung Saft liegen schon in der Plastiktüte bereit – Mama hat gut vorgesorgt.
Nun noch schnell die Haare gekämmt, und los geht es. Im Auto fragt der Vater noch: „Habt ihr euch denn auch gewaschen und die Zähne geputzt?“ Aber Hans und Mona lachen nur, sie waschen sich morgens nie, und die Zähne putzen sie erst, wenn sie aus dem Kindergarten zurückkommen.
Der Weg zum Kindergarten ist nur kurz, die Kinder mögen aber morgens noch nicht gerne laufen, das Anschnallen lohnt sich auch gar nicht.
Papa zündet sich eine Zigarette an – im Büro darf er nicht rauchen.
Im Kindergarten angekommen, ruft die Erzieherin schon: „Kommt Kinder, macht schnell, wir haben uns gerade einen Videofilm eingelegt.“ Damit Mona und Hans den Anfang des Films nicht verpassen, behalten sie ihre Jacken gleich an. Nach dem Film, er dauert fast eine Stunde, essen die

Kinder Frühstück. Heute machen sie ein Tauschfrühstück. Das ist besonders beliebt, weil einige Kinder Kekse, Kuchen, Gummibärchen, süße Säfte, Cola und Bonbons mithaben.
Nach dem Frühstück holen die Kinder einen großen Müllsack und werfen dort die Papiertischdecke, das Plastikgeschirr, die Getränkedosen und -schachteln, die Essensreste und das Einwickelpapier hinein. Die Kinder mit den klebrigen Fingern gehen sich waschen. Mona und Hans mögen nicht so gerne mit Wasser und Seife umgehen.
Das Wetter ist schön, aber die Kinder lassen sich lieber in der Kuschelecke Bücher vorlesen. Dabei machen sie es sich richtig gemütlich: Sie knabbern ein paar Nüsse, liegen auf den Polstern und hören zu. Die Erzieherin zündet sich eine Zigarette an, die Kinder stört der Rauch nicht. Das Fenster bleibt geschlossen, Hans hat einen leichten Husten.
Zwischendurch muß die Erzieherin noch eine Besorgung machen. Fünf Kinder dürfen sie begleiten. Sie haben alle bequem hinten im Auto Platz.
Um 12 Uhr werden die Kinder von ihren Eltern abgeholt. Die meisten Kinder sind so satt, daß sie zu Hause gar nichts mehr zu essen brauchen.
Mona und Hans werden auch abgeholt. Sie fahren mit den Eltern gleich weiter zum Einkaufen in ein großes Warenhaus. Dort gibt es auch einen Imbißstand, wo sie ihren „Mittagshunger“ mit Pommes frites stillen können.
Hans und Mona zeigen ihren Eltern, wie stark und hilfsbereit sie sind und schleppen den Einkaufskarton und die Bierkiste zum Auto.
Zu Hause macht die Familie es sich dann erst einmal bei Kaffee und Kuchen gemütlich. Für die Kinder verdünnt die Mutter den Kaffee natürlich mit viel Milch. Hans darf sogar ein Schlückchen Bier von Papa probieren, und Mona nimmt einen Zug aus Mamas Zigarette.
Bald wird es Mona zu langweilig. Sie nimmt ihren Walkman, dreht ihn auf volle Lautstärke und legt sich ins Bett. Hans sieht noch ein bißchen fern. Heute darf er dabei in Papas Schaukelstuhl sitzen.
Der Tag endet mit einer gemeinsamen warmen Mahlzeit vor dem Zubettgehen, sie haben ja den ganzen Tag über nicht so richtig gegessen.
Bücherlesend fallen den Kindern im Bett die Augen zu. Nun haben sie es wieder nicht geschafft, die Zähne zu putzen und sich zu waschen. Nicht einmal Nachtwäsche haben sie angezogen. Na, morgen ist ja auch ein Tag.

Gespräche über die Gesundheit

Die Kinder überlegen gemeinsam mit der Erzieherin/Lehrerin, was jeder einzelne und die Gruppe gemeinsam tun kann, um der Gesundheit zu nützen. Drei Bereiche werden erarbeitet:

Persönliche Gesundheit	Gruppenaktivitäten	Maßnahmen in der Einrichtung
Zu Hause Frühstück essen. Viel im Freien aufhalten. Kleidung der Temperatur und Jahreszeit entsprechend auswählen. Den Körper pflegen. Sport treiben.	Gemeinsam Spielen: Bewegungsspiele, Konzentrationsspiele, Spiele mit dem Arztkoffer, Rollenspiele: Besuch beim Arzt, im Krankenhaus	Gemeinsames, gesundes zweites Frühstück. Zahnpflege, Körperhygiene. Lüften der Räume. Spiel im Freien. Sportstunden. Gruppenregeln aufstellen.

Da viele unserer Verhaltensweisen durch gruppenspezifische Normen bestimmt werden, die um so eher eingehalten werden, je stärker der soziale Druck der Gruppe ist, stellen wir gemeinsam Gruppenregeln auf. Das könnten folgende Regeln sein:
- Vor dem Essen und nach dem Besuch der Toilette die Hände waschen.
- Nach jeder Mahlzeit die Zähne putzen.
- In der Einrichtung keine Süßigkeiten essen, keine Limonadengetränke trinken.
- Tägliche Bewegungszeiten einhalten.

Gespräch: Hände waschen

Wir besprechen, was wir im Laufe des Tages alles mit den Händen berührt haben und vielleicht noch berühren werden: Türklinken, Geld, Toilettenpapier, Ausscheidungsorgane, Tiere, Verpackungsmaterialien und Lebensmittel.

Wir berühren auch unseren Mund, die Lippen, das Eßbesteck, unverpackte Lebensmittel. Auf diesem Wege werden viele Krankheiten übertragen. Die Bakterien gelangen direkt auf die Mundschleimhäute. So können

Krankheiten entstehen wie: Salmonellen, Toxoplasmose, Kinderlähmung und Darminfektionen.
Bakterien sind nicht sichtbar, deswegen sind die Menschen auch oft unachtsam. Wir können Bakterien sichtbar machen. So können wir ihr Vorhandensein verdeutlichen.

Versuch: Hände waschen

Wir benötigen drei fest verschließbare Petrischalen mit Agar-Nährboden (in der Apotheke erhältlich), Tesakreppband, Seife, Papierhandtücher.

1. Schale wird sofort fest verschlossen.
2. Schale wird erst verschlossen, nachdem ein Kind seine Fingerspitzen, die vorher sauber mit Seife gereinigt wurden, in den Nährboden gedrückt hat.
3. Schale wird verschlossen, nachdem ein Kind, das mehrere Stunden die Finger nicht gewaschen hat, seine Fingerspitzen in den Nährboden gedrückt hat.

Variation:

Die Ecke eines mehrere Tage hinweg benutzten Stoffhandtuchs wird in den Nährboden gedrückt.
Der gleiche Versuch kann auch mit einem Papierhandtuch oder einem Geschirrtuch ausgeführt werden.
Nach mehreren Tagen können die Kinder beobachten, daß sich Beläge auf dem Boden der Schalen zwei und drei gebildet haben.
Lernen geschieht immer am wirkungsvollsten, wenn es mit Spaß verbunden ist. Deswegen stellen die Kinder eine Waschemulsion selber her. Mit dieser Emulsion werden die Kinder ihre Hände gern waschen.

Waschemulsion

90 g Parfümöl (Sonnenblumen – Maiskeim – oder Mandelöl, für Kräuteremulsion auch Thymianöl) und 10 g Tween 80 in eine gut gereinigte Flasche füllen und vor Gebrauch gut schütteln. Wie andere Waschemulsionen verwenden.
Die Zutaten sind in Apotheken und Spezialgeschäften erhältlich.

Problematisierungsspiele

Themengebiete wie das Für und Wider des Händewaschens, das Anschnallen der Kinder im Auto, das Mitrauchen der Kinder, können in einem Rollenspiel problematisiert werden.

Die Kinder erhalten die Rollen von Vater, Mutter Erzieherin/Lehrerin, den Kindern. Sie sollen unterschiedliche Positionen verbal verteidigen. Beispiel: Vater möchte die Kinder im Auto anschnallen, Mutter hält es für überflüssig, die Kinder sollen eine Entscheidung treffen. Oder: Vater zündet sich im Auto eine Zigarette an, die Kinder beginnen zu husten und überlegen, mit welchen Argumenten sie den Vater vom Rauchen in ihrer Gegenwart abbringen können. Oder: Im Kindergarten gibt es Kinder, die mögen sich nicht die Hände waschen und „schummeln" ständig. Andere Kinder wollen sie vom Sinn des Händewaschens überzeugen. Durch das Rollen- oder Problematisierungsspiel ergänzen und vertiefen die Kinder ihre Kenntnisse. Sie gewinnen auch Sicherheit in der Argumentation. Wichtig ist aber immer das Auswertungsgespräch, auf das sich die Erzieherin/Lehrerin gut vorbereiten sollte. Auswertungsfragen sollte sie sich vorher notieren.

Auch die Kleidung spielt im Rahmen der Gesundheitserziehung eine große Rolle. Kinder können frühzeitig lernen, ihre Kleidung richtig zu wählen und damit gesundheitlichen Beeinträchtigungen (Erkältungen) entgegenzuwirken.

Anziehpuppenspiel

Die Erzieherin/Lehrerin kauft Anziehpuppen oder fertigt aus Karton/Tonpapier selber welche an. Die Puppen sollten möglichst großformatig sein.

Außerdem erhalten die Puppen ein umfangreiches Bekleidungssortiment.

Je zwei Kinder erhalten eine Puppe und möglichst viele Kleidungsstücke. Von der Pädagogin bekommen die Kinder Aufgaben, die sie gemeinsam lösen müssen:

- Zieht eure Puppen so an, daß sie an einem kalten Wintertag zum Rodeln gehen können.
- Macht eure Puppen für eine Radtour an einem milden Frühlingstag fertig.
- Es ist Hochsommer, die Sonne brennt heiß. Die Kinder wollen zum Baden gehen.

In diesem Zusammenhang sollte ein Gespräch mit den Kindern über die Funktion von Bekleidung stattfinden. Das Gespräch kann das Anziehpuppenspiel einleiten und ergänzen.
Das Auswertungsgespräch könnte Aussagen darüber enthalten, daß Ober- und Unterbekleidung der Jahreszeit, den Bedürfnissen und zweckmäßigen, sowie hygienischen Erfordernissen entsprechen müssen:
- Kinder sollten sich nach dem Zwiebelsystem kleiden, d.h. mehrere leichte Kleidungsstücke übereinanderziehen, damit sie sich bei Temperaturveränderungen „häuten“ können (die Zwiebel hat auch mehrere Schalen übereinander und schützt sich damit erfolgreich.
- Unterwäsche saugt den Schweiß auf und leitet ihn weiter. Deswegen sollte sie aus entsprechendem saugfähigen Material sein (Baumwolle, Seide).
- Naturfasern und atmungsaktive Materialien sind hautfreundlich.
- Die Haut muß atmen können, zuviel und zu warme Kleidung kann Erkältungen hervorrufen.

Entdeckungstouren, die sich mit der eigenen Gesundheit beschäftigen, können vom Kennenlernen der Körpermerkmale, über das Verständnis einiger Körperfunktionen bis zum Erfahren des Körperbewußtseins führen. Es liegt nahe, in dem Zusammenhang gesundheitsfördernde Angebote zu entwickeln und einfaches hygienisches Handeln zu erproben. Auch hier sind Spiel, anschauliche Methoden und Eigenaktivität der Kinder geeignete Formen des Lernens.

Wie groß bin ich?

Die Kinder vergleichen und messen die eigene Größe. Dabei wird festgestellt, daß gleichaltrige Kinder verschieden groß sein können. Es wird Kopf an Kopf und an der Meßlatte gemessen. Die Kinder können ihre Größe auf einer Skala eintragen. Die Jüngeren erhalten Hilfestellung.

Meine Körpermerkmale

Die Kinder zeichnen die Konturen ihres Körpers auf großen Papierbögen nach (siehe „Krankenposter“). Die Fläche wird mit Wasserfarben ausgemalt, wobei das Kind die äußeren Merkmale wie Haarfarbe, Augenfarbe, Nase, Ohren aber auch Körperteile wie Schultern, Arme, Hände usw. einträgt und benennt.

Im Stuhlkreis kann sich ein Gespräch über die Funktion, die Aufgabe und den Schutz unserer Körperteile entwickeln, z. B. über die Augen, Ohren, Nase, Haut und den Magen. Alle Kinder haben hiermit positive, aber auch schmerzhafte Erfahrungen, so daß sich gute Gesprächsansätze ergeben.

Meine Zähne

Auf unserer Entdeckungstour „Gesundheit“ wollen wir uns ausführlich mit dem notwendigen und oftmals leidigen Thema „Zähne und Zahnpflege“ beschäftigen. Auch bei Spiel- und Lernangeboten zu diesem Thema wollen wir die kindliche Spontaneität und Eigeninitiative berücksichtigen.

Gespräch im Stuhlkreis

Die Kinder sitzen im Stuhlkreis. In der Kreismitte liegen ein Zahnputzbeutel mit Becher, Bürste und Zahnpasta sowie Demonstrationsgebiß und -bürste (beim Gesundheitsamt erhältlich). Im gemeinsamen Gespräch werden die Funktionen der Materialien, Vorerfahrungen über die eigene Zahnpflege, Zahnwechsel und Zahnarztbesuch besprochen. Es geht auch um die Frage, warum Zähne geputzt werden müssen. Jedes Kind erhält, soweit nicht bereits in der Einrichtung vorhanden, Becher und Zahnbürste, die mit den Namen der Kinder beschriftet werden.

Gemeinsames Zähneputzen

Im Waschraum der Einrichtung erfolgt gemeinsames Zähneputzen. Die Erzieherin betreut individuell. Beim Putzvorgang wird besonders das Ausspülen des Mundes (Wasser durch die Zähne pressen) geübt. Mit den Kindern besprechen wir danach, daß auch eine sorgfältige Pflege der Zahnputzgegenstände notwendig ist.

Zahnplakat

Die Erzieherin hat ein Plakat vorbereitet, auf dem ein gesunder und ein kranker Zahn zu sehen ist. Die Kinder ordnen den Zähnen Lebensmittel zu (richtige Ernährung). Die Collagen werden im Gruppenraum aufgehängt und bieten Anlässe, das Essen zu ordnen.

Oder: Illustriertenreklame, Abbildungen oder selbstgefertigte Bilder zu bestimmten Frühstücksarten werden geordnet auf Packpapier (Tapete) geklebt und nach „zuckerhaltig“ und „nicht zuckerhaltig“ gruppiert. Die Kinder erkennen, daß die Nahrungsmittel nach den Kriterien gesund/ungesund, gut/schlecht für die Zähne oder süß/nicht süß (außer Obst und Süßigkeiten „ohne Zucker“) geordnet sind.

Leckerland-Geschichte

Im Zusammenhang mit dem „Zahnplakat“ kann die Erzieherin eine Geschichte erzählen, die in „Leckerland“ spielt. Dort essen die Leute zum Frühstück Negerküsse, Zuckerstangen und Kekse, zum Mittag Pudding und Eis, zum Nachtisch Schokolade, am Nachmittag Bonbons und Gummibärchen und zum Abendbrot Marzipan. Ob das wohl gut geht? Nachdem die Kinder sich geäußert haben, kann ein gemeinsames Gespräch über richtige Ernährung (Zuckerverbrauch usw.) folgen.

Ein Milchzahn ist ausgefallen

Einem Kind in der Gruppe ist ein Milchzahn ausgefallen. Anlaß für ein Gespräch über die Funktion der verschiedenen Zähne (Schneide-, Eck- und Mahlzähne). Jedes Kind erhält ein Apfelstück. Der Kauvorgang wird überprüft. Die Kinder beobachten sich. Zur Verdeutlichung kann die Erzieherin an einer Klettentafel die verschiedenen Zähne in einen Zahnbogen einsetzen.

Zahnmodell

Vom Gesundheitsamt hat sich die Erzieherin/Lehrerin ein Zahnmodell besorgt. Die Kinder erkennen die Verankerung, Wurzel, die Versorgung des einzelnen Zahns mit Blut usw.

Frühstückswunschzettel

Die Kinder malen in freigewählter Arbeitsform einen Wunschzettel für ihre Frühstücksmahlzeiten. Im Stuhlkreis gibt es hierüber anschließend ein Gespräch. Jedes Kind nimmt später seinen Wunschzettel mit nach Hause, um seinen Eltern entsprechende Anregungen für die zukünftige Zusammenstellung seines Frühstücks zu geben.

Loch im Knetezahn

Die Pädagogin modelliert aus Knetmasse vor den Augen der Kinder ein Zahnmodell. Nach diesem Vorbild fertigen die Kinder anschließend ein eigenes Zahnmodell an. Die Kinder machen ihren Modellzahn selbst mit einem Streichholz durch ein Loch „krank“, bohren dann mit dem „Bohrer“ (Streichholz) das Loch aus und füllen (stopfen) es anschließend mit andersfarbiger Modelliermasse aus.

Entdeckungsbesuch beim Zahnarzt

Die Kindergruppe besucht den Zahnarzt. Vorher wurde der Besuch den Eltern angekündigt und mit ihnen abgesprochen; gegebenenfalls kommen zwei Eltern mit.
Im Wartezimmer angekommen, beschäftigen sich die Kinder mit Spielen, Bilderbüchern oder Puzzles (vorausgesetzt, der Zahnarzt hat ein kinderfreundlich ausgestattetes Wartezimmer). Gruppen von jeweils 4 bis 6 Kindern werden nacheinander ins Behandlungszimmer geholt. Der Zahnarzt erklärt die wichtigsten Geräte. Alle Kinder dürfen mit dem Stuhl rauf- und runterfahren und den Bohrer einmal „aufsingen“ lassen. Der Zahnarzt schaut mit einem Holzspatel nach und erzählt etwas über Zahnpflege.

Rollenspiel Zahnarztpraxis

Nach dem Zahnarztbesuch kann im Gruppenraum eine „Zahnarztpraxis“ entstehen und der Ablauf des Erlebten nachgespielt werden (Warten im Warteraum, Behandlung, Verabschiedung).

Bei den meisten Spiel- und Lernangeboten unserer „Entdeckungstouren“, so auch bei dieser, ist die Mithilfe der Eltern anzustreben.

Zahnpoesie

Als der erste Zahn durch war
Viktoria! Viktoria!
Der kleine weiße Zahn ist da!
Du Mutter! komme und groß und klein
Im Hause! kommt und guckt hinein
Und seht den hellen weißen Schein!

Der Zahn soll Alexander heißen.
Du liebes Kind! Gott halt’ ihn dir gesund
und geb’ dir Zähne mehr in deinen kleinen Mund
Und immer was dafür zu beißen.
(Matthias Claudius)

Der Arzt besucht uns

Die Erzieherin hat Kontakt zu einem ihr bekannten Arzt aufgenommen und ihn gebeten, einmal in der Einrichtung über seine Tätigkeit zu berichten. Bevor er in den Kindergarten bzw. Hort kommt, tragen die Kinder eigene Erlebnisse zusammen. Sie berichten vom Wartezimmer, von der Sprechstundenhilfe, dem Arzt, den verschiedenen Geräten und was sonst so alles bei der Behandlung geschah. Die Kinder gestalten die Einladung für den Arzt.
Heute nun kommt der Arzt in die Einrichtung. Er trägt keinen weißen Kittel und bespricht mit den Kindern, was er wohl zuerst tun muß, bevor er jemanden untersucht (Kittel anziehen, Hände waschen). Die Kinder erfahren von ihm, warum dies wichtig ist. Der mitgebrachte große Arztkoffer wird bewundert, und die Kinder möchten mehr über dessen Inhalt wissen. Vom Arzt werden nacheinander verschiedene Instrumente eingesetzt, mit denen die Kinder dann selbst experimentieren dürfen: Stethoskop zum Abhorchen, Holzspatel und Lampe für den Hals und Ohrenspiegel für die Ohren.

Rollenspiel „Arztpraxis“

Zur Vertiefung und Anwendung des bisher erworbenen Wissens bietet sich ein Rollenspiel an. Je nach Spielinhalt benötigen die Kinder weiße Kittel, Liege, Decken, Pflaster, Creme, Watte, Stethoskop, leere Spritzendosen, „Tabletten“ (z. B. Pfefferminzdragees) u. ä.

Entdeckungstour „Haushalt“

Informationen

Pro Jahr kommen aus den Abwasserrohren westdeutscher Haushalte über eine halbe Million Tonnen Putz-, Reinigungs- und Pflegemittel in die Kläranlagen. Sie lassen sich nur in begrenztem Maße reinigen, kehren teilweise auf dem Umweg über das Grundwasser, die Atemluft und den Genuß landwirtschaftlicher Produkte wieder in die Nahrungskette zurück und belasten so Mensch und Tier.
Für die gründliche Reinigung von Geschirr, Wäsche und Fußböden benötigen wir waschaktive Substanzen (Tenside), die die Schmutzablösung bewirken. Die Schmutzstoffe werden durch die Tenside in Lösung gehalten. Das hat eine positive reinigende, aber auch schädigende Wirkung für die Umwelt. Im Haushalt können Kinder miterleben, wie Eltern und Erzieher durch eigenes Verhalten dazu beitragen, die Umwelt zu entlasten.

Pädagogische Absichten

In seiner unersättlichen Entdeckungslust macht schon das Kleinstkind seine ersten Erfahrungen im elterlichen Haushalt. Dort erlebt es seine Eltern bei der Haushaltsführung, beim Einkaufen, Kochen, Waschen, Reinigen der Wohnräume, bei der Körperpflege, beim Umgang mit elektrischen Haushaltsgeräten usw. Schon Kinder können lernen, den Gebrauch von Putz- und Reinigungsmitteln einzuschränken und da, wo er notwendig ist, verantwortungsbewußt mit ihm umzugehen. Viele chemische Mittel lassen sich durch natürliche ersetzen. Die Kinder erfahren, daß die Wirkung natürlicher Mittel häufig genauso gut ist. Die Kinder erleben, daß auch beim Saubermachen die Faustregel „Weniger ist besser!“ gilt und nicht, wie viele Erwachsene glauben „Viel hilft auch viel“.
Kindern bereitet ein Putz- und Scheuerfest mindestens soviel Freude wie eine Geburtstagsfeier. Sie arbeiten gerne mit Seifenlösungen und haben

Spaß daran, zu erkennen, wie durch ihrer Hände Arbeit etwas zum Glänzen gebracht wird. Wir wollen gemeinsam mit verschiedenen Produkten experimentieren und in unserem „Haushaltslabor" Dinge wie Seifenblasen, Schuhcreme, Knetmasse, Haarcreme oder eine Mini-Hauskläranlage selbst herstellen.
Wenn ein Kind erlebt, wie durch einfache „Tricks" aus wenigen Zutaten eine tolle Knetmasse oder eine „Punkfrisur" entsteht, dann grenzt dies für die kleinen Entdecker fast schon an Zauberei. Diese günstige Situation und die Neugierhaltung der Kinder wollen wir nutzen, um mit ihnen Lern-, Spaß- und Experimentierstunden zu gestalten, in denen sie mit unserer Hilfe viele „Haushaltszaubertricks" erlernen. Sie werden sie auch später verwenden und für ihre Verbreitung sorgen.

Ziele

Die Kinder wissen, daß
- jeder einzelne Mensch dazu beitragen kann, sich selbst, das Grundwasser und die Umwelt zu schützen, indem er so weit wie möglich auf den Einsatz von Chemie im Haushalt verzichtet und auf natürliche Mittel zurückgreift,
- zum Reinigen nur wenige Mittel notwendig sind und der herkömmliche Putzschrank zu viele überflüssige Substanzen enthält, die unsere Umwelt schädigen,
- chemische Stoffe aus dem Haushalt nicht von der Umwelt abgebaut und in Kläranlagen gereinigt werden können,
- es viele Produkte zur Körper- und Haushaltspflege gibt, die weder uns noch der Umwelt schaden,
- die Werbung darauf abzielt, viele Produkte zu verkaufen und nicht unbedingt zum umweltbewußten Verhalten anregt.

Die Kinder können
- mit unterschiedlichen Mitteln experimentieren, um deren Wirkung herauszufinden,
- gemeinsam mit der Erzieherin/Lehrerin nach alten Hausmitteln und Rezepten zur Reinigung und Körperpflege forschen, sie ausprobieren und anwenden,
- den Haushalt der Einrichtung und den der Eltern untersuchen und gemeinsam mit den Erwachsenen herausfinden, ob sich dort überflüssige und schädliche Mittel befinden,

- falls sie solche Mittel entdeckt haben, mit der Erzieherin und den Eltern gemeinsam über Alternativen nachdenken,
- äußern, was unter einem umweltbewußten Haushalt zu verstehen ist und dabei Zusammenhänge zu den Entdeckungsbereichen Ernährung, Gesundheit, Einkaufen und Müll herstellen.

Praxisbeispiele

Putztag in der Einrichtung

Wir planen einen gemeinsamen Putztag. Zunächst einmal überlegen wir, was gereinigt werden sollte, wer was macht (es gibt immer bestimmte Vorlieben) und wie es gemacht wird. Dabei sollten wir uns auf einige wenige Bereiche beschränken, z.B. auf das Abwaschen der Möbel oder das Reinigen von Spielzeug und Waschen der Puppenkleider. Die Erzieherin bildet Kleingruppen, die von ihr und einer Helferin betreut werden.

Puppenwäsche

Eigentlich wird zum Waschen der Wäsche nur heißes Wasser benötigt. Wer damit nicht zufrieden ist, kann andere Methoden ausprobieren. Für die Puppenwäsche benutzen wir keine Waschmaschine, sondern machen es wie die Frauen des alten Kinderliedes „Wer will fleißige Waschfrauen sehen?“. Dazu benötigen wir zwei große Schüsseln heißes Wasser, Soda und Seife. Es kann auch ein käufliches Waschmittel zusätzlich benutzt werden.
Mit den Kindern probieren wir aus:
1. Puppenwäsche mit etwas gekauftem Waschpulver (auf sparsamen Einsatz achten).
2. Eine Lösung aus Soda (1 Eßlöffel) und grüner Seife (1 Eßlöffel) und heißem Wasser herstellen; darin die Wäsche reinigen.
3. Nur mit entweder grüner Seife, Kernseife, Neutralseife oder Gallseife waschen.

(Alle genannten Produkte sind in Drogerien erhältlich.)
Die Puppenwäsche muß gründlich ausgespült und zum Trocknen aufgehängt werden. Auf den Weichspüler, den einige Kinder vielleicht von den

Eltern kennen, verzichten wir, weil durch ihn neben der Umweltbelastung Hautallergien verursacht werden können. Ein Tropfen Glycerin oder ein Schuß Essig erzielen die gleiche Wirkung. Auch eine Erfahrung, die Kinder schon machen können.

Kleiderspiel

Im Zusammenhang mit der Puppenwäsche können sich die Kinder auch mit ihrer eigenen Kleidung beschäftigen. Im Einleitungsgespräch erfahren sie durch die Erzieherin, daß Kleidung dem Wetter angepaßt, d. h. zweckgebunden sein muß (z. B. eine warme Jacke, gefütterte Stiefel).
Die Kinder sitzen am Tisch und falten gemeinsam mit der Erzieherin „Kleiderschränke" (gefaltete Schachteln aus einem Quadrat). In die „Schränke" werden mit Buntstift „Fächer" eingezeichnet, z. B. für Sommerbekleidung (Sonne), Regenbekleidung (Schirm) und Winterbekleidung (Schneemann), Unterwäsche und Schuhe. Aus bereitgelegten Katalogen schneiden die Kinder die passenden Kleidungsstücke aus und kleben siie in die Fächer.

Geschirrspülmittel herstellen

In unserem „Haushaltslabor" wollen wir mit den Kindern ein Geschirrspülmittel herstellen. Soweit es sich um fettfreies Geschirr handelt, informiert die Erzieherin, reicht heißes Wasser zum Spülen. Fett braucht allerdings einen Fettlöser. Wir können dafür eine Lösung herstellen, die zu gleichen Teilen aus Soda, Schmierseife und heißem Wasser besteht. Das so entwickelte Spülmittel wird von jedem Kind erfühlt. Anschließend findet ein Probeabwasch einiger besonders fettiger Geschirrteile statt. Und siehe da, es funktioniert.

Schuhpflege mit eigener Schuhcreme

Nicht nur zur Nikolauszeit macht das Putzen der Schuhe Spaß. Auch im „Polifaxzeitalter" kann selbst etwas Alltägliches wie die Schuhpflege für Kinder zur Entdekkungstour mit viel Spaß werden. Leder läßt sich einfach mit einem feuchten Lappen reinigen. Wenn es getrocknet ist, wird es mit einer Fettcreme eingerieben. Anschließend polieren wir die Schuhe mit einer Bürste auf Hochglanz. Vor dem Eintritt des Winters wollen wir mit den Kindern die Schuhe winterfest machen. Dazu stellen wir gemeinsam eine Paste aus 125 g Olivenöl, 30 g Schmalz, 30 g Bienenwachs und 7 g gereinigtem Harz her. Alle Zutaten haben wir zuvor in einer Drogerie besorgt und jetzt miteinander vermischt. An den eigens mitgebrachten Schuhen probieren alle kleinen und größeren Entdecker ihre „Allwettersuperschuhcreme" aus.

Experimente im „Haushaltslabor" der Einrichtung

Nach unseren ersten gemeinsamen Experimenten werden die Kinder neugierig und wollen mehr darüber erfahren, aus welchen Zutaten bestimmte Produkte bestehen, mit denen sie oder ihre Eltern nahezu täglich umgehen. So stellen wir im Laufe mehrerer Wochen verschiedene Seifen, Waschemulsionen, Shampoos und Cremes für den Eigenbedarf und zum Verschenken her. Die Zutaten werden in der Drogerie und z. T. in der Apotheke besorgt. Experimentiert wird in Kleingruppen an mehreren Tischen.

Seifenherstellung

In einem kurzen Gespräch über die Notwendigkeit sorgfältiger Körperpflege fällt natürlich das Stichwort „Seife". Ursprünglich war sie eine ganz harmlose Substanz mit dem Hauptzweck der Reinigung. Die Kosmetikindustrie läßt sich immer mehr einfallen, um den Seifenabsatz florieren zu lassen. Immer neue Zusätze werden der Seife beigefügt, durch synthetische „Tricks" duftet Seife gut, wird verhindert, daß sie bricht, wird erreicht, daß sie schön schäumt und auch farblich zu den Kacheln des Badezimmers paßt. Die chemischen Zusätze wirken sich auf die Haut häufig negativ aus, und sie reagiert mit Allergien, die besonders bei Kindern zunehmend Verbreitung finden.
Deswegen wollen wir heute gemeinsam mit den Kindern eigene Seife herstellen. Benötigt werden: ½ Tasse Wasser, 1 Tasse Rindertalg, 2 gehäufte Teelöffel Sodakristalle, eine Form (Pappschachtel), 2 Töpfe, 2 kochfeste Glashäfen und nach Belieben Duftstoffe wie Lavendel (wirkt auch desinfizierend), Rosenöl oder Minze.

Beide Töpfe werden unter Aufsicht der Erzieherin mit Wasser gefüllt und erhitzt. In jeden Topf wird ein Glasgefäß gestellt. In einem lassen wir vorsichtig Rindertalg schmelzen, im anderen werden die Sodakristalle in der halben Tasse Wasser auf ca. 27°C erwärmt. Während ein Kind das Fett rührt, gießt ein anderes unter ständigem Rühren die Sodalösung hinzu. Ist das Ganze pastenförmig geworden, wird es in die Gußform (z.B. Pappschachtel) gegeben. Bevor die Seife fest wird und nicht mehr ganz warm ist, fügen wir die Duftstoffe hinzu.
Mit Düften muß man experimentieren. Es gibt eine große Auswahl an preiswerten Duftstoffen. Die Kinder müssen einfach selber schnuppern, auswählen und probieren.

Waschemulsionen

Einfacher herzustellen und auch angenehmer in der Handhabung sind Waschemulsionen. Die Kinder benötigen kaum Hilfe durch Erwachsene, und wenn sie es allein ausprobieren können, macht die Herstellung noch mehr Freude.
Aus der Drogerie hat die Erzieherin die verschiedenen Zutaten besorgt: 20 ml Lamepon, 20 ml Rewoteric, 5–8 ml Rewoderm, 50 ml destilliertes Wasser. Die benötigte Zutatenmenge orientiert sich an der Gruppengröße. Drogerien und Apotheken messen und wiegen die benötigten Mengen ab. Für das Experimentieren in Kindergarten und Hort ist es sinnvoller, einige kleine Meßlöffel und eine Waage bereitzustellen.

Haare färben

Für festliche Anlässe, wie z.B. den Basar oder ein Faschingsfest in Kindergarten und Hort oder zu Hause können wir uns die Haare ganz ohne Chemie färben. Dafür benötigen wir ungiftige Lebensmittelfarben. Etwa 20 Tropfen Lebensmittelfarbe werden mit einer halben Tasse Wasser und einem Teelöffel Essig vermischt und ins Haar gestrichen. Hierbei geht die Erzieherin den jüngeren Kindern zur Hand. Attraktiv sieht es auch aus, wenn nur einzelne Haarsträhnen eingefärbt werden oder jede Strähne eine andere Farbe bekommt. Niemand braucht einen Schock zu fürchten, da eine Haarwäsche die Farbpracht unproblematisch verschwinden läßt.

„Punkpaste“

Ohne Zuckerwasser und die Luft verpestende Sprays läßt sich eine schön hochstehende Punkfrisur kreieren. Unter Anleitung rühren die Kinder aus einer Mischung von Mehl und flüssiger Stärke, sowie ein paar Tropfen Lebensmittelfarben, eine dicke Paste an. Diese wird ins Haar geschmiert, die Haare in die gewünschte Form gebracht und das Ganze etwa eine Stunde getrocknet. Diese Punkfrisur hält jedem Orkan stand und läßt sich leicht wieder auswaschen.

Klebstoffe herstellen

Einen ganz einfachen Klebstoff können wir mit Kindern aus Mehl und Wasser herstellen. Mit ihm läßt sich Papier kleben. Etwas aufwendiger ist die Herstellung von Kartoffelkleber. Dafür reiben die etwas größeren Kinder mehrere Kartoffeln fein. Den dadurch erhaltenen Brei schütten wir in ein Küchenhandtuch und drücken es über einem Gefäß aus. Dadurch gewinnen wir Kartoffelstärke, die sich am Boden des Gefäßes absetzt. Die Flüssigkeit gießen wir ab. Nun mischen wir einen Löffel der Kartoffelstärke mit einem Becher Wasser und erhitzen die Flüssigkeit auf etwa 50°C Grad. Beginnt unsere Flüssigkeit zu quellen, muß sie vom Herd genommen und zum Erkalten gestellt werden. Fertig ist der Kleister, mit dem sich Papier und Pappe kleben lassen.

Seifenblasen-Produktion

Alle Kinderaugen leuchten, wenn von Seifenblasen die Rede ist. Gemeinsam wollen wir 3 Rezepte ausprobieren.
Wir benötigen für

Rezept 1:	¾ l	Neutralseife
	1 l	kochendes Wasser
	500 g	Zucker
	30 g	guten Tapetenkleister.

Alles zusammen wird gut verrührt, bis sich Zucker, Seife und Tapetenkleister aufgelöst haben. Dann wird mit 8 Liter Wasser aufgefüllt. Dieses Rezept reicht für ein ganz großes Spielfest.

Rezept 2: 40 g Schmierseife
60 g Glycerin
1 l warmes Regenwasser.

Rezept 3: 4 l Wasser
1 Flasche Spülmittel (gute Qualität)
1 Schnapsglas Glycerin
5 Eßlöffel Puderzucker.

Mit allen drei Rezepten muß experimentiert werden, da das Wasser unterschiedliche Härtegrade hat und dadurch das Ergebnis beeinflußt werden kann.
Auch die Pusteringe lassen sich einfach herstellen, indem man einen Rundstab nimmt, daran eine Schlaufe aus festem Draht befestigt und diese mit Mullbinde umwickelt. Solche Pusteringe in unterschiedlichen Größen hergestellt, sorgen für unterschiedlich große Seifenblasen und zusätzlichen Spaß. Da die entsprechenden Utensilien nach einem Putzfest oder dem Haushaltsbasar sowieso vorhanden sind, läßt sich sehr gut eine große „Seifenblasenaktion“ anschließen.

Haushaltsbasar

Mit den bisher ausprobierten und einigen weiteren Rezepten läßt sich schon in der Einrichtung ein Basar gestalten, dessen Erlös der Errichtung eines Naturgartens, der Anschaffung von Spielmitteln oder als Spende für eine Naturschutzorganisation zugute kommen kann. Für unsere „Produktion“ haben die Kinder kleine Fläschchen, Flakons und Gefäße aus Glas mitgebracht. Die Erzieherinnen haben in einer Drogerie,Apotheke und im Bio-Laden die notwendigen Zutaten besorgt. Der Basar läßt sich gut in ein Fest oder einen „Tag der offenen Tür“ einbinden. Zu diesem Zweck wird ein Raum mit Plakaten, Bild- und Anschauungsmaterial, das unsere Arbeit dokumentiert, ausgestaltet.
Für den Verkauf stellen wir mit den Kindern Produkte her, die auch ihre Eltern besonders ansprechen dürften. Anhand von Rezepten und einer kleinen Demonstration, bei der eine Erzieherin behilflich ist, erfahren die Eltern anschaulich, wie sie bestimmte Dinge des täglichen Gebrauchs mit ihren Kindern zu Hause selbst herstellen können.
Zum Verkauf bietet sich die Herstellung folgender Dinge an (alle Rezeptangaben pro Person):

Rasierwasser für den Vater
50 ml kosmetisches Haarwasser (D 96%), 50 ml destilliertes Wasser, 10 Tropfen Bisabolöl, 5 ml Hamamelislösung.

Parfüm für die Mutter, die große Schwester oder für sich selbst
10 Tropfen Bergamottöl, 3 Tropfen Orangenblütenöl, 3 Tropfen Lemongrasöl, 10 ml kosmetisches Haarwasser.

Sonnenschutzgel für die Familie
50 ml destilliertes Wasser, 1–2 Meßlöffel SO FiW, ½ Meßlöffel Xanthan. Alles gut mischen, schütteln, Xanthan quellen lassen, später noch einmal schütteln. Unser Gel eignet sich auch gut für die Haare.

Badeöl für alle
80% kaltgepreßtes Pflanzenöl, 10% Emulgator (z. B. Twen 80), 10% ätherisches Öl (z. B. Melisse, Eukalyptus u. a.). Diese Badeöle haben nicht nur einen kosmetischen Nutzen, sondern auch einen gesundheitlichen.

Zahnpasten
3 Teile Natriumkarbonat werden mit einem Teil Salz vermischt. Von diesem Gemisch benötigen wir ¼ Tasse, die wir mit 3 Löffeln Glyzerin und soviel Wasser vermischen, daß eine Paste entsteht. Zur Geschmacksverbesserung fügen wir Pfefferminzöl hinzu.

Duftsträuße
Es gibt viele wohlriechende Pflanzen, deren Duft nicht nur angenehm ist, sondern auch Insekten fernhält. Aus diesen können wir Sträuße binden. Dazu eignen sich Lavendel, Zitronenmelisse, Minze, Rosmarin, Jasmin und Rosen. Die Blüten können wir aber auch trocknen, in kleine Beutel oder Tütchen füllen und als Duftbeutel- oder Duftsäckchen anbieten.
Alle genannten Produkte für unseren Basar lassen sich auch schon mit den Kleineren durchführen. Bei der Dosierung bietet die Erzieherin natürliche Hilfestellung.

Knetmasse
Heute stellen wir mit den Kindern eine umweltfreundliche, gut modellierbare Knetmasse her. Für etwa 4 Kinder benötigen wir 200 g Mehl, 100 g Salz, 1½ Eßlöffel Öl, 1 Eßlöffel Alaun (in Apotheken erhältlich), ¼ l kochendes Wasser und Lebensmittelfarbe. Alles wird gut vermischt und – nach Farben getrennt – luftdicht aufbewahrt. So hält sich die Knetmasse monatelang.

Zaubertinte
Geheim- bzw. Zaubertinte begeistert Kinder immer wieder. Wer einen Bogen Papier mit Zitronensaft bemalt oder beschreibt, stellt schon nach kurzer Zeit fest, daß die Schrift oder Zeichnung verschwunden ist. Der Zauberer kann die Schrift mit einem heißen Bügeleisen wieder sichtbar machen.

Kerzen gießen

Zunächst sammeln die Kinder viele alte Kerzenreste und bringen sie in die Einrichtung mit. Diese werden im Wasserbad (Meßbecher aus Metall mit Wachsresten gefüllt im Topf mit Wasser) unter Aufsicht der Erzieherin geschmolzen. Das Wachs darf nicht zu heiß werden (55°–80° Grad). Als Gießform benützen wir ausgediente (hitzebeständige) Behälter. Quer über jeden Behälter legen wir einen Schaschlikstab und befestigen daran den Docht. Wenn das getan ist, können wir den Herd ausstellen, das Wachs aus dem Wasserbad nehmen und in das Gefäß gießen. Läßt man die erste Schicht trocknen, kann man später eine andersfarbige Schicht draufgießen.

Schuhkartonpuppenstube

Leere Schuhkartons können eine Puppenstube oder Puppenküche beherbergen. Aus alten Schachteln, Stoffresten, Flaschenverschlüssen, beliebigen „Fundsachen“ und nicht mehr anders zu verwertenden Materialien stellt jedes Kind seine eigene Schuhkartonpuppenstube her. Aus mehreren übereinander befestigten Kartonpuppenstuben kann auch ein Gemeinschaftshaus für das Spiel im Gruppenraum entstehen.

Küchenorchester

Aus verschiedenen Töpfen, Plastikschüsseln, Eimern und Kartons wird ein Schlagzeug zusammengestellt, aus gefüllten Wassergläsern machen wir ein Glockenspiel. Die Kinder experimentieren, welche (zur Verfügung gestellten) Haushaltsgeräte sich noch zu Instrumenten umfunktionieren lassen.

Umweltfreundlicher Staubsauger

Jedes Kind erhält einen Strohhalm als „Staubsauger“ und ein Gefäß zum Aufbewahren des aufgesaugten Materials. Nun werden Papierschnitzel auf dem Tisch verteilt und von den Kindern nach einem Startzeichen aufgesaugt. Wer wird schnellster „Staubsauger“?

Haushaltstastsinn

Einem Kind werden die Augen verbunden. Dann legt ihm die Erzieherin/Lehrerin der Reihe nach 3 bis 5 Gegenstände auf die ausgestreckte offene Hand. Das Kind muß raten, um welche Gegenstände es sich handelt. Es darf dabei weder die andere Hand zu Hilfe nehmen noch die Fühlhand bewegen. Als Materialien wählen wir Gegenstände aus dem Haushalt aus, z. B. Kamm, Bürste, Schwamm, Wäscheklammer, Teesieb, Gemüsereibe, Watte, Lappen u. ä.

Woraus besteht der Gegenstand?

Die Erzieherin/Lehrerin hat vor sich einen Korb stehen, aus dem sie nacheinander Gegenstände herausgreift, sie hochhält und fragt: „Woraus ist der Gegenstand gemacht?“ Wer es weiß, darf den Gegenstand an sich nehmen. Gewonnen hat, wer am Ende des Spiels die meisten Gegenstände vor sich liegen hat.
Wir wählen verschiedene Haushaltsgegenstände aus unterschiedlichem Material aus: Stoff, Metall, Holz, Pappe, Ton, Glas usw.

Schuhkartonmasken

Schuhkartons finden sich in jedem Haushalt. Aus ihnen können die Kinder schöne, effektvolle Masken herstellen, die sich auch als Raumschmuck verwenden lassen. Es werden Augen-, Mund- und Nasenöffnungen herausgeschnitten. Anschließend wird die Maske mit Wasserfarben bunt bemalt und eventuell mit Buntpapierstreifen, Watte, Federn oder bunten Pfeifenreinigern (z. B. als Augenbrauen) beklebt. An der Rückseite wird eine Schnur als Halterung angebracht. Als Hilfsmittel benötigen wir Scheren, Kleister, Klebeband und Paketschnur.

Materialstempel

Auf Holzklötze werden Gegenstände des Haushalts geklebt. Das können beliebige Kleinmaterialien wie Knöpfe, Büroklammern, Gummiringe oder kleine Münzen u. ä. sein. Kinder, die ihren Stempel nicht mit Farbe bestreichen möchten, können sich auch noch einen Stempel anfertigen. Hierfür benötigen sie einen entsprechend großen Schraubdeckel, in den sie einen glatten Wollstoff oder Filz legen und gut mit Farbe tränken.

Zeitungscollage

Alte Zeitungen sind fast immer griffbereit. In Kleingruppen von je 3 Kindern werden Figuren oder Formen aus Zeitungspapier ausgerissen oder ausgeschnitten. Die Kinder bestimmen ihre Themen selbst (z.B. abstrakte Formen, Wolken, Sonne, Mond, Tiere, Blumen). Die ausgeschnittenen Figuren werden anschließend auf einem Packpapierbogen oder auf einer Tapetenfläche arrangiert und mit Tapetenkleister festgeklebt. Im Anschluß erhält das Bild von der Gruppe einen Titel.
Variation: Die fertigen Bilder werden in die Mitte des Stuhlkreises gelegt, und wir erfinden und erzählen hierzu gemeinsam eine Geschichte.

Haushaltstips aus der Flimmerkiste

Aus einem großen, alten Karton fertigen wir einen Fernsehschirm an. Dazu eignet sich ein Möbel- oder Umzugskarton. Den Bildschirm schneidet die Erzieherin/Lehrerin mit einem Teppichmesser aus. Die Kinder bekommen nun Aufträge für die Gestaltung des „Hausfrauen- bzw. Hausmänner-Programms". Sie können Werbespots vorbereiten, Nachrichten zur Lage der Umweltsituation sprechen, Haushaltstips geben, Fernsehkoch spielen. Durch das Fernsehen kann auch ein „Team" verkünden, welche umweltfreundlichen Verhaltensweisen sich die Menschen noch aneignen sollten, z. B.: Sparsam mit der Energie (Strom) und Wasser umgehen, auf umweltfreundliche Produkte achten usw. Die Kinder können sich in ihrer „Fernsehsendung" auch gegenseitig zu bestimmten Themen interviewen. Denkbar ist z.B. eine „Sendung" zum Thema: „Wie können Menschen Strom und Wasser einsparen?"

Experimentieren mit Haushaltsgeräten

Im elterlichen Haushalt, in Kindergarten, Hort und Grundschule werden die Kinder mit elektrischen Geräten konfrontiert. Der Umgang mit Strom gehört zur täglichen Umwelterfahrung der Kinder. Neben den Annehmlichkeiten, die der Strom mit sich bringt, sind Kinder aber auch täglich Gefahren ausgesetzt, deren Ursachen in der falschen Handhabung elektrischer Geräte zu finden sind. Die Erzieherin/Lehrerin weist im Gespräch auf die Notwendigkeit des Stroms hin, spricht dabei aber auch über die Gefahren. Es sollte deutlich werden, daß Strom kein unbegreifliches Wunder ist, vor dem man Angst haben muß, sondern ein selbstverständlicher Bestandteil des Lebens, mit dem man aber richtig umgehen muß. Beim Experimentieren wird den Kindern deutlich, daß Strom die unterschiedlichsten Geräte betreiben kann, und sie lernen ihre Handhabung und Funktion kennen. Die Kinder sitzen im Halbkreis um einen Tisch, auf dem die Erzieherin/Lehrerin verschiedene elektrische Haushaltsgeräte aufgebaut hat: Lampe – Haarföhn – Bügeleisen – Kaffeemaschine – Kochplatte – Mixer – Tauchsieder – Radio-Wecker – Staubsauger – Mehrfachstecker – Verlängerungsschnur u. ä.
Die Pädagogin schließt die Geräte an das Stromnetz an, die Kinder setzen der Reihe nach die verschiedenen Geräte in Betrieb und beschreiben, was sich jeweils ereignet.
Die Kinder erfahren, daß Strom im Elektrizitätswerk erzeugt wird und in Leitungen (Kabeln) in die Haushalte fließt. Sie erfahren, daß man nur unter Einhaltung bestimmter Verhaltensmaßregeln gefahrenlos mit Elektrizität umgehen kann (keine defekten Kabel berühren, nicht mit nassen Händen elektrische Geräte anfassen, nichts – außer Stecker – in die Steckdose stecken und keine elektrischen Geräte in die Badewanne mitnehmen. Es kann auch ein Gespräch über den Sinn und Unsinn mancher elektrischer Geräte bzw. ihren falschen Einsatz gesprochen werden (z. B. Geschirrspüler und Wäschetrockner im Ein-Personen-Haushalt, Eierkocher und elektrische Flaschenöffner in der Kleinfamilie).

Hausfrau und Hausmann des Jahres

Auf einem großen Plakatpapier fertigen wir den Steckbrief für die „Hausfrau oder den Hausmann des Jahres“ an. Dazu malen die Kinder die Konturen eines Menschen auf Papier und schneiden diesen aus, um ihn auf das Plakat zu kleben. Nun können die Kinder „die Hausfrau“

bzw. „den Hausmann“ mit all’ dem versehen, was sie für nötig halten: äußeres Erscheinungsbild, Kleidung, Lieblingsblumen und -tiere, Hinweise zum Hobby, Beruf, Wohnort, Lieblingsspeisen, Besitz von Küchengeräten, Benutzung von Putzmitteln. Die Kinder haben den Auftrag, ganz viele Dinge zu sammeln, auszuschneiden und aufzukleben, die sie der Hausfrau bzw. dem Hausmann zuordnen möchten. Die Ergebnisse werden gemeinsam betrachtet, besprochen und anschließend in der Einrichtung ausgehängt.

Wir bauen eine Mini-Hauskläranlage

In jedem Haushalt wird viel Wasser, oft auch sinnlos, verbraucht. Um deutlich zu machen, wie aufwendig es ist, Wasser wieder aufzubereiten, zu „klären“, wollen wir mit den Kindern eine Mini-Kläranlage bauen. Dazu benötigen wir

- schmutziges Wasser,
- vier Plastikbecher mit einem Loch im Boden,
- ein Glas,
- einen Krug.

Die Becher werden halbvoll gefüllt mit
a) Kies
b) feinem Sand
c) Aktivkohle (Apotheke)
d) Filtertüte (Teefilter).

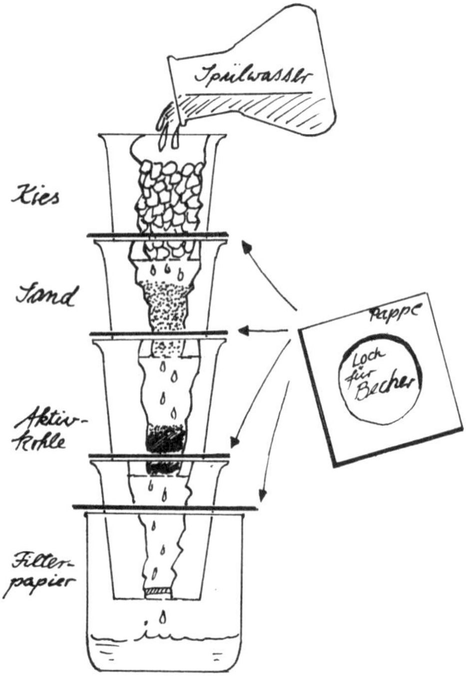

Das Schmutzwasser, das Spülmittel enthalten sollte, wird nun durch die vier in der genannten Reihenfolge ineinanderstehenden, im Glas mündenden Becher gekippt. Die Kinder können beobachten, was passiert: Das gefilterte Wasser sieht rein aus. Wenn wir es schütteln, können wir jedoch beobachten, daß sich Schaum bildet, der vom Spülmittel stammt. Erkenntnis: Spülmittel lassen sich nur schwer klären.

Wer kennt sich aus im Haushalt?

Die Kinder und die Erzieherin/Lehrerin sitzen beisammen und versuchen Rätsel zu lösen, die alle etwas mit dem Haushalt zu tun haben:
Welche Schuhe zerreißen nie an den Füßen? *(Die Handschuhe)*
Stets spazieren sie zu zweit als Zwillingspaar. Um wen geht's? *(Die Schuhe)*
Was ist fertig und wird täglich gemacht? *(Das Bett)*
Ich habe vier Füße und kann nicht gehen. Ich werde nicht müde und muß immer stehen. *(Der Tisch)*
Hinten zwei Ringe und vorne zwei Spitzen. Was kann das sein? *(Die Schere)*
Ich habe ein Loch und mache ein Loch und schlüpfe auch durch dieses noch. *(Die Nähnadel)*
Es hat die Gestalt einer Frucht und kann leuchten. *(Die Glühbirne)*
Zu Haus' braucht es die Mutter, sie streicht damit die Butter. *(Das Messer)*
Wir essen mit ihm die Suppe, und der Hase hat zwei davon auf dem Kopf. *(Der Löffel)*
Sie taucht Hosen, Hemden und Socken in schneeweiße Flocken und hat weder Hände noch Beine. *(Die Waschmaschine)*
Er ist schwarz und hat einen Anzug aus Holz. *(Der Bleistift)*
Es ist kleiner als eine Maus und hütet das ganze Haus. *(Das Türschloß)*

Die Pädagogin sollte die Kinder anregen, auch eigene Rateaufgaben an die Gruppe zu stellen.

Entdeckungstour „Einkaufen"

Informationen

Alle Menschen kaufen ein. Einkaufen ist die große Leidenschaft vieler Bundesbürger. Auch Kinder kaufen besonders gerne ein. Schon kleine Kinder spielen genußvoll im Kaufmannsladen und üben unbewußt ihre Rolle als künftige Konsumenten.
Es gibt kaum etwas Schöneres für ein Kind, als dann später der erste Einkauf ohne elterliche Hilfe. Wichtig ist oft gar nicht, was gekauft wird, sonder nur, daß etwas gekauft wird.
Kinder machen ein ganz großes Käuferpotential aus. Viele Wirtschaftszweige beschäftigen sich ausschließlich mit dem Kind als potentiellem und künftigem Kunden.
Das bedeutet für die Erzieherin, daß sie neben den Eltern das Kind frühzeitig auf seine künftige Käuferrolle einstimmen muß, denn der Käufer beeinflußt den Markt, die Verbraucher- und Umweltpolitik ganz beträchtlich.
Welche Auswirkungen das Verbraucherverhalten auf die Politik und die Wirtschaft hat, zeigt z. B. die Entscheidung des Umweltministers, daß der Verbraucher künftig seine Verpackungen im Laden lassen kann. Viele Märkte haben bereits darauf reagiert und entsprechende Müllcontainer aufgestellt. Ebenso werden sich die Supermarktketten auf andere Käuferinteressen einstellen.
Beginnt die Verbraucherin, einen Korb oder ein Netz mit zum Einkauf zu nehmen, wird es bald keine Plastiktüten mehr geben. Und wenn der Kunde wieder frische Ware in zunehmendem Maße verlangt, wird es auch wieder mehr unverschweißte frische Waren im Angebot geben. Viele Geschäfte in der Bundesrepublik haben sich bereits darauf eingestellt, daß die Käufer kritischer geworden sind, bewußter, auch umweltbewußter einkaufen.
Gerade beim Einkaufen fällt es vielen Menschen schwer, alte Gewohnheiten abzulegen. Es ist so schön bequem, eine Plastiktüte zu nehmen oder sich einen Karton mitgeben zu lassen, als seine eigene Einkaufstasche

mitzunehmen. Wir probieren so gerne alles aus, was die Werbung uns als gut anpreist. Und nicht jede Verpackung ist notwendig.
Kindern macht es Spaß, beim Einkauf die Augen offen zu halten. Wenn sie von Erwachsenen dazu ermutigt werden, Erfolgserlebnisse beim Einkaufen vermittelt zu bekommen und als Kunden ernst genommen werden, können sie die kritischen Kunden von morgen werden.

Pädagogische Absichten

Alle Kinder kennen irgendwelche Geschäfte, weil sie mit ihren Eltern schon zum Einkaufen waren oder vielleicht auch schon einmal etwas alleine eingekauft haben. Auf jeden Fall haben sie alle schon zu Hause oder im Kindergarten mit dem Kaufmannsladen gespielt und insofern Erfahrungen in diesem Bereich gesammelt.
Trotzdem gibt es noch einiges zu entdecken, zu erfahren und zu lernen. Im Rahmen der Einkaufsentdeckungstour sollen die Kinder z. B. erfahren, daß es sinnvoller ist, einen Einkauf zu planen, damit Preisvergleiche möglich sind und nichts Überflüssiges oder Unbrauchbares gekauft wird.
Sie sollen alle Planungsschritte mit der Erzieherin gemeinsam durchdenken. Angefangen mit dem Speiseplan für das zweite Frühstück der nächsten Woche, bis hin zu den Dingen, die benötigt werden, um die Küche wieder zu säubern.
Die Kinder stellen auch Überlegungen darüber an, in welchen Geschäften sie ihren Einkauf tätigen werden. Welche Geschäfte sind wohl gut erreichbar? In welchen bekommen wir frische und einheimische Ware? Wo stehen Müllcontainer?
Schwerpunktmäßig sollen die Kinder darauf achten, daß sie umweltverträgliche Waren kaufen – das können sie z. B. am „Blauen Engel“ erkennen – und Waren, die nicht überflüssig verpackt sind.
Kinder können auch schon Mogelpackungen (viel Verpackung wenig Inhalt) entdecken und auf deren Kauf verzichten und einen Blick für überflüssig verpackte Lebensmittel (eingeschweißte Gurken, mehrfach verpackte Büroartikel wie Bleistifte) entwickeln. Wünschenswert wäre es auch, wenn die Kinder eine gewisse Immunität gegenüber der Werbung aufbauen könnten, denn vieles, von dem, was die Werbung verspricht, hält sie nicht.

Ziele:

Die Kinder können
- eine Einkaufstasche aus Leinen selbst bedrucken und statt Plastiktüten benutzen,
- innerhalb ihrer Familien selbstbedruckte Leinentaschen gegen Plastiktüten eintauschen und den Tausch begründen,
- den „Blauen Engel" im Supermarkt auf den Produkten erkennen und seine Bedeutung erklären,
- überflüssiges Verpackungsmaterial erkennen und darauf verzichten,
- Mogelpackungen erkennen,
- Getränke kaufen, die in Mehrwegflaschen abgefüllt sind,
- Putzmittel kaufen, die viele andere Putzmittel überflüssig machen und mit dem blauen Engel gekennzeichnet sind,
- sich über Preise, Qualität und Verpackungsmaterial informieren.

Die Kinder
- nehmen Behälter zum Einkaufen mit,
- kaufen nur Waren ein, die auf ihrem Einkaufszettel stehen,
- wissen, daß umweltverträgliche Produkte mit dem blauen Engel gekennzeichnet sind,
- wissen, daß sie Verpackungsmaterialien im Supermarkt lassen können, es aber noch besser ist, Müll von vornherein zu vermeiden,
- laden die Supermarktleitung zu einem Gespräch ein und stellen mutig Fragen,
- wissen, daß Plastikmüll schwer zu entsorgen ist,
- achten beim Einkauf auf frische, einheimische Produkte und kaufen nur Dinge, die sie nicht selbst im Garten haben und nicht selbst herstellen können.

Praxisbeispiele

In einem Gespräch mit den Kindern ermutigt die Erzieherin die Gruppe dazu, einen Haushaltstag zu veranstalten. An diesem Tag wird richtig gekocht und geputzt (siehe auch Entdeckungstour „Haushalt" und „Ernährung").
Das Gespräch sollte auf praktisch-konkreter Ebene und von ausreichendem Umfang und Niveau sein. Die Kinder müssen sich ernst genommen fühlen. Die Kinder spüren, daß ihre Beiträge wichtig sind und erfahren von der Erzieherin entsprechende Bestätigung.

Die Erzieherin erklärt den Kindern, daß sie mit ihnen zum Einkaufen gehen will und überlegt mit ihnen gemeinsam, welche Überlegungen vorher angestellt werden müssen.
Die Kinder stellen fest, daß sie überlegen müssen, welche Gerichte gekocht werden sollen. Sie müssen eine Einkaufsliste erstellen und überlegen, wer bei dieser Entdeckungstour helfen kann.
Hier ein paar Rezepte, die sich für so einen Kochtag besonders eignen, weil sie schmackhaft, nahrhaft und für Kinder besonders attraktiv sind:

Bio-Mäcs, Frühlingsrollen, Haferburger und Getreidesalat

Bei der Verwendung dieser Gerichte und zwanzig Kindern müßte die Einkaufsliste folgendermaßen aussehen:

1 Paket Gemüsebrühe
1 Packung Hefeflocken
1 Flasche Sojasoße
½ Pfund Butter
1 Würfel frische Hefe
1 Päckchen Kräutersalz
600 g Weizen
150 g Hafer
100 g Roggen
100 g Gerste
50 g Dinkel, 50 g Hirse
50 g Buchweizen
2 Pakete gemischter Keimlingssaat
1 Paket Sojamehl
600 g Haferflocken
600 g Goudakäse
8 Eier
2 Pakete tiefgekühlter Blätterteig
500 g Mohrrüben
250 g Zwiebeln
1 Glas Honig
1 l Milch.

Haferburger

150 g Haferflocken 2 Eßl. Sojamehl 2 gehäufte Eßl. Weizenkeimlinge 2 gehäufte Eßl. Edelhefeflocken	mischen
1 Eßl. Butter 1 Eßl. Honig	obenauf geben
¼ l Milch	erhitzen über die Flockenmischung gießen
200 g Möhren	putzen, fein reiben od. raspeln
1 große Zwiebel	schälen, fein hacken
1 Eßl. feingehackte Petersilie	zugeben
150 g Gouda	fein reiben, zugeben
2 Eier	untermischen
Frikadellen formen, braten	

Getreidesalat
250 g Weizen, 150 g Hafer, 100 g Roggen, 100 g Gerste, 50 g Dinkel, 30 g Hirse, 20 g Buchweizen einen Tag und eine Nacht einweichen. 100 g Gurken kleinschneiden und mit Champignons und gehackten Zwiebeln unter die Körner mischen. Mit Essig, Öl, Senf und Sojasoße abschmecken.

Bio-Mäc (für 12 Personen)
250 g Weizen, 25 g Sojamehl, 25 g Butter, ½ Würfel Hefe, 1 Eßl. Honig, ⅛ l lauwarme Milch: Brötchen herstellen.
Für die Mäcs:
1 Teel. gekörnte Brühe, 100 g Weizen, 50 g Walnußkerne, 125 g Goudakäse, 2 Eßl. Weizenkeime, 2 Eßl. Hefeflocken, 2 Eßl. Paniermehl, 2 Eier, 1 Eßl. Sojasoße, 1 Teel. Honig, bei Bedarf auch andere Gewürze. Klopse formen in geschmacksneutralem Öl braten.
Brötchen aufschneiden, mit Salatblättern, etwas selbstgemachtem Ketchup und den Mäcs füllen.

Die Rezepte wurden, wenn nicht anders angegeben, für vier Personen berechnet.
Ergänzen sollte man die Liste noch um Putzmittel oder Zubehör wie: Neutralseife, Natron, Abwaschmittel, Grüne Seife.
Für die jüngeren Kinder sollte die Einkaufsliste zeichnerisch dargestellt werden. Die Erzieherin muß beim Einkauf helfen, die richtigen Mengen zu berechnen.

Der erste Einkauf

Die Kinder erhalten die Einkaufsliste, einen Einkaufskorb oder eine -tasche und achten auf folgende Dinge:

- Die Ware ist gar nicht oder umweltverträglich verpackt. (Papiertüten statt Plastiktüten, Behälter mitnehmen.)
- Reaktionen des Personals beobachten. (Was sagen andere Menschen zu den mitgebrachten Behältern?)
- Produkte, die mit dem blauen Engel gekennzeichnet sind, kaufen.
- Überflüssig verpackte Ware auspacken und den Abfall im Geschäft lassen.

Außerdem sehen die Kinder vorher nach, ob ein Mülleimer im Geschäft vorhanden ist. Sie bringen auch ausreichend Einkaufstaschen mit und kaufen nach Möglichkeit frische einheimische Waren. Dazu ist es wahrscheinlich notwendig, daß die Kinder sich beraten lassen. Da sie auch mit der Geschäftsleitung des Supermarktes Kontakt aufnehmen sollen, müssen sie viel Mut beweisen. Sinnvoll ist es, immer zwei oder drei Kinder mit einem Teil der Einkaufsliste und in Begleitung eines Erwachsenen durch das Geschäft gehen zu lassen. So sind alle Kinder beschäftigt, keines muß zusehen und sich unwichtig fühlen.
Wir können auch eine Einkaufs- und eine „Einkaufsentdeckergruppe“ bilden. Die „Entdeckergruppe“ bekommt dann die Aufgabe z. B. in der Putzmittelabteilung nachzusehen, wieviel Umweltengel es gibt.
Die Planung des Einkaufs und der Einkauf selber muß einige Tage vor dem Kochtag (mindestens drei) stattfinden.
Das Einkaufen bedarf einer recht umfangreichen Vorbereitung durch die Erzieherin.

Vorbereitungen

Zunächst einmal muß die Finanzierung dieser Entdeckungstour geklärt werden (reicht der eigene Etat, finanzieren die Eltern das Essen, gibt es Basarüberschüsse oder lassen sich Spenden organisieren?).
Die Erzieherin muß einen Supermarkt aussuchen, der alle Bedingungen erfüllt, die den geplanten Einkauf erfolgreich verlaufen lassen (großes Warensortiment, Verkauf umweltfreundlicher Produkte, großzügiges Verkaufspersonal, zugängliche Geschäftsleitung).
Die Eltern müssen rechtzeitig über die Einkaufstour informiert und um Mithilfe gebeten werden.
Auch Fahr- und Transportgelegenheiten müssen rechtzeitig vorher geklärt werden.
Mit der Geschäftsleitung des Supermarktes muß gesprochen, ein günstiger Zeitpunkt ausgesucht werden.
Die Kinder sollten im Rollenspiel auf ihre Aufgaben vorbereitet werden.
Für alle Kinder werden Plaketten mit dem „Blauen Engel“ gemalt. Die Erzieherin kann auch ein großes Plakat mit dem „Blauen Engel“ aufhängen und die Kinder selbst den Engel nachzeichnen lassen.
Leinentaschen müssen gekauft (Drogeriemärkte ca. 58 Pfennig) oder genäht und bedruckt werden.
Der Kaufmannsladen der Einrichtung muß spielbereit ausgestattet werden.
Auch in der Einrichtung müssen Müllcontainer entweder bereitstehen oder für Kinder und Erzieherinnen erreichbar sein.
Sollte ein „Bio-Laden“ im Ort sein, kann dort angefragt werden, ob eine Getreidemühle ausgeliehen werden kann oder ob man dort mahlen und schroten lassen kann.
Die Erzieherinnen sollten auch versuchen, Kontakt zu Ernährungs- und Verbraucherberatungen aufzunehmen. Besuchstermine müssen rechtzeitig vorher abgesprochen werden.
Besonders wichtig ist auch der Elternabend vor dieser „Tour“, denn die Eltern müssen nicht nur informiert werden, sie können sicherlich auch wertvolle Tips geben und die Erzieherinnen praktisch unterstützen.

Das Umweltzeichen

Die Erzieherin fertigt ein großes Plakat an, auf dem das Umweltzeichen zu sehen ist. Der Bundesminister des Inneren hat bereits 1978 eine unabhängige Jury „Umweltzeichen“ berufen, die umweltfreundlichen Produkten auf Antrag ein „Umweltzeichen“ verleihen kann. Mit Hilfe dieses Zeichens können die Bürger erkennen, welche Produkte umweltfreundlich sind.

Bei der Vergabe dieses Zeichens wird nicht nur auf Umweltfreundlichkeit geachtet, sondern auch auf Qualität. Es werden Produkte mit diesem Zeichen ausgezeichnet, die einen Beitrag zur Vermeidung des Abfallproblems leisten, wie z. B. Produkte mit Mehrwegverpackung, Altglasverwertung, schadstoffarme Produkte, aus überwiegend Altpapier hergestellte und aus 100%igem Altpapier hergestellte Produkte. Darüber müssen die Kinder in verständlicher Weise informiert werden.
Sie können sich auch selbst ein Umweltzeichen malen und es auf einen Button (Bastelgeschäft) kleben. Sie geben sich damit als Umweltschützer zu erkennen.

Einkaufstaschendruck

Inzwischen gibt es in vielen Geschäften an Stelle von Plastiktüten auch schon Papier- oder Leinentaschen. Da auch zur Papierherstellung viel Wasser und Energie benötigt wird, bevorzugen wir die Leinentaschen. Damit sie eine echte Alternative zu den lustigen bunten Plastiktüten werden, bedrucken wir sie bunt. Dazu benötigen wir Stoffarben oder Stoffmalstifte. Die gibt es in jedem Bastelladen, häufig auch in Supermärkten. Stifte lassen sich von kleineren Kindern besser handhaben und sind im Verbrauch sparsamer.
Beide Materialien lassen sich nach dem Aufmalen durch Bügeln fixieren. Die Taschen lassen sich sehr vielseitig verwenden. Die Kinder können sie z. B. als Turnbeutel, Einkaufs- oder Spielzeugtaschen, Frühstücksbeutel, Geburtstags- oder Muttertagsgeschenk verwenden. Auch zum Verkauf auf

Basaren eignen sie sich gut. Im Rahmen der Entdeckungstour benutzen die Kinder die selbstgefertigten Leinentaschen, um den Einkauf zu verstauen. Wenn die Kinder mehrere Taschen bemalen mögen und dürfen, können sie auch im Elternhaus eine Umtauschaktion durchführen (Leinentasche gegen Plastiktüten, damit in jedem Elternhaus eine klein zusammenfaltbare „Nottasche" vorhanden ist, die eine Annahme von Plastiktüten überflüssig macht).

Einkaufsrollenspiel

Die Kinder werden in mehrere kleine Rollenspielgruppen aufgeteilt. In jeder Gruppe gibt es einen Verkäufer und zwei Kunden. Die Erzieherin hat Kärtchen vorbereitet, auf denen entweder beschrieben oder symbolisch dargestellt ist, um welche Produkte es im Spiel geht.
Der Verkäufer versucht den Kindern ein Produkt, das mehrfach verpackt oder vollkommen unbrauchbar ist, „anzudrehen". Er wirbt für sein Produkt (Dosenmilch in ganz vielen kleinen Portionen verpackt, eingeschweißte Bananen, ein Nonsens-Produkt), die Kundin dagegen versucht ihrerseits, den Verkäufer davon zu überzeugen, daß er das Produkt aus dem Sortiment nehmen sollte.
Die Kinder sollen bei diesem Spiel, das zunächst nur ein Probehandeln ist und im Kaufmannsladen stattfinden kann, erfahren, daß die Verkäuferin Interesse daran hat, die Produkte gut zu verkaufen, ein gutes Geschäft zu machen. Zum Interessenkonflikt kommt es, wenn die Kundin kritisch reagiert und ihre Wünsche deutlich macht.
Die „Kundin" muß sich vorher stichhaltige Argumente überlegen; mit denen sie zu verstehen gibt, warum sie bestimmte Produkte ablehnt.
Die Erzieherin ermutigt die Kinder, Fragen zu stellen, neugierig zu sein und auch Angebote abzulehnen. Sie kann sich dabei selbst in das Spiel „mischen" in eine Rolle schlüpfen und entweder vorbildhaftes Verhalten zeigen oder negatives Verhalten, das von den Kindern aufgespürt wird.

Gespräch mit der Geschäftsleitung des Supermarktes

Auch dieses Gespräch kann vorher mit den Kindern im Rollenspiel geübt werden. Vorher überlegen Kinder und Erzieherin gemeinsam, was sie konkret in Erfahrung bringen möchten. Vielleicht hat die Gruppe der Kinder sogar schon Änderungswünsche vorzutragen. Auf jeden Fall muß dieses Gespräch vorher mit der Geschäftsleitung abgesprochen werden.

Die Kinder bringen dabei in Erfahrung:
- Was wird in diesem Supermarkt für den Umweltschutz getan? Gibt es z.B. Müllcontainer? Was passiert mit dem Müll des Supermarktes?
- Hat die Geschäftsleitung Einfluß auf die Auswahl der Waren?
- Können die Supermärkte durch ein entsprechendes Angebot das Käuferverhalten beeinflussen?
- Verteilt man hier an der Kasse noch unentgeltlich Plastiktüten? Wenn ja, warum? Wenn nein, wie hat der Kunde darauf reagiert?
- Hat die Firma schon auf Mehrwegflaschen umgestellt und auf Getränkedosen verzichtet?
- Werden hier auch Mogelpackungen verkauft?
- Wie gehen die Verkäufer mit Kindern als Kunden um?

Anti-Müll-Einkaufsspiel

Jeweils zwei bis drei Kinder und ein Erwachsener bekommen einen Arbeitsauftrag, der lautet: „Geht mit dieser (von der Erzieherin vorher angefertigten echten) Einkaufsliste in den Supermarkt. Kauft alle diese aufgeführten Dinge ein und achtet darauf, daß ihr so wenig Müll wie irgend möglich mitkauft.“
Die Einkaufsliste könnte eventuell in Absprache mit den Eltern aufgestellt werden und Dinge enthalten, die sowieso benötigt werden: Putzmittel, Schreibutensilien, Brot, Gemüse, Obst.
Sind alle vom Einkauf zurückgekommen, wird ausgepackt und der Müll in einem Extrabehälter gesammelt. Dabei ist darauf zu achten, daß jede Gruppe einen eigenen Müllbehälter bekommt. Ist das geschehen, wird der Müll gewogen. Die Gruppe, die am wenigsten Müll mitgebracht hat und dabei auf einen ganz wichtigen Aspekt des Umweltschutzes geachtet hat, bekommt einen Orden (ein aus Pappe angefertigter „Blauer-Engel-Einkaufsorden“ für gelungenes umweltfreundliches Einkaufen).

Verpackungssortierspiel

Nun sortieren wir die Verpackungsmaterialien richtig. Zunächst einmal sehen wir nach, ob noch etwas zum Basteln zu verwenden ist. Alle anderen Materialien kommen in die bereitliegenden Müllbehälter (Alu-Kasten, Papiersammelbehälter, Glaskiste), um später richtig entsorgt werden zu können.
Wir vergleichen auch die verschiedenen Produkte der Gruppen. Wer hat preisgünstige und trotzdem qualitätsmäßig einwandfreie Waren eingekauft? Sind zwischen unseren Verpackungen auch Mogelpackungen? Ist jemand auf die Werbung hereingefallen und hat Dinge gekauft, die nicht auf der Liste standen? Welche Waren kommen mit wenig oder ohne Verpackung aus? Welche Waren sind nur verpackt zu kaufen, könnten aber durchaus auf die Verpackung verzichten?
Zu diesem Thema gibt es auch von Edgar Wüpper eine „Leselöwengeschichte". Sie heißt „Tumult im Supermarkt". Diese Geschichte bietet viele Anregungen für Gespräche. Die Kinder können ihre eigenen Supermarkterfahrungen mit denen der Kinder in der Geschichte vergleichen und das Verhalten des Jungen Ralf werten.
Aus den noch verbliebenen Verpackungsresten, die entweder nicht entsorgt werden können oder zum Basteln aussortiert worden sind, stellen wir eine Müllcollage her.
Reicht der Verpackungsmüll nicht aus, spielen wir wie Pippi Langstrumpf „Sachensucher".

Sachensucher

Die Kinder schwärmen aus, um Dinge zu suchen, die in eine Müllcollage eingearbeitet werden können, wie: Kronkorken, Papierschnipsel und Zigarettenschachteln – der Fantasie der Kinder sind keine Grenzen gesetzt.

Umweltmemory – Einkauf

Auf Memory-Blankokarten werden Einkaufsprodukte gemalt. Das können die Kinder machen oder auch Erzieherinnen/Lehrerinnen und Eltern. Von jedem Produkt gibt es ein Paar. Dieses Paar ist jedoch nicht wie es sonst üblich ist, identisch, sondern ähnlich und trotzdem auch

gegensätzlich. Das eine Produkt ist immer entweder gesund und das andere ungesund, umweltfreundlich verpackt oder umweltschädigend, nicht verpackt oder mehrfach verpackt.

Beispiel: Frischgemüse	– Gemüse aus der Konserve
unverpacktes Obst	– in Folie eingeschweißtes Obst
Trinkglas	– Pappbecher
„Tetra-Pack“	– Milch in der Mehrwegflasche
Putzmittel mit dem Zeichen für giftig	– Putzmittel mit dem blauen Engel.

Gespielt wird dieses Spiel wie jedes andere Memoryspiel auch.
Variante: Erschwerend kann hinzukommen, daß das Kind seine Karten nur behalten darf, wenn es eine Erklärung dazu abgeben kann (warum gilt das eine Lebensmittel als gesund, das andere nicht?).

Fingerspiel Kaufmannsladen

Die Hände bauen ein Haus. Die beiden Zeigefinger bilden eine Theke. Ein Daumen ist Verkäufer, einer Kundin. Sie unterhalten sich:
V.: Hallo, hallo, was wollen Sie?
K.: Zucker und Kaffee.

V.: Da haben Sie's, da haben Sie's.
K.: Adjö, Adjö, adjö.
K.: So wartens doch, so wartens doch, Sie kriegen noch was 'raus!
K.: Behalten Sie's, behalten Sie's, wir müssen jetzt nach Haus.

Einkaufsstreit

Aufbau der Finger wie oben. Die Daumen sind Hans und Lise. Ein kleiner Finger guckt innen durch das Haus als Verkäuferin. Der andere kleine Finger tritt später als Polizist in Aktion.

Hans und Lise steh'n vor'm Laden, woll'n für'n Groschen Bonbons haben.
Verk.: Fürn Groschen Bonbons hab'n wir nicht.
Hans und Lise prügeln sich. Kriechen untern Ladentisch.
Kommt ein Schutzmann um die Eck. Wirft sie alle in den Dreck.

Was wäre wenn, Einkaufsspiel . . .

Die Erzieherin/Lehrerin sitzt mit den Kindern im Kreis und stellt Fragen, zu denen sich die Kinder frei äußern können, zum Beispiel: Was wäre wenn . . .

. . . alle Lebensmittel mehrfach eingepackt wären?
. . . in den Geschäften keine Müllcontainer stehen würden?
. . . es nur süße Sachen zu kaufen gäbe?
. . . es keine frischen unverarbeiteten Lebensmittel mehr gäbe?
. . . die Menschen alles kaufen würden, was ihnen die Werbung einredet?

Fernsehwerbung

Die Erzieherin/Lehrerin baut aus einem großen alten Fernsehkarton eine „Fernsehkiste". Die Pädagogin oder ein Kind sitzen als Schauspieler in der Kiste und machen Werbung.

Die anderen Kinder sitzen davor und rufen zu, was sie an der Werbung (die extrem und ausgefallen sein soll) auszusetzen haben.

Wesen vom fremden Stern

Die Kindergruppe wird noch einmal in zwei gleichgroße Gruppen aufgeteilt. Eine Gruppe verkleidet sich. Die Mitglieder dieser Gruppe versuchen, sich vorzustellen, sie kämen von einem fremden Stern. Sie sind nur zufällig auf der Erde gelandet und wollen nun die „merkwürdigen" Lebens-, Eß- und Einkaufsgewohnheiten der Menschen (gebildet von der zweiten Gruppe) erkunden. Die „fremden Wesen" geben sich natürlich völlig uninformiert. Nach einiger Zeit werden die Rollen getauscht.

Variante:

Alle Kinder verkleiden und schminken sich fantasievoll und gehen in Kleingruppen mit der Erzieherin in den Ort, um dort als „fremde Wesen von einem anderen Stern", Leute zu befragen: „Was essen Sie gerne? Wo kaufen Sie ein? Wie verpacken Sie Ihre Waren?"

Das Interview kann mit Kassettenrecorder, Fotoapparat oder Videokamera dokumentiert werden. Das erleichtert auch die Auswertung.

Spielbeschreibung:
Die Kinder bilden einen großen Kreis und fassen sich an. Ein Kind geht in die Mitte des Kreises. Die Kinder werden zu Zweien abgezählt.

1. Durchgang	Takt 1–2:	Vier Schritte zur Mitte
	Takt 3–4:	zurückgehen
	Takt 5–8:	Wiederholung von 1–4.
2. Durchgang:	Takt 1–4:	Das Kind in der Mitte preist seine Waren an.
	Takt 5–8:	wie 1–4.
		Bei der Frage nach dem Preis bleiben alle stehen, das Kind in der Mitte nennt einen Preis.
3. Durchgang:		Die Kinder stehen sich als Paare gegenüber.
		1: Preis mit der Hand zeigen
		2: Hände reichen
		3: Wickelbewegung
		4: Paare haken sich ein
		5–8: unangefaßt im Kreis gehen, den Magen reiben.

Bei weiteren Durchgängen werden neue Waren und neue Preise erfunden.

Einkaufstips für Vorbilder von Kindern

- Frische Waren sind haltbar gemachten Waren gegenüber vorzuziehen.
- Glasflaschen sind ideale Aufbewahrungsbehälter für Milch und andere Getränke.
- Behälter aus Pappe sollten nur bedingt akzeptiert werden.
- Beim Obst und Gemüseeinkauf nicht nach Schönheit kaufen.
- Große Früchte wurden in der Regel stark gedüngt oder künstlich gezogen.
- Auf Anbaugebiete achten! Möglichst einheimische Ware kaufen.
- Wer kann, sollte selbst anbauen, zumindest Kräuter.
- Ungespritzte Waren kaufen.
- Keine Konserven kaufen.
- Den Fleisch- und Wurstkonsum einschränken.
- Auf Lebensmittel mit Verdickungsmitteln, Haltbarmachern und Färbemitteln verzichten.
- Mit Einkaufsliste einkaufen.
- Nicht durch die Werbung zum Kauf verleiten lassen.
- In Zweifelsfällen Informationen bei den Verbraucherberatungen einholen.

Supermarktgarten

Im Frühjahr, das erste Obst: Rhabarber. Rote, fleischige Stengel mit großen dunkelgrünen Blättern. Stangenspargel wird gestochen. An den Erdbeerbüschen erscheinen die ersten kleinen, weißen Blüten, dann grüne, winzige Erdbeeren, die zuerst weißlich, dann rosa und schließlich rot werden. Blühende Obstbäume: Frühkirschen-, Pfirsich-, Aprikose-, Pflaumen- und zuletzt die Apfel- und Birnbäume.

Wenn der Sommer kommt, hängen die Johannisbeersträucher dick voll roter, weißer und schwarzer Beerentrauben. In dornigen Sträuchern verstekken sich gelbe Stachelbeeren. Zwischen dem grünen Laub der Kirsch-, Pflaumen- und Mirabellenbäume leuchten rot, blau und gelb die Früchte. Samtige Aprikosen und Pfirsiche warten aufs Pflücken. An den Hecken reifen süße, rote Himbeeren, und später tragen die Brombeerhecken schwarze, säuerliche Beeren. Beete voll Salat, Bohnen: die langen, breiten ranken sich um hohe Stangen, die schmalen Gemüsebohnen wachsen an Büschen. In der Erde stecken Karotten. Nur die gefiederten, zarten Blätterbüschel sind zu sehen. Tomaten, rund und rot und ganz warm von der Sonne.

Die ersten rotbackigen Äpfel plumpsen von den Bäumen, und gelbe Birnen. Wenn sie reif sind, ist es Herbst.

Rot-, Weiß- und Wirsingkohl sind zu dicken Köpfen gewachsen. Kartoffeln werden ausgebuddelt. Rosenkohl und Grünkohl warten auf den ersten Frost. Es ist Winter. Garten und Felder sind leer. Trotzdem essen wir im Winter frisches Obst. Das weiß auch der Günther:

Wenn's kalt wird, liegen in der Obst- und Gemüseabteilung im Supermarkt die ersten roten Netze mit Mandarinen. Bananen gibt es sowieso das ganze Jahr, Orangen auch, aber im Winter viel saftigere, weil die neue Ernte da ist. Und dieses Obst kommt aus südlichen Ländern, wo es heiß ist und immer, auch wenn's bei uns Winter ist, die Sonne scheint.

Das weiß und kennt der Günther. Er weiß und kennt noch eine Menge anderer Dinge. Aber das, das nicht: Selbst mal reife Erdbeeren abpflücken. Er weiß nicht mal, daß sie an Büschen, dicht über der Erde wachsen. Einen Kirschbaum hat er noch nie blühen gesehen, und er ist noch nie im Sommer auf einem herumgeklettert und hat eine Kirsche nach der anderen in den Mund gesteckt. Noch nie hat er, wenn es Herbst ist, Äpfel oder Birnen vom Baum geschüttelt. Nie hat er zugesehen, wie Kartoffeln ausgemacht werden und dabei den Duft des Kartoffelkrautfeuers in der Nase gehabt, in dem manchmal frische Kartoffeln gebraten werden.

Frühling, Sommer, Herbst, Winter, welche Jahreszeit gerade dran ist, das weiß und kennt der Günther nur von der Obst- und Gemüseabteilung im Supermarkt.
Oft kommt er nicht aus dem Haus, meistens nur, wenn er mit Mutter und dem kleinen Bruder einkaufen geht. Und sonntags gehen sie schon mal in den Stadtwald spazieren. Wie soll er einen Garten mit allem, was undwie es drin wächst, kennenlernen?
Für Günther wachsen im Frühjahr die Erdbeeren in grünen Pappkästchen, mit Tesastreifen drum, wo der Preis draufsteht. Die Kirschen, Johannisbeeren, Stachelbeeren, Himbeeren und Brombeeren im Sommer, alles wächst in grünen Pappkästchen. Bohnen. Tomaten. Trauben. Im Herbst, bei den Äpfeln und Birnen, ist es etwas anderes, die wachsen auf einem weißen oder violetten Pappteller, Folie drumrum und das Preisschild drauf.
Salat und Gemüse liegen einfach so rum. Manchmal in Folientüten mit kleinen, runden Löchern, zum Beispiel die Kartoffeln und die Karotten.
Neulich war Günthers Oma zu Besuch da. Beim Essen, Gulasch, Salzkartoffeln und Salat gab es, da fragte die Oma den Günther: „Du kommst doch dieses Jahr in die Schule. Bist also schon ein großer, kluger Junge. Sag mal, weißt du eigentlich, wo die Kartoffeln herkommen?“
Da schluckte der Günther und sagte verwundert: „Na klar! Die kommen von Tengelmann.“
Aber die Oma meinte das ganz anders und fragte weiter: „Da kauft man sie. Aber du, ich meine doch, wie und wo sie wachsen?“ Da konnte der Günther wirklich nur lachen. Er sagte zu ihr: „Aber na, in der Plastiktüte, mit kleinen runden Löchern drin, damit sie Luft kriegen. Mal sind die Tüten weiß, mal rosa. Also das weiß doch jeder!“
Da wunderte sich die Oma sehr.

(Susanne Kilian 1976)

Der Text regt an, Obst- und Gemüsesorten näher kennenzulernen, z. B. wo und wie sie wachsen und in welche Jahreszeit die Ernte fällt. Die Kinder können auch verschiedene Beeren- und Baumfrüchte, Stein- und Kernobst, Südfrüchte und einheimisches Obst zuordnen. Weitere Möglichkeiten sind Geschmacksproben (Obst- und Gemüse-Kim), Zubereitung von Obstsalat, Obstkuchen und Kompott, Malen und Kleben der Früchte und Obstbäume, der Besuch einer Gärtnerei und eines Gartens.

Entdeckungstour „Müll“

Informationen

Der deutsche Müllberg ist etwa so hoch wie das Matterhorn (4478 Meter). Nach Auskunft der Umweltschutzorganisationen, wie z. B. dem BUND, war der Durchschnittsmülleimer 1990 ungefähr zu 42% mit Küchenabfällen, zu 20% mit Papier und Pappe, zu 11% mit Glas, 11% mit Feinmüll, 8% mit Kunststoffen, 4% mit Metallen und zu 2% mit Holz, Leder, Gummi u. ä. gefüllt. Das alles wird zwar mit dem Müllauto auf die Müllhalde transportiert, das Müllproblem sind wir deswegen jedoch nicht los. Erstens, weil wir kaum noch Platz haben, um diesen Müll fern von Wohngebieten zu lagern; zweitens gibt es Müll, der verbrannt wird, und durch dessen Verbrennung in Müllverbrennungsanlagen zum Teil hochgiftige Gase verursacht werden, die sich auch durch Filteranlagen nicht ganz auffangen lassen.
Die meisten Kunststoffverpackungen lassen sich nur schwer zusammenquetschen. Wie durch ein Wunder nehmen z. B. Plastikbecher in der Deponie wieder ihre alte Form an. So wächst der Müllberg ins Unendliche. In der Bundesrepublik werden pro Jahr sechs Miliarden Joghurtbecher hergestellt. Aber auch Styroporschalen, Folien, Plastiktüten und Quarkbecher lassen den Mülleimer überquellen. Sogar Bleistifte und Kugelschreiber werden für den Supermarkt extra in Folie eingeschweißt. Dieser Müll hält sich auf Deponien Jahrzehnte, wenn er nicht verbrannt wird.
Die Müllhalde muß aber nicht die Endstation des Mülls sein. Viele Dinge können wiederverwertet werden. Würden alle Bundesbürger ihre Einwegflaschen in den Flaschencontainer werfen, das sind 900 Millionen Flaschen pro Jahr, könnte der Müllberg schon um 10% schrumpfen. Noch besser wäre es natürlich, die Verbraucher würden auf Mehrwegflaschen umsteigen, die sich 25mal füllen lassen.
Viele Mitbürger laden auch ihren häuslichen Giftmüll in den Mülleimer, was entscheidend zur Verseuchung des Grundwassers beiträgt. Haushaltsgifte sind Arzneimittel, Putzmittel, WC-Reiniger, Farben, Fleckenwasser,

Holzschutzmittel und andere Chemikalien. Selbst kleine Haushaltsmengen multiplizieren sich millionenfach. Sowohl beim Verbrennen wie bei der Verrottung dieses Giftmülls entstehen giftige Gase.

Und so sieht es etwa in einem bundesdeutschen Mülleimer aus. Zu einem ganz großen Teil (42%) ist er mit organischem Abfall gefüllt, der auf den Komposthaufen gehört.

Aber auch viele andere Stoffe, wie Altpapier, Dosen, Flaschen und anderes gehören nicht in den Mülleimer, weil sie sich wieder verwerten lassen.

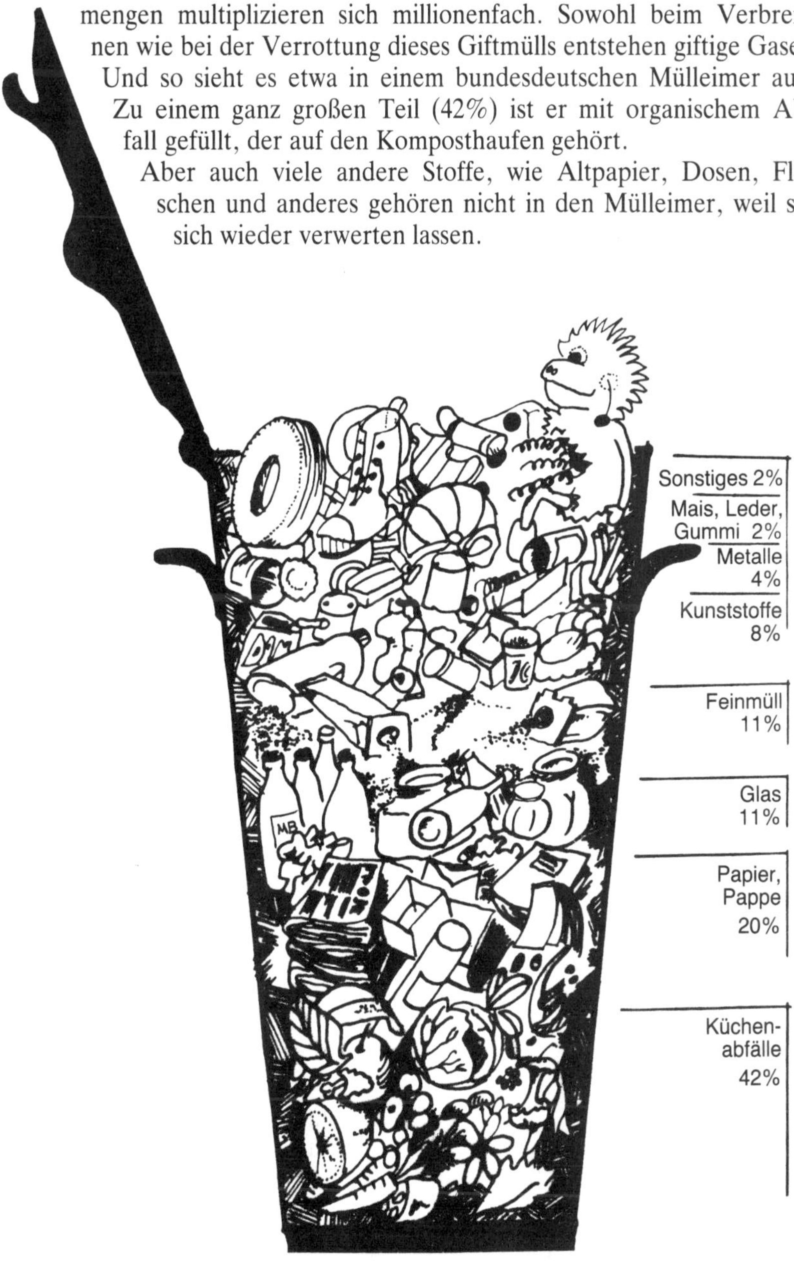

Abfalliste/Übersicht

Abfall	Anteil	Vermeidungs-/Verwertungsmöglichkeit
organischer Abfall	42%	Kompostierung
Papier/Pappe	20%	Wiederverwertung (Recycling)
Glas	11%	Pfandflaschen; Wiederverwertung
Feinmüll, Asche	11%	z. T. kompostierbar, Müll
Kunststoffe	8%	z. T. recyclebar
Blech/Alu	4%	vermeiden
Stoff, Holz, Leder	2%	zum Basteln

Die restlichen 2% gehören dann tatsächlich in den Mülleimer.

Organischer Müll	*Metalle*	*Sondermüll*
Kaffeefilter	alte Nägel	Öl
Obstschalen	Joghurtdeckel	Lacke, Farbreste
Eierschalen	Dosen	Putzmittel
Teesatz	Alufolie	Medikamente
Gemüseabfälle	Tuben	Pflanzenschutzmittel
		Batterien
		Kugelschreiber-, Filzschreiberminen
Papier/Pappe	*Kunststoff*	*Mischmaterialien*
Schulhefte	Quarkbecher	Kaffeetüten
Zeitungen	Joghurtbecher	Glasdeckel
Reklamezettel	Styropor	Kronkorken
Briefumschläge	Plastiktüten	Glühbirnen
Eierkartons	Frischhaltefolie	Safttüten
Malpapier	Plastikgeschirr	Pappteller (beschichtet)

Pädagogische Absichten

Der Müll muß drastisch reduziert werden. Dabei können Kinder nicht nur helfen, sie können auch die Erwachsenen dazu motivieren, besser auf ihr eigenes Umweltverhalten zu achten. Kinder erfahren, daß Müll durchaus wertvoll sein kann, weil sich viele Dinge finden lassen, die wieder zu verwerten sind, und aus denen man schöne neue Dinge „zaubern" kann.
Jedes kleine Kind kann dazu beitragen, unseren Müllberg zu reduzieren. Das beginnt damit, daß keine überflüssig verpackten, unnütz in Folien eingeschweißten Gegenstände und Lebensmittel gekauft werden. Wenn Kinder die Eltern an den Einkaufskorb oder das Netz erinnern, wird es viel wirkungsvoller sein, als die Erhöhung des Preises für Plastiktüten.
In erster Linie geht es also um Müllvermeidung. Da, wo wir Müll trotz aller Weitsicht produzieren, gilt es, Müll zu sortieren. Auch hierbei ist zu beob-

achten, daß schon Kindergartenkinder dies oft viel ernster nehmen als ihre Eltern und schnell in der Lage sind, die richtigen Behältnisse für den Müll zu finden. Überall stehen inzwischen Müllcontainer. Die Müllhalde muß also nicht die Endstation unseres Mülls sein. Den Begriff des „Recyclings" können die Kinder direkt an der Papierherstellung bei unserer Entdekkungstour erlernen.
Die Kinder sollen nicht einfach nur in einen „Sammel- und Sortierrausch" verfallen und so Wettbewerbsgeist entwickeln, sie sollen in lebensnahen Situationen Erfahrungen sammeln und sich in der spielerischen Bewältigung dieser Situationen als handlungsfähig erleben.
Um die Aufmerksamkeit der Kinder zu wecken und ihnen Möglichkeiten zu bieten, ihre Entdeckerfreude auszuleben, bedienen wir uns auch bei dieser Entdeckungstour solcher Methoden, die besonders anschaulich sind und ein hohes Maß an Eigenaktivität vom Kind verlangen. Hierzu gehören Gespräche, Ausflüge, Müllsammelaktionen ebenso wie Experimente, Spiele, Basteln und Gestalten und ein Müllfest mit kreativen Angeboten.

Ziele

Die Kinder wissen
- daß wir Menschen „Müllprobleme" haben, die nur deswegen so wenig auffallen, weil die Müllabfuhr so gut funktioniert;
- daß jeder Haushalt, auch Kindergarten, Hort und Grundschule Müll produzieren;
- daß mehr als die Hälfte des von uns produzierten Mülls wiederverwertbar ist, Müll also auch wertvoll sein kann;
- daß es giftigen Müll gibt, der die Umwelt schädigen kann;
- daß Papier, Glas, Stoff, Metalle und Verpackungsmaterialien nicht in den Mülleimer gehören, da sie sich wiederverwenden (recyceln) lassen;
- daß Abfallvermeidung vor Abfallverringerung geht, Abfallverringerung vor Abfallverwertung und Abfallverwertung vor Abfallbeseitigung;
- daß es zur Plastiktüte, zur Einwegflasche, zur Getränkedose, zum Tetrapack und folienverschweißten Obst, den mehrfach verpackten Süßwaren und anderen Dingen des täglichen Lebens umweltverträgliche Alternativen gibt.

Die Kinder sind in der Lage,
- sparsam mit Rohstoffen umzugehen (Papier, Holz und anderen Bastelmaterialien);

- Abfallgruppen zu unterscheiden, um Müll getrennt sortieren zu können (Glas, Konserven, Altpapier und Pappe in die dafür vorgesehenen Container),
- beim Einkauf (allein und mit den Eltert) auf Recyclingprodukte zu achten (z.B. auf Umweltschutz-Schreibpapier-, Toilettenpapier und Taschentücher).

Die Kinder können
- mit vielfältigen Müll- und Wegwerfmaterialien experimentieren und schöpferisch gestalten;
- mit scheinbar wertlosem Material ideen- und abwechslungsreich spielen.

Die Kinder entdecken,
- daß in scheinbar wertlosem Müllmaterial zahlreiche Anlässe für lustvolles Spiel und Tätigsein stecken.

Praxisbeispiele

Müllspaziergang

Die Erzieherin/Lehrerin kommt mit einem großen Müllsack in die Gruppe, trägt an den Händen große Arbeitshandschuhe und lädt zum „Müllspaziergang" ein. Auch die Kinder können als „Müllwerker" hergerichtet werden. Notwendig sind auf jeden Fall Handschuhe (Gartenhandschuhe tun es auch).

Müll-Liste

Müllart	Anzahl	Fundort

Auf dem Spaziergang rund um das Gelände der Einrichtung wird alles aufgesammelt, was nicht auf den Bürgersteig, in den Rinnstein und die Rabatten gehört.
Auf dem Grundstück des Kindergartens wird der Müll entleert und sortiert. Die Behälter, in denen der Müll zunächst einmal gesammelt wird, wurden vorher von Erziehern, Eltern und Kinder gemeinsam hergestellt. Um zu verdeutlichen, welchen Müll manche Leute einfach auf den Weg werfen, können wir eine Müll-Liste, ein Müllbild, eine Müllcollage oder ein Müllobjekt anfertigen. Für die kleineren Kindergartenkinder wird die Müll-Liste mit Symbolen versehen, während die Hortkinder ihre Schreibkünste unter Beweis stellen können.

Für unseren „Müllspaziergang" stellen wir gemeinsam einige Vorüberlegungen an:

1. Auswahl eines Spazierweges, der eine relativ große „Ausbeute" verspricht.
2. Anfertigung von Müllbehältern (z.B. aus Kartons, Waschmitteltrommeln, alten Papierkörben).
3. Feststellen, wo sich im Ort Müllcontainer befinden, in die der Müll dann entsorgt wird.
4. Transportmittel organisieren (Bollerwagen).
5. Müll-Liste anfertigen.
6. Nachbereitung (z.B. Gespräche, Malen, Basteln).

Gespräche

Im Auswertungsgespräch wird herausgearbeitet, daß es Menschen gibt, die ihren Müll unachtsam wegwerfen, daß aber auch genügend Möglichkeiten vorhanden sind, den Müll sachgemäß zu entsorgen. Die Kinder werden selbst Vorschläge für eine Entsorgung machen, die wir dann aufgreifen. Ein weiterer Impuls könnte sein, darüber nachzudenken, ob auf unserem „Müllspaziergang" genügend Müllbehältnisse vorhanden waren oder ob sich die Kinder zusammen mit Erzieherinnen und Eltern an die Stadtverwaltung oder Kommunalpolitiker wenden sollten, um die Anschaffung von Müllbehältern anzuregen.

Plakat und Collage

Die Kinder fertigen ein Müllplakat an (als Collage oder Zeichnung), um zu verdeutlichen, was die Menschen alles in die Gegend werfen. Das Plakat soll auch Hinweise geben, was die Kinder gegen diesen „Müllnotstand“ zu tun gedenken. Plakattitel könnten sein: „So sieht es vor unserem Kindergarten (Hort/Schule) aus“, „Wir wehren uns gegen den vielen Müll!“ oder „Wir sammeln Müll und beseitigen ihn sachgerecht“.
Die Plakate bzw. mit gesammeltem Müll beklebten Collagen bringen wir an gut sichtbarer Stelle auf dem Kindergarten- bzw. Hortgelände an.

Abfallsortierspiel

In der Gruppe basteln wir verschiedene Abfallbehälter und besprechen, welche Abfälle in sie hineingehören. Nun werden die zuvor besorgten verschiedenen Materialien (verschiedene Abfälle wie Papier, Glas, Metall usw.) durcheinandergebracht, und die Kinder versuchen, alles in die richtigen Behältnisse zu sortieren.

Abfallrollenspiel

Der Kaufmannsladen im Kindergarten wird zum „Supermarkt“, in dem die Verkäuferin versucht, den Käufern möglichst viele Dinge zu verkaufen, die nicht gerade umweltfreundlich sind: Plastiktüten, eingeschweißte Äpfel, Einwegflaschen, Tetra-Verpackungen, mehrfach verpackte Pralinen u. ä. Die Käufer haben die Aufgabe, der Verkäuferin im Gespräch deutlich zu machen, warum sie die so verpackten Waren nicht haben möchten.

Das Lied vom Müllmann Peter

1. Der Müllmann Peter welch ein Glück, läßt bei uns keinen Müll zurück.
   Die Müllcontainer stehn vorm Haus, der Müllmann Peter leert sie aus.
2. Der Peter, der fährt gleich davon, die andren Leute warten schon.
   So ists für alle angenehm und auch so wunderbar bequem.

3. Gäbs bei uns keine Müllabfuhr, der Müllmann Peter wäre stur.
Macht keiner unsren Müll mehr weg, dann säßen wir ganz schön im Dreck.
4. Ohne Müllmann, oh, wie dumm, da kämen wir im Müll längst um.
Drum danken wir dir jetzt dafür, daß kein Müll liegt vor unsrer Tür.

(Melodie: Alte Schlagermelodie – Text: P. Brandt)

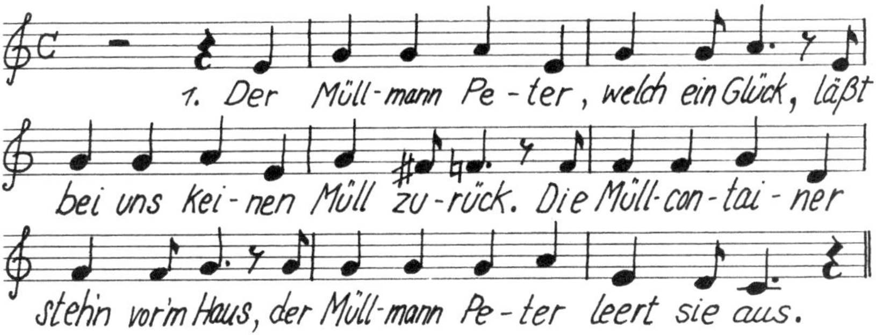

Große Müllsammelaktion

Nachdem wir vor einiger Zeit im kleinen Rahmen einen Müllspaziergang durchgeführt haben, wollen wir nun in einer möglichst groß angelegten Müllsammelaktion, die auch von der örtlichen Presse begleitet werden sollte, Mitbürger zum Mitmachen animieren.

Durch vorangegangene Gespräche in den Gruppen und eventuell im Rahmen eines Elternabends zum Thema „Kind und Umwelt“ sollte deutlich geworden sein, wo viel Müll in der Gegend herumliegt und nun gemeinsam von uns beseitigt werden kann.

Zu treffende Vorüberlegungen sind:

1. Wo können wir wirkungsvoll Müll sammeln (Park, öffentlicher Spielplatz, besonderer Stadtbezirk, Picknickgelände am See oder stadtnaher Wald).
2. Große Mülltüten und Behälter organisieren, in denen der Müll vorsortiert wird.
3. Klären, daß leere Müllcontainer zur „Endlagerung“ bereitstehen (Kontakt aufnehmen mit Stadtverwaltung oder Stadtwerken).
4. Elternabend einberufen. Eltern und andere Erwachsene für die Sammelaktion gewinnen.

5. Fahr- und Transportmöglichkeiten organisieren (Kontaktaufnahme mit Fuhrunternehmer und Stadtverwaltung).
6. Presse und Kommunalpolitiker einladen.
7. Müllwerker (Väter?) einladen.

Mit den Kindern ist vorher zu klären:
1. Was geschieht mit dem Müll, wohin gehört welche Müllsorte?
2. Wer kennt einen Altwarenhändler, der Metalle, Alu und Altpapier abkauft und für ein zusätzliches Taschengeld sorgt?
3. Wer weiß, wohin Pfandflaschen gebracht werden können und wieviel Geld man dafür bekommt?
4. Wo gibt es eine Mülldeponie, die wir gemeinsam besuchen können? Die Erzieherinnen/Lehrerinnen organisieren den Besuch.
5. Was ziehen wir an, damit wir uns nicht allzu schmutzig machen?

Nach unseren Erfahrungen eignen sich am besten für eine Müllsammelaktion größere Spielplätze, die nahegelegene Badestelle und Bereiche um die Einrichtung herum.
Der Müll wird anschließend zu den entsprechenden Stellen transportiert. Enden kann die ganze Aktion mit Kaffee, Saft und Kuchen für alle kleinen und großen Müllsammler.

Sachen-Sucher-Spiel

Hort- und Schulkinder bekommen eine Liste, Kindergartenkinder bekommen die Dinge mündlich mitgeteilt oder aufgezeichnet, die sie, wie einst Pippi Langstrumpf, suchen sollen. Für die Kleineren sollte die Liste der zu sammelnden Dinge höchstens fünf Punkte umfassen. Das könnten sein:
1. Etwas Lebendiges
2. Etwas besonders Weiches
3. Etwas besonders Umweltfreundliches
4. Etwas besonders Stacheliges
5. Etwas Glitzerndes u. a. m.

Die Kinder können auch zu zweit oder zu dritt gehen. Gelände bzw. Gebiet wurde vorher angesprochen. Das hat den Vorteil, daß die Kinder gemeinsam abklären müssen und die Relativität von Einschätzungen kennenlernen.

Such-Parcours

In einem vorher zu bestimmenden Gelände müssen die Kinder die Dinge entdecken, welche nicht durch die Natur hierher gebracht wurden. Das sollten Dinge sein, die je nach Alter und Erfahrungsstand der Kinder, vorher von der Pädagogin entsprechend ausgewählt wurden. Im Garten könnten z. B. Südfrüchte liegen. Im Baum zwei Glühbirnen hängen, im Glascontainer Papier und auf dem Komposthaufen eine Flasche. Der Fantasie sind keine Grenzen gesetzt.

Das Meer hat Bauchweh

Aus alten Müllsäcken oder blauer Futterseide, eine dunkle Plane aus der Landwirtschaft tut's auch, nähen wir ein „Meer". In manchem Kindergarten oder Hort wird es auch richtige Schwungtücher geben. Die sehen dann nur nicht so schön nach Meer aus. Alle Kinder fassen das „Meer" nun an den Rändern an und machen kleine und große Wellen. Die Kinder können einen Sturm entstehen lassen (blasen), das Meer kann sich aber auch wieder beruhigen. Die Pädagogin erzählt nun eine improvisierte Geschichte vom Meer. Dabei kann es z. B. darum gehen, daß das Meer Bauchweh hat, weil die Menschen soviel Müll hineinwerfen. Die Pädagogin kann auch Gegenstände, die den Müll symbolisieren (z. B. Papier und Pappe) in das „Meer" werfen, und die Kinder müssen versuchen, den Müll wieder aus dem Meer hinaus zu befördern.

Variationen: Die Gruppe in „Umweltschützer“ und „Umweltverschmutzer“ aufgeteilt. Während die eine Gruppe den Müll ins Meer hineinwirft, versucht die andere es durch Bewegung des Schwungtuches wieder hinaus zu befördern. In der Regel wird diese Variation von den etwas größeren Kindern bevorzugt.
Oder: Das „Meer“ wird von einem Teil der Kinder bewegt. Ein anderer Teil spielt die Fische, die sich unter dem Tuch bewegen.

Wattwanderung

Mit Kreide wird eine Insel auf den Boden gezeichnet, oder Reifen werden als Inseln ausgelegt. Jeder Reifen bzw. Kreis stellt eine Insel für sich dar. Die Erzieherin erzählt eine Geschichte, in der die Begriffe Ebbe und Flut (die zuvor natürlich zu klären sind) immer wieder vorkommen. Fällt das Wort Flut, müssen alle Wattwanderer eine Insel aufsuchen. Bei Ebbe darf weiter gewandert werden.

Die Burg

Für dieses Spiel benötigen wir zwei Gruppen. Eine Gruppe bildet durch Schulterschluß und Umfassen einen engen Kreis als „Burg“. Diese Kreisgruppe sind unsere Umweltschützer. Die andere Gruppe, die Umweltverschmutzer, wollen die Burg erobern, um sie verschmutzen zu können. Die Umweltschützer müssen sich absprechen, unter welchen Bedingungen sie den Kreis öffnen (z. B. wenn ein bestimmtes Argument oder Wort ins Ohr geflüstert oder eine Geste ausgeführt wird). Damit das „Durchbrechen“ nicht ganz unmöglich gemacht wird, ist die Gesprächshilfe der Erzieherin notwendig.

Abfallsong

Wir haben das Lied „Wasser ist zum Waschen da …“ umgetextet und singen nach der Melodie unseren „Abfallsong“:

1. Plastikkauf, das ist dumm, denn das nimmt uns're Umwelt krumm.
   Und will man es verbrennen, da kann man gleich erkennen:
2. Plastik stinkt ganz fürchterlich, und das mag uns're Umwelt nicht.
   Es läßt sich kaum vernichten, 'drum woll'n wir 'drauf verzichten.

3. Die Tetra-Packs sind auch noch da, falleri und fallera.
   Doch willst du Saft verputzen, sollst du ein Glas benutzen.
4. Saft, Milch und für die Eltern Bier, mein lieber Freund, das sag ich dir,
   mußt du in der Flasche kaufen, sonst wir uns die Haare raufen.
5. Die Flaschen bringen uns dann Pfand, das haben wir schon längst erkannt.
   Und ist man Umweltfreund wie wir, dann schützt man Pflanzen, Mensch und Tier.

Wir laden einen Vertreter der Müllabfuhr ein

Probleme der Müllentsorgung, die Situation der Menschen, die bei der Müllabfuhr arbeiten, das Verhalten der Menschen im Umgang mit Abfällen, die Arbeit in Mülldeponien können Themen sein, die in einem Gespräch mit Vertretern der Müllentsorgung erörtert werden können. Die Erzieherin bereitet das Gespräch vor und übernimmt die Rolle der Moderatorin. Gemeinsam wird überlegt, was jeder einzelne tun kann, um die Müllflut einzudämmen. Dabei kann es zu Lösungsvorschlägen wie diesen kommen:

- Die Kinder bringen keine Getränke mehr in Einwegpackungen mit, sondern kochen gemeinsam Tee oder Kakao. Die Einrichtung bestellt Getränke nur in Mehrwegflaschen.
- Das Brot wird in einer Brotdose aufbewahrt, die täglich wiederverwendbar ist, oder wir richten uns das Frühstück in Kindergarten und Hort selbst, achten dabei auch auf gesunde Ernährung.
- Wir verwenden als Malpapier auch Tapetenrollen, Makulaturpapier und Computerpapier. Die Erzieherinnen stellen z. B. Kontakte zur örtlichen Zeitung her und bitten (ggf. gegen einen geringen Betrag) um Restpapier aus der Zeitungsproduktion.
- Wir verzichten auf Plastiktüten und kaufen uns zusammen mit den Eltern oder der Erzieherin Stofftaschen, die wir mit umweltfreundlichen Farben bedrucken und künftig als Kindergarten- und Einkaufstaschen benutzen können. Auch für unsere Eltern stellen wir eine Tasche her. Die Kosten betragen pro Tasche zwischen 60 Pfennig und 1 DM.

Experimente mit Papier und Plastik

In der Regel sind kleine Kinder zwar motiviert, Müll zu sortieren und in die richtigen Behältnisse zu ordnen. Das Trennen von Papier und Plastik fällt ihnen jedoch noch schwer. Es bieten sich spielerische Experimente an, die zur Differenzierung beitragen.
Zunächst einmal richten wir einen Tisch mit unterschiedlichen Getränken her, wobei es nicht um den Inhalt, das Getränk, sondern um die Verpakkung geht. Die Kinder wählen sich ein Frühstücksgetränk aus. Dabei haben sie die Wahl zwischen einem Tetra-Pack-Getränk, einem Getränk in einer Pfandflasche, einem im Glas, das vorher aus einer Pfandflasche gefüllt wurde. Im Gespräch sollen die Kinder nun versuchen, herauszufinden, welches Kind das Getränk in der umweltfreundlichsten Verpackung gewählt hat. Dabei kommt zur Sprache, aus welchen Materialien die Verpackung besteht und was nach dem Genuß des Getränkes mit der nun überflüssigen Verpackung geschehen soll.
Um das Gespräch zu vertiefen und Unterschiede deutlich zu maachen, gehen wir mit einer feuerfesten Unterlage und einem Eimer Wasser (zum Löschen bei Gefahr) nach draußen und verbrennen den Pappbecher, den Tetra-Pack und zum Vergleich ein Stück Papier. Die Kinder haben vorher durch Befühlen und Reißversuche schon Unterschiede festgestellt und können nun erfahren, daß die Verbrennung von Plastik unangenehme Gerüche verursacht. Es wird deutlich, welch' ein Gestank durch Verbrennen von Müll, gerade durch unsachgemäß verbrannten, verursacht wird.

Tolle Sachen aus Müll

Kinder sammeln gerne. In den Hosentaschen manches Jungen verbirgt sich ein halbes „Umwelt- und Naturkundemuseum". An diese Sammelleidenschaft können wir gut anknüpfen. Welches Kind wurde nicht schon durch Astrid Lindgren's „Pippi Langstrumpf" zum Sachensuchen angeregt?! Auch Mark Twain's „Tom Sawyer" entdeckt lauter „Reichtümer" auf der Straße, die er im Laufe eines Vormittags gegen allerhand für ihn wichtige Dinge eintauscht. Wir wollen die Kinder anregen, Dinge aus ihrer Umwelt bewußt wahrzunehmen, mit offenen Augen durch die Welt zu gehen. In der Einrichtung können die gesammelten Gegenstände ausgelegt und gemeinsam betrachtet werden. Im Gespräch lassen sich dabei auch die Begriffe „schön" und „häßlich" in ihrer Subjektivität aufarbeiten. Gemeinsam denken wir über die Verwertung unserer gesammelten „Schätze“ nach und erfinden in unserer „Ideenfabrik“ Möglichkeiten der Müllpräsentation. Dabei gilt unser besonderes Augenmerk dem Unterhaltungs- und Spielwert sogenannten „nutzlosen“ Materials. Die Erzieherin hat die Aufgabe, Anregungen zu geben, Material zu beschaffen und durch Verstärkung die Kinder zu ermutigen. Die Kinder entdecken ihre instrumentellen Fähigkeiten und erfahren, daß Spielmaterial nicht immer teuer sein und gekauft werden muß. Auf den nächsten Seiten wollen wir einige Praxisanregungen geben.

Schüttelbilder

Eine flache Zigarrenkiste wird mit bunten Glasscherben, Kronkorken und beliebigen anderen Kleinmaterialien gefüllt. Als Deckel verwenden wir eine alte Fensterscheibe, die vom Erwachsenen entsprechend zurechtgeschnitten und „entschärft” wurde. Diese wird mit Klebeband an der Kiste befestigt, und fertig ist das Schüttelbild.

Dosentelefon

Nach Möglichkeit sollte auf den Kauf von Konservendosen verzichtet werden. Manche Dosen geben Zinn an die Lebensmittel ab, andere haben mit Blei verschlossene Nähte. Auch Lackierungen können Bleiausscheidungen nicht völlig verhindern.
Sollten sich dennoch Dosen auffinden, so können wir sie gründlich reinigen, ein Loch in die Mitte des Bodens bohren und ein Band mit einem Knoten am Ende darin befestigen.

Dosentelefon

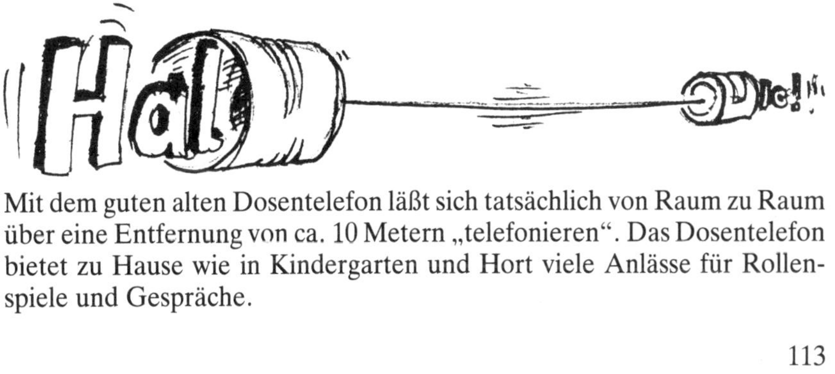

Mit dem guten alten Dosentelefon läßt sich tatsächlich von Raum zu Raum über eine Entfernung von ca. 10 Metern „telefonieren“. Das Dosentelefon bietet zu Hause wie in Kindergarten und Hort viele Anlässe für Rollenspiele und Gespräche.

Frottagen

Hierbei handelt es sich um eine einfache Technik, die den Kindern durch die Herstellung von Kinderpapiergeld in der Regel schon bekannt ist. Das Geldstück wird unter ein Stück Papier gelegt und mit einem weichen Bleistift, am besten ist ein Vollgraphitstift, über das Papier gerieben wird. Zur Herstellung von Frottagen eignen sich alle Materialien, die erkennbare Strukturen aufweisen. Sie lassen sich, wenn das reinste „Frottagefieber" ausgebrochen ist, dann gut zu einem „Wandteppich" zusammenbauen. Durch diese Technik entwickeln die Kinder ein Gefühl für genaues Betrachten von Gegenständen. Sie betrachten ihre Fundstücke genau, um zu prüfen, ob sie für diese Technik verwertbar sind. Auch der Tastsinn wird geschult, da mit den Händen die Struktur auf ihre „Rubbelfähigkeit" hin überprüft werden muß.

Frottage-Beispiele

Geldstück

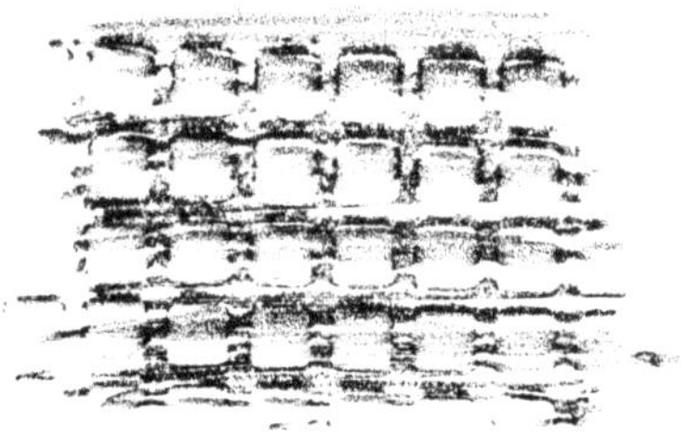

Heizungs-abdeckung

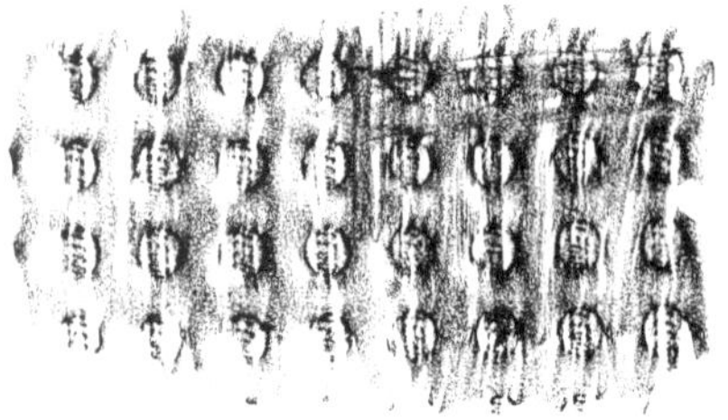

Lego-platte

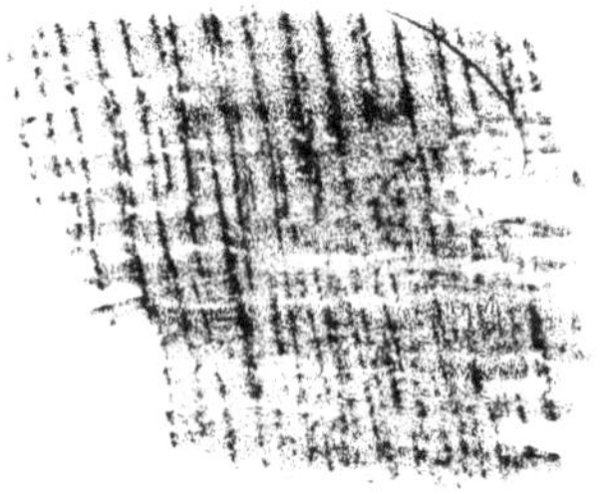

Holz

Mit den Frottagen können die Kinder ein Ratespiel durchführen, bei dem die Fundstücke den Rubbelbildern zugeordnet werden müssen.

Müllobjekte und Müllmuseum

Müllobjekte können aus allen gesammelten Materialien entstehen. Seien es nun Bonbonpapiere, zusammengedrückte Dosen, Glühlampenfassungen, Kronkorken oder andere Dinge. Sie lassen sich in Gips drücken und zu einem Gipsrelief verarbeiten. Die Materialien können zu einer Figur zusammengebaut oder zu einem Stilleben kreiert werden. Den Kindern selbst fallen geeignete Präsentationsformen ein, wenn wir ihnen genügend Gegenstände zur Verfügung stellen wie Gips, Knetmasse, unterschiedliche Klebstoffe, Holzplatten, Plakatwände, Nägel, Kartons, Band und anderes mehr. Die scheinbar „häßlichen" Übrigbleibsel unserer Wohlstandsgesellschaft bekommen eine ästhetische Dimension. In erweitertem Rahmen läßt sich in der Einrichtung für einen bestimmten Zeitraum ein „Müllmuseum" oder ein „Miniaturschrottplatz" einrichten.

Verpackungsmonster

Aus allen möglichen Verpackungsmaterialien bauen die Kinder ein Verpackungsmonster. Als Materialien bieten sich an: Kartons, Schachteln, verschiedene Pappen, Behältnisse jeder Art, Papiere, Bänder und Folien.

Variation: Aus Schachteln jeglicher Art werden Autos, Schiffe, Marionetten und Tiere hergestellt.

Müllmodenschau

Aus ihren „Fundstücken" stellen die Kinder Verkleidungen her, die sie auf einer Müllmodenschau präsentieren. Die Modelle können obendrein mit fantasievollen Namen versehen werden. Eventuell muß hier die Erzieherin Anregungen geben. Manche Kinder werden es gewohnt sein, fertige Kostüme zu bekommen oder zumindest eine Klamottenkiste zum Stöbern zu haben. Die Müllmodenschau setzt jedoch voraus, daß die Kinder mit Genehmigung der Elternn, überall zu Hause auf Entdeckungstour gehen, um im Keller, Schuppen, in der Küche oder auf dem Dachboden brauchbare Sachen zu finden. Schafft es die Erzieherin, sich selbst in ein Müllkostüm zu hüllen, mit Lametta und anderen Verpackungsmaterialien zu behängen (Alu-Folie), werden auch die Kinder entsprechende Ideen entwickeln und Mut zum Ungewöhnlichen bekommen.

Materialien für die Modenschau: Folien, Lametta, Klebeband, Heftklammern, Tüll, Taft, Säcke aus Plastik und Jute, Kartons, Topfreiniger, alte Kartenspiele, Orangennetze, Wellpappe, Spitzenreste, Kabel, Schläuche, Draht, Schnüre, Wollreste, Füllmaterialien.

„Müllesel" aus Fahrradfelgen

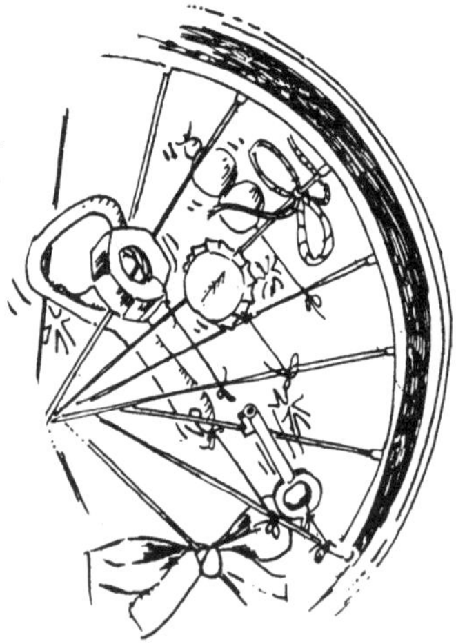

Im Sperrmüll, im eigenen Keller oder im Fahrradgeschäft kann man alte Fahrradfelgen auftreiben. Diese lassen sich bunt schmücken, mit Bändern, Papier- und Alustreifen. Auch geräuscherzeugende Dinge lassen sich in die Felge einarbeiten (auf einen Faden gezogenene Kronkorken, alte Schüssel u. ä.). Dann benötigen die Kinder noch einen Stock, mit dem der „Müllesel" vorwärtsgetrieben wird.

Pappschachteltraumstadt

Aus Pappschachteln, Dosen, Toilettenpapierrollen, Styroporplatten und anderen Abfallmaterialien bauen wir eine Traumstadt. Es kann auch eine Puppenstube aus alten Pappkartons entstehen. Die Figuren dazu werden entweder aus Pappmaché, Knetmasse oder Ton hergestellt. Die Arbeit läßt sich sinnvollerweise als Gruppenbauwerk planen. Jedes Kind bekommt dabei, nach einer gemeinsamen Besprechung, einen Auftrag. Unterschiedliche Vorstellungen und Fertigkeiten der Kinder sind bei der Planung zu berücksichtigen. So werden nicht nur instrumentelle, sondern auch soziale Fähigkeiten vermittelt.

Panikorchester

Für diese Spielaktion legt die Erzieherin im Gruppenraum verschiedene Gegenstände aus: Flaschen, Kronkorken, Schüsseln, Waschmittelkartons, Zigarrenkisten, Glühbirnen, Zeitungspapier, Holzperlen, eine Fahrradfelge und andere Utensilien. Aus den verschiedenen Abfallmaterialien lassen sich wunderschöne Instrumente herstellen, die sich zum Musizieren im „Panikorchester" eignen.

Da gibt es z.B. die Möglichkeit, in unterschiedlich große Flaschen zu blasen, sie mit Wasser zu füllen und mit einem Stock zum Klingen zu bringen (die Wassermenge bestimmt die Tonhöhe). Wir können Kronkorken, die mit einem Loch in der Mitte versehen werden, zu einem Rasselarmband zusammenbinden oder eine Fahrradfelge zum Lärminstrument umbauen, indem wir alles, was Geräusche erzeugen kann, dranhängen (Metallringe, Schlüssel, Perlen). Auch Rasseln lassen sich aus unterschiedlichen Materialien herstellen. Da gibt es Joghurtbecherrasseln: Joghurtbecher werden mit Sand, Erbsen, kleinen Steinen oder Holzstückchen gefüllt. Ein Papier wird mit Klebeband oder einer Schnur befestigt und fertig ist der Schüttelbecher. Auch aus einer ausgebrannten Glühbirne und Zeitungspapier läßt sich eine zünftige Rassel anfertigen: Die Glühbirne wird mit Kleisterpapierschnitzeln in mehreren Schichten umklebt. Das Ganze muß trocknen und kann dann bemalt werden. Anschließend wird die Glühbirne auf den Boden geworfen, damit das Innere zerplatzt und das Glas in der Papphülle rasselt.
Aus einer alten Zigarrenschachtel und Gummibändern läßt sich ein Zupfinstrument herstellen.

Gummibandzigarrenkistenharfe

Alte Waschmittelkartons lassen sich mit fester Folie oder „Elefantenhaut" schließen, schon haben die Kinder eine Trommel. In kleine Blumentöpfe können wir dicke Holzperlen hängen und als Glockenspiel benutzen. Zum Zupfen eignen sich alte Eierschneider, gereinigte Kämme (zusammen mit Butterbrotpapier auch als Blasinstrument) und verschiedene in einen Holzblock geschlagene Nägel, die mit Nylonschnüren bespannt werden. Um ein Tamburin aus Abfallmaterialien herzustellen, benötigen wir einen Waschmitteltrommel-Deckel, um dessen Rand ein Kranz mit auf Band aufgezogenen Kronkorken befestigt wird. Die Kinder können die hergestellten Klangkörper ausprobieren und mit ihnen experimentieren. Es lassen sich auch mehrere Gegenstände zu einem neuartigen Instrument zusammenbauen und neue Klangmöglichkeiten entdecken. Die Kinder können ihre Klangerzeuger untereinander tauschen und sich zu einem Orchester zusammenfinden, dem „Panikorchester".

Eierkartonmasken

Die Eierkartons werden zerschnitten. In je zwei Vertiefungen schneiden die Kinder Löcher für die Augen ein. Die Seiten werden mit Gummiband versehen. So lassen sich lustige Brillen oder Vogelmasken herstellen.

Eierkartonlabyrinth

Hierzu benötigen wir Eierkartonpaletten. Die Vertiefungen werden mit einem Start- und Zielpunkt und Wegen versehen. Der Weg wird mit einer Murmel zurückgelegt, dazu muß der Eierkarton entsprechend bewegt werden. Wer dieses Spiel als Wettspiel durchführen möchte, muß die Zeit stoppen.

Joghurtbechermemory

Zunächst einmal benötigen wir etwa zehn Gegenstandspaare wie z.B. zwei Kastanien, zwei Murmeln, zwei Blätter, zwei Büroklammern o.ä. Diese Dinge werden unter Joghurtbechern versteckt. Durch Anheben der Becher müssen die Paare gefunden werden. Jedes Kind darf zwei Becher heben. Wenn es zwei gleiche Dinge gefunden hat, darf es diese behalten und die nächsten Becher untersuchen, sonst kommt das nächste Kind an die Reihe.
Für besondere Festtage, z.B. Geburtstage, kann man auch kleine Geschenke unter den Bechern verstecken. Gut eignen sich auch für das Spiel ausgediente Hyazinthenhüte.

Mülltauschspiel

Wir haben mit den Eltern abgeklärt, daß die Kinder einige überflüssige Dinge, ausrangiertes Spielmaterial oder Trödelmaterial in die Einrichtung mitbringen.
Alle Gegenstände legen wir in die Mitte eines Sitzkreises und würfeln nun abwechselnd. Wer eine „Sechs" gewürfelt hat, darf sich ein Stück aus der Mitte nehmen. Wer eine „Eins" würfelt, legt etwas zurück. Das Spiel ist beendet, wenn keine Gegenstände mehr in der Mitte liegen. Die Gegenstände dürfen die Kinder behalten oder anschließend untereinander tauschen. Die Erzieherin achtet darauf, daß niemand leer ausgeht.

Müllsackdrachen

Der Müllsackdrachen wird aus einem großen, meist blauen oder grauen, aufgeschlitzten Müllsack hergestellt. Er fliegt ganz besonders gut. Die Löcher, an denen die Schnur befestigt wird, müssen wir verstärken, damit sie nicht ausreißen.

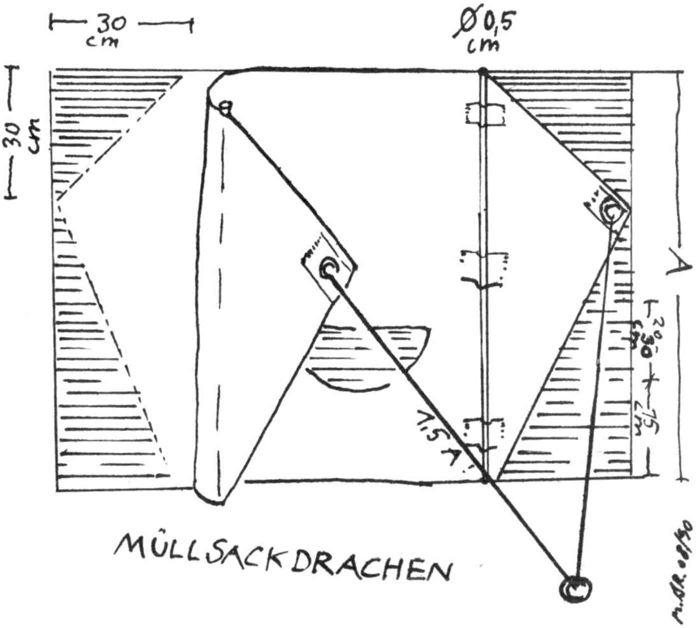

Papier-Recycling mit Kindern

Die Kinder erfahren von der Erzieherin, daß unter dem Begriff „Recycling“ die Wiederverwendung bereits benutzter Rohstoffe verstanden wird. Recycling hat zwei wesentliche Aufgaben:

1. Die Umwelt soll durch Mülleinsparung entlastet werden.
2. Naturreserven und Rohstoffvorkommen sollen geschont und erhalten werden. Recycling kann aber nur gelingen, wenn in allen Haushalten der Müll sortiert wird.

Zum Recyceln eignen sich Papier und Pappe, Glas, Schrott, Metalle, Zinn, Weißblech, Gummi, Kunststoff und Altreifen.
Wir wollen uns mit dem Recycling von Papier beschäftigen.
Papier benötigen wir in vielen Lebensbereichen und zu ganz unterschiedlichen Zwecken. Kinder können leicht feststellen, wozu im Laufe des Tages Papier benötigt wird: zum Basteln, Malen, Beschreiben, für Postkarten, Briefpapier, Küchen- und Toilettenpapier, Taschentücher, Tee- und Kaffeefilter, für Geldscheine, Einwickelpapier und „Schatzkarten“.
Wenn wir ein Stück Papier vorsichtig zerreißen, können die Kinder feststellen, daß es aus vielen kleinen Fasern, nämlich Holzfasern, besteht.

Die Erzieherin erzählt den Kindern:
„Die Papierherstellung haben die Menschen von den Wespen abgeguckt. Die Wespe reißt sich kleine Holzfasern von Bäumen und Holzwänden ab und speichelt diese gut ein, so daß ein flüssiger Brei entsteht. Diese Breiwände sind dann sehr stabil, wenn sie getrocknet sind. Die Chinesen haben schon vor über 2000 Jahren aus Fasern von Bambus und vom Maulbeerbaum einen Brei hergestellt, den sie abschöpften, preßten und trockneten, bis aus ihm Papier wurde. Ebenso werden wir aus Altpapier neues Papier herstellen.“
Papierherstellung macht Spaß. Schon kleine Kinder können alle Arbeitsvorgänge leicht nachvollziehen und nach kurzer Zeit des Übens selbständig durchführen. Der Herstellungsvorgang vermittelt nicht nur Kenntnisse, sondern bietet auch Beschäftigungsformen, die der kindlichen Natur entgegenkommen (Reißen, Matschen, Brei rühren). Wie das Papier entsteht und warum es nicht so weiß ist, wie das Gekaufte, erfahren die Kinder unmittelbar beim Herstellungsprozeß. Über die einzelnen Arbeitsgänge geben die nebenstehenden Illustrationen Auskunft.

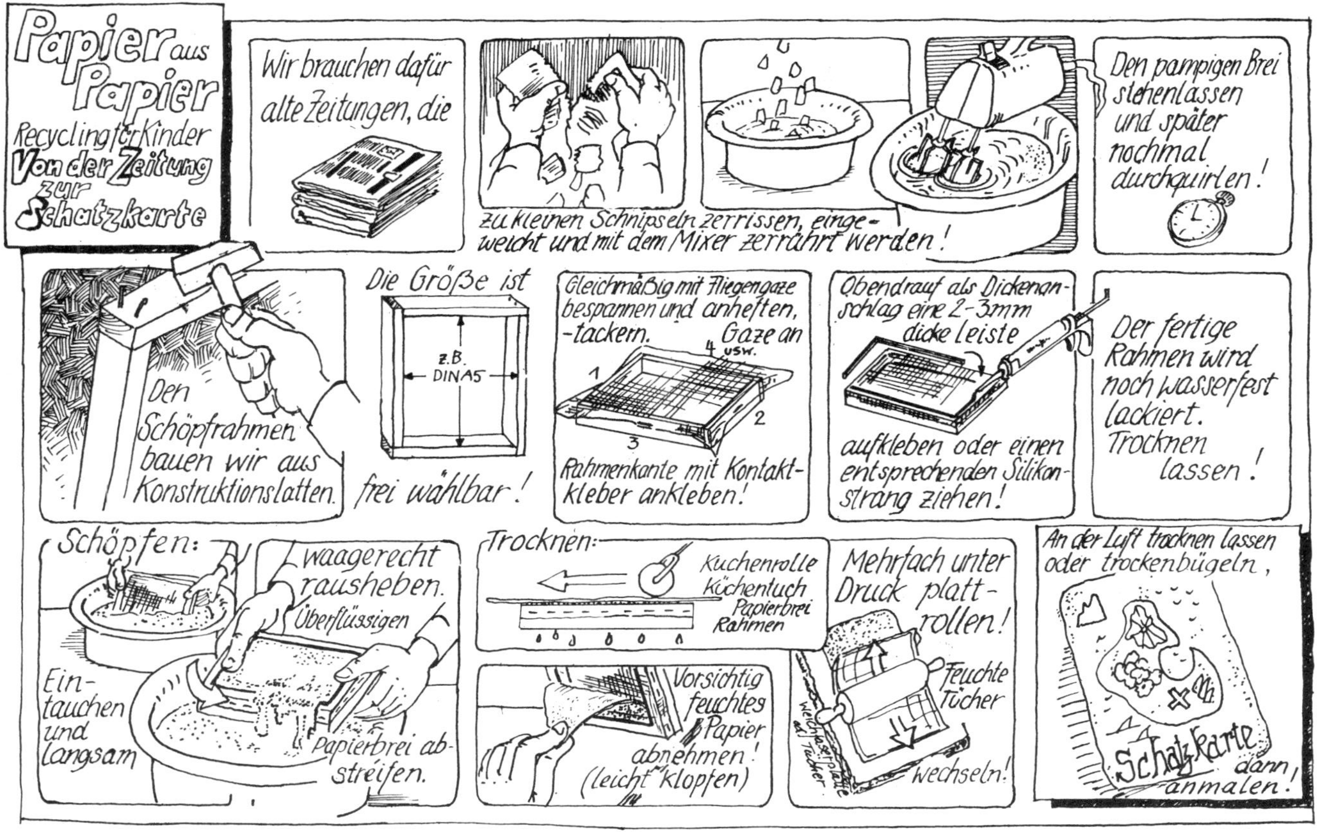

Papier aus Papier
Recycling für Kinder
Von der Zeitung zur Schatzkarte
Wir brauchen dafür alte Zeitungen, die
zu kleinen Schnipseln zerrissen, eingeweicht und mit dem Mixer zerrührt werden!
Den pampigen Brei stehenlassen und später nochmal durchquirlen!
Den Schöpfrahmen bauen wir aus Konstruktionslatten.
Die Größe ist
z.B. DIN A5
frei wählbar!
Gleichmäßig mit Fliegengaze bespannen und anheften, -tackern.
Gaze an
1
2
3
4 usw.
Rahmenkante mit Kontaktkleber ankleben!
Obendrauf als Dickenanschlag eine 2-3mm dicke Leiste
aufkleben oder einen entsprechenden Silikonstrang ziehen!
Der fertige Rahmen wird noch wasserfest lackiert. Trocknen lassen!
Schöpfen:
Eintauchen und langsam
waagerecht rausheben.
Überflüssigen
Papierbrei abstreifen.
Trocknen:
Küchenrolle
Küchentuch
Papierbrei
Rahmen
Vorsichtig feuchtes Papier abnehmen! (leicht klopfen)
Mehrfach unter Druck plattrollen!
Feuchte Tücher
wechseln!
Weichfaserplatte od. Tücher
An der Luft trocknen lassen oder trockenbügeln,
Schatzkarte
dann anmalen!

Ergänzend zu unserer Recycling-Beschreibung sei gesagt, daß es sich bei der Sache um eine feuchte Angelegenheit handelt. Es empfiehlt sich, einen Raum auszusuchen, der ein Fußbad vertragen und leicht gewischt werden kann. Eine Wasserquelle sollte in der Nähe sein. Papier schöpft man am besten zu zweit. Wenn Erwachsene und größere, erfahrene Kinder zur Seite stehen, geht's natürlich noch besser. Es können, soweit mehrere Schöpfrahmen vorhanden sind, auch mehrere Kinder parallel zueinander arbeiten. Jeweils ein Kind schöpft das Papier, ein anderes preßt das Wasser heraus, und das nächste Kind trocknet das Papier.
Man benötigt beim Papierschöpfen viele trockene, alte Tücher und genügend Ablagemöglichkeiten für das noch feuchte Papier. Für die Kinder ist die Papierherstellung eine großartige Erfahrung. Sie erleben mit, wie ein Produkt durch ihrer Hände Arbeit entsteht. Kinder im schulpflichtigen Alter sind auch in der Lage, den Schöpfrahmen selbst herzustellen, den Jüngeren hilft die Erzieherin.

Gestalten und Spielen mit selbstgeschöpftem Papier

Was geschieht mit unserem selbstgeschöpften Papier? Bevor wir diese Frage klären, zeigen wir den Kindern verschiedene Stücke selbsthergestellter Papiere, die sie befühlen und vergleichen können. Auf ein großes Plakat werden die unterschiedlichen Papiere geklebt und der entsprechende Verwendungszweck dazugeschrieben oder aufgemalt. So klären wir grundsätzlich, wozu Papier notwendig ist, wann wir blütenweißes, besonders glattes Papier benötigen und wann z. B. das selbstgeschöpfte Papier nicht nur nützlich, sondern sogar besonders schön ist.

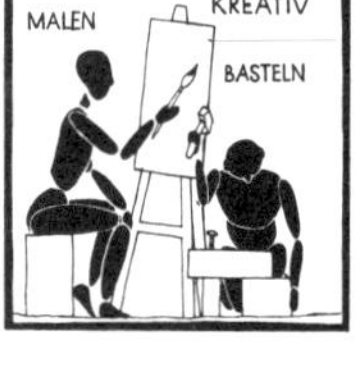

Malproben

Jedes Kind erhält mehrere Stücke selbsthergestelltes Papier und Malutensilien wie Farbstifte, Wachsmalkreiden, Tuschfarben, Kleisterfarben, Sand, Klebstoff, Woll- und Stoffreste und andere aufklebbare Dinge. Die Kinder können nun mit ihrem Papier frei experimentieren und Materialerfahrungen sammeln. Die praktische Erfahrung (learning by doing) bietet den Kindern wesentlich mehr, als es eine verbale Beschreibung tun könnte. Kinder experimentieren gerne. Die Übungen führen nicht nur zu einem geglückten Erlebnis, das Kind genießt es auch, eigenschöpferische Erfahrungen zu machen und selbst Lösungen für den sachgerechten Umgang mit einem neuen Material zu finden.

Karten und Bilderbuch

Besonders gut eignet sich das selbstgemachte Papier für Einladungs- und Glückwunschkarten (Einladung zum Elternabend: Wir präsentieren unsere Arbeitsergebnisse). Auch ein Bilderbuch läßt sich gestalten, und das Papier kann gebatikt werden.

Papierbatik

Unter Anleitung der Erzieherin/Lehrerin werden die Tische abgedeckt und Papier bereitgelegt. Sie zündet eine Kerze an und verteilt nach Belieben flüssiges Wachs auf dem Papier. Die gewachsten Stellen nehmen beim anschließenden Bemalen keine Farbe an und bleiben weiß. Der Papierbogen wird mit einer hellen Farbe bemalt, z. B. gelb. Trocknen lassen, alles, was gelb bleiben soll, wieder einwachsen, mit der nächstdunkleren Farbe anmalen usw. Zum Schluß legen wir mehrere Schichten Zeitungspapier übereinander und bügeln das Batikpapier aus.

Gesellschaftsspiele erfinden

Auf einem der größeren Papierstücke oder mehreren zusammengeklebten kleinen, stellen wir ein Spielfeld her. Jedes Kind zeichnet zehnpfenniggroße Kreise in das Spielfeld. Start und Ziel werden gekennzeichnet, die Felder nummeriert. Nun darf sich jedes Kind zwei oder drei Dinge überlegen, die derjenige tun muß, der ein ganz bestimmtes, vom Spielpartner gekennzeichnetes Spielfeld erreicht hat, z. B.: eine Reihe häkeln, ein Lied singen, den letzten Streich erzählen, berichten, worüber die Eltern das letzte Mal geschimpft haben, mit einem Kind den Pullover tauschen, einen bestimmten Gegenstand suchen u. ä. Jeweils drei bis vier Kinder stellen ein Spiel her, denken sich entsprechende Symbole für die zu verrichtenden Tätigkeiten aus und entwickeln ein möglichst eigenständiges „Brettspiel“.

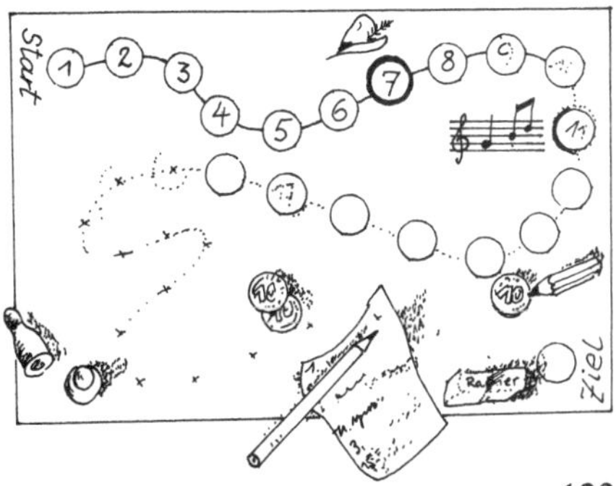

Die Schatzkarte

Aus unserem handgeschöpften Papier lassen sich sehr eindrucksvolle Schatzkarten herstellen. Solche, wie sie die echten Seeräuber auch gefertigt hätten. Dazu betrachten wir vielleicht vorher mit den Kindern altes Kartenmaterial, Schatzkarten und Indianerkarten, die die Erzieherin in einem Buch aus der örtlichen Bücherei entdeckt hat. Die Kinder bemalen ihre Karte dann mit geheimen Zeichen und Botschaften, deren Bedeutung wir uns vorher überlegt und in einem selbstgemachten Notizblock festgehalten haben. Als Schatzkennzeichnung können die Kinder an eine Stelle des Papiers ein klitzekleines Stück Goldpapier kleben. Das Ganze wird dann leicht geknüllt, etwas bekleckert und gegebenenfalls noch von der Erzieherin mit einer Kerze etwas angekokelt. Jetzt sieht die Karte schon sehr echt aus. Wir können auch mit den Kindern eine Karte anfertigen, die in etwa das Kindergarten-, Schul- und Hortgelände wiedergibt, d.h. einige besondere Merkmale (großer Baum, Sandkiste, Buschwerk) sollten identifizierbar sein. Jetzt können wir an einer bezeichneten Stelle wirklich einen Schatz verstecken, und die große Schatzsuche kann beginnen.

Schatzsuche

Eine Schatzkarte ist natürlich nicht viel wert, wenn mit ihr kein Schatz gefunden werden kann. Folglich muß es auch einen Schatz und die Suche danach geben. Den Kindern können wir, unterteilt in mehreren Kleingruppen, ein Areal des Geländes zuweisen, in dem sie zunächst selbst erst einmal einen Schatz für die anderen verstecken bzw. vergraben müssen. Der Schatzort muß ziemlich genau in die Schatzkarte eingezeichnet werden. Die Schatzkarte läßt sich auch in mehrere Stücke zerschneiden und in 3–4 Einzelteilen im Gruppenraum oder an einem anderen Ort verstecken. Das erschwert die Schatzsuche beträchtlich und macht das Spiel spannender. Für Hort- und Schulkinder läßt sich der Schwierigkeitsgrad noch erhöhen: Die Einzelteile der Gruppen sind nicht gekennzeichnet. Die unterschiedlichen Gruppen müssen sich einigen, Teile austauschen und sich Hilfen geben, um an den Schatz zu gelangen.

Müll- und Trödelfest

Als eigenständiges Fest oder als Höhepunkt unserer Entdeckungstouren rund um die Wegwerfmaterialien findet ein großes Müll- und Trödelfest in der Einrichtung statt. Die Dekoration der Gruppenräume und des Gartengeländes wird aus Papp- und Papierabfällen hergestellt. So entstehen z.B. wunderschöne Blumen und Girlanden aus Zeitungen und Illustrierten. Neben den bereits in diesem Kapitel beschriebenen Spielen bieten sich für unser Fest als Programmpunkte an: Fühlparcours, Müllmodenschau, Trödelversteigerung, kreative Spiele mit Wegwerfmaterialien und Müllkunstaktionen.

Fühlparcours

Das Fest beginnt mit einem Fühlparcours. Der Weg vom Eingang zum Festraum- bzw. Gelände wird zur Fühlstrecke hergerichtet. Jeder Besucher muß sich an einem Seil haltend, das die Strecke säumt und der Orientierung dient, zum Ziel tasten. Die Augen wurden zuvor verbunden. Das Fühlen geschieht in erster Linie mit den Füßen. Schuhe und Strümpfe müssen also ausgezogen werden. Als Fühlmöglichkeiten bieten sich an: ein Karton mit grobem und einer mit feinem Kies, eine Kiste Schafwolle, Kartons mit Papierschnitzeln, Grassoden, feinem Meeressand, Styroporschnitzeln, ein dickes Tau und zum Schluß eine große Schüssel Matsch und eine große Schüssel Wasser. Der Fühlparcours läßt sich beliebig erweitern und variieren.

Wer alle Hürden genommen und richtig gefühlt hat, bekommt einen Umweltentdeckerorden mit einer Sicherheitsnadel an Bluse oder Hemd geheftet.

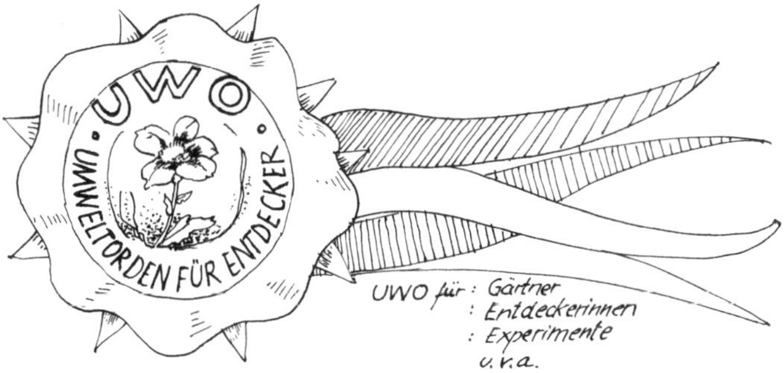

Nach der Ordensverleihung singen wir „Das Lied vom Müllmann Peter" und den „Abfallsong". Die Lieder können vom „Panikorchester" auf den Müllinstrumenten begleitet werden. Dann folgt die nächste Attraktion.

Müllmodenschau

Die Erzieherinnen/Lehrerinnen haben ausreichend Materialien für eine „Müllmodenschau" bereitgestellt. Jedes Kind verkleidet sich mit Materialien, die alle schon einmal in irgendeiner Form in Gebrauch waren bzw. einen Bezug zum Müll haben wie Kartons, Mülltüten, alte Einkaufsnetze, Apfelsinennetze, Folien, Verpackungsmaterial, Zeitungen und anderes mehr. Die Modelle werden auf einem Laufsteg (zusammengestellten, sicher miteinander verbundenen Tischen) vorgeführt, mit lustiger Musik untermalt, entsprechend kommentiert und eventuell auch mit Preisen versehen.

Trödelversteigerung

Mit Kindern und Eltern zusammen können wir auf dem Müll-, Trödel- oder Sommerfest oder während der Weihnachtszeit eine „Trödelversteigerung" durchführen, die neben viel Spaß auch etwas Geld für die Einrichtung einbringen kann. Neben interessierten Käufern (Bietern) werden ein größerer Raum (Kindergartengelände oder Spielwiese) und natürlich Versteigerungsobjekte benötigt, die einige Wochen zuvor in der Einrichtung abgegeben und gesammelt werden. Es läßt sich so gut wie alles versteigern: von Speicher- und Kellerkram, Kleidung, über (kleine!) Sperrmüllgegenstände, ausrangiertes Spielzeug bis hin zu selbstgebauten Müllkunstwerken (Collagen, Skulpturen u. ä.). Der mit einem kleinen Hammer hinter einem Tisch stehende Versteigerer kann entweder eine Erzieherin oder ein wortgewandtes, älteres Kind sein. Die Ware wird so angepriesen, daß sich die Käufer zum Einsatz animiert fühlen. Da kann ein alter Hut schon mal Charlie Chaplin gehört haben oder ein Paar Sandalen Franz Beckenbauer, während die angebotene Krawatte Bundeskanzler Kohl gehörte und das angebotene Tuch bisher immer von Samson aus der Sesamstraße zum „Schnuffeln" benutzt wurde.
Mit drei Hammerschlägen erhält ein Bieter, sofern kein weiteres Angebot kommt, den Zuschlag. Gezahlt werden muß sofort. Für die Versteigerung, die auch Höhepunkt eines „Müll- und Trödelfestes" sein kann, werben wir

rechtzeitig bei Eltern und gegegenenfalls in der lokalen Presse. Die Kindergruppe, mit der die Versteigerung organisiert wurde, entscheidet, was mit dem eingenommenen Geldbetrag geschieht.

Kreatives Spiel mit Wegwerfmaterialien

Aus der spielpädagogischen Praxis wissen wir, daß Materialien, die viel Raum zur Interpretation und Veränderung lassen, von besonderem Spielwert sind. Die wohl besten Beispiele für Gestaltungsvielfalt sind Sand, Lehm und Ton. Wegwerfmaterialien üben auf Kinder einen besonderen Reiz aus. So haben sie für einen alten Autoreifen immer Verwendung. In verschiedenen Größen zur Verfügung gestellt, erfinden Kinder zahlreiche Aktivitäten und Spielabläufe. Man kann durch sie hindurchkriechen, Hindernisstrecken aufbauen, einen Turm aufstapeln, und die Erwachsenen können den Kindern eine Autoreifenschaukel bauen. Neue Spielideen lassen sich verwirklichen mit Tonnen, Brettern, verschieden großen Kartons (für Rollenspiel, Kulissenbau, Jahrmarkt-, Theater- und Zirkusspiel), mit Plastikflaschen, alten Zeitungen und Tapetenrollen, ausrangierten Kleidungsstücken (Modenschau, Zirkus, Verkleidungsaktion) und mit Styroporabfällen. Als Verpackungsmaterial von Waschmaschinen, Fernsehapparaten und Eisschränken gibt es Styropor in Platten-, Block- und Kügelchenform verschiedener Größe und Dicke. Es bieten sich vielseitige Spielmöglichkeiten. Sie reichen vom Bauen, Bemalen und Dekorieren bis zum Herstellen von Spielobjekten. Auch können wir mit den Kindern Styroporstempel anfertigen. Zum Drucken wird Plaka-Farbe benutzt.

Müllkunst

Wir benötigen Plakatkarton, Zeitungen, farbiges Papier, Stoffreste, Abfälle von Frischgemüse (z. B. Kohlblätter), Klebstoff und eine Schere. Jedes Kind nimmt vom vorhandenen Material und „komponiert“ daraus auf einem Plakatkarton sein eigenes Werk. Als Unterlagen für Collagen eignen sich auch Holzbretter und Spanplatten, besonders wenn die anzubringenden Gegenstände geheftet oder genagelt werden. Weitere Materialien können z. B. sein: Federn, Draht, Garnrollen, Lederabfälle, Strohhalme, Steinchen, Muscheln, Knöpfe, Kunststoffstücke.

Ausklang und Essen

Das Müll- und Trödelfest klingt aus mit einem Zug des „Panikorchesters" durch Räume und Gelände. Zum Schluß steht viel Papier bereit, das ganz klein gerissen wird und mit dem wir Schnee spielen. Das so entstandene Konfetti- oder Schnitzelpapier wird später zum Papierrecyceln verwendet. Zum Essen stehen Gerichte bereit, deren Herstellung in den anderen Entdeckungstouren dieses Buches beschrieben sind: Stockbrötchen, am Lagerfeuer zu garen, Grillbananen, Bio-Burger mit selbstgemachtem Senf und Ketchup und Getreidesalat. Zum Trinken stehen Apfelsaft, Milch und Kakao zur Verfügung. Gegessen und getrunken wird natürlich mit richtigem Eßgeschirr.

Bilder- und Kinderbücher

F. Kohlsaat/W. Hohenester: „Knille knalle knüll – wohin mit dem Müll?", Ellermann

Das Thema Müll wird Kindern anschaulich nahe gebracht. Weil ihre Mülltonne immer voll ist, beschließen die Kinder und die Erzieherinnen vom Butzenheimer Kindergarten, ein Müllexperiment zu machen. Neben viel Spaß und neuem Wissen haben sie am Ende ein großes Erfolgserlebnis: Ihre Mülltonne ist fast leer. Das Buch ist lustig, informativ und regt Kinder zum Nachahmen richtigen Umweltverhaltens an.

Janosch: „Das Lumpengesindel", Diogenes

Hahn, Henne und Schwein gehen zum Spaß in die Stadt, um mal eben den Markt zu verschmutzen. Dort finden sie die Ochsenkopfmotorradbande vor, die mit ihren stinkenden Motorrädern auch gerade die Umwelt verpestet. Die Polizei greift ein, läßt jedoch die Ochsenkopfbande laufen und verhaftet Henne und Hahn. Die „Frookies" sind entsetzt, ihr Protest wird jedoch zunächst niedergeschlagen. Sie eignen sich Wissen an, machen den Marsch durch die Institutionen, bis sie selbst an den Schalthebeln der Macht sitzen und Veränderungen bewirken können, um die Rettung der Erde durchzusetzen. Dieses Bilderbuch hinterfragt gelungen unsere moderne Industriegesellschaft und ermutigt kleine wie große Menschen, die resignative Haltung durch Engagement und Optimismus zu ersetzen. Trotz der Problematik ein bemerkenswert lustiges Buch.

E. Wüpper: „Umweltgeschichten", Loewes

Das Buch enthält neun pfiffige Geschichten. Einfache Begebenheiten des täglichen Lebens geraten durch die Aktivitäten der Hauptfigur zu interessanten, informativen Erzählungen. Kinder und Erwachsene werden angesprochen, besser auf ihre Umwelt zu achten, z. B. mit Batterien, Farben und chemischen Giften achtsamer umzugehen. Das alles wird geschildert, ohne den erhobenen Zeigefinger, verdeutlicht aber durch viele schöne Schwarz-Weiß-Zeichnungen.

B. Veit/H. O. Wiebus: „Umweltbuch für Kinder“, Ravensburger

Es handelt sich um ein eindrucksvoll illustriertes und für Kinder deswegen sehr ansprechendes Sachbuch, das aufzeigt, wie belastet unsere Umwelt ist und gibt Informationen, was jeder einzelne tun kann, um dem entgegenzuwirken. Die Kinder erfahren anschaulich, welche Ursachen und Zusammenhänge zur Umweltbelastung führen. Besonders reizvoll ist das Buch durch seine praktischen Versuchsanregungen.

Entdeckungstour „Garten“

Wer alle Hürden genommen und richtig gefühlt hat, bekommt einen Umweltentdeckerorden mit einer Sicherheitsnadel an Bluse oder Hemd geheftet.

Informationen

„Und Gott der Herr nahm den Menschen und setzte ihn in den Garten Eden, daß er ihn bebaue und bewahre“ (Moses 2, 15).
Der Mensch war also schon von altersher dazu aufgerufen, zu bewahren und zu bebauen, zu pflegen statt zu zerstören.
Die Fähigkeit dazu ist dem Menschen nicht angeboren. Er muß es erst lernen, sich für etwas einzusetzen und für etwas Sorge zu tragen, zu hegen und zu pflegen. Diese Fähigkeiten benötigen wir, um unsere Natur zu erhalten ebenso wie für ein gutes Auskommen der Menschen miteinander.
Viele Menschen wohnen in dichtbesiedelten Gebieten und in Wohnungen, die es nicht erlauben, eine gute Beziehung zur Natur aufzubauen. Der Rasen vor dem Haus darf häufig von Kindern nicht betreten werden, und die übermäßige Pflege der Zierbeete verhindert häufig die Ansiedlung interessanter Entdeckungsobjekte für die Kinder.
Aber nur in der Natur selbst lassen sich Naturbegegnungen und -entdekkungen machen, nur die Natur selbst bietet den Kindern die Chance zu erfahren, was es heißt, etwas aufwachsen zu sehen, für etwas, was wächst und lebt, verantwortlich zu sein.
Viele Menschen holen sich einen „Minigarten“ auf die Fensterbank, um dieses Erlebnis nicht missen zu müssen und ein Stückchen Natur wieder „life“ erleben zu können. Sie genießen es, zusehen zu können, wie unter ihrer pflegenden Hand neues Wachstum entsteht und sich entwickelt.
Inzwischen entdecken auch viele Menschen den Schrebergarten wieder, in dem sie wieder einen Ort gefunden haben, der nach ihren eigenen Vorstellungen gestaltet werden kann und in dem sie in und mit der Natur leben können.
Obwohl immer noch viele Gartenböden als überdüngt und verschmutzt gelten, lernen die Menschen langsam, wieder so mit ihrem Garten umzugehen, daß Wildblumen, die längst in Vergessenheit geraten waren, eine Renaissance erleben.

Im eigenen Garten wird häufig Umweltschutz praktiziert. Der hochtechnisierte Hobbygarten mit chemischer Toilette, Superdüngung und perfekter Schädlingsbekämpfung weicht immer mehr dem naturbelassenen Bauerngarten, der nicht nur schön anzusehen ist, sondern auch vielen einheimischen Tieren Unterschlupf bietet, Nisthilfen zur Verfügung stellt, und in dem es wieder viel zu entdecken gibt.
Das alles läßt sich nicht theoretisch erarbeiten. Es muß unmittelbar in der Natur selbst erlebt werden.
Und da in fast jeder Einrichtung ein Stückchen Garten zur Verfügung steht, sollten wir ihn entsprechend umgestalten und nutzen. So können die Kinder in ihrem eigenen Garten Naturschutz praktizieren und lernen, mit der Natur in Einklang zu leben. In Zusammenarbeit mit den Eltern können in Kindergarten und Hort wichtige Grundlagen gesetzt werden.

Pädagogische Absichten

Da Kinder nur noch selten Gelegenheit haben, Lebensgemeinschaften der Tiere und Pflanzen außerhalb von Bilderbüchern und Museen kennenzulernen, kann die Einrichtung es den Kindern ermöglichen, praktische Erfahrungen zu sammeln.
Da fast alle Einrichtungen über ein relativ großes Grundstück verfügen, kann der Garten von Erzieherinnen und Kindern, vielleicht auch unter Mithilfe von Eltern so gestaltet werden, daß er wieder zum Anschauungs-, Erfahrungs-, Entdeckungs- und Beobachtungsraum wird.
Da Kinder zu Tieren sehr schnell eine emotionale Beziehung entwickeln, lassen sie sich als Forscher und Naturschützer leicht ansprechen und zur Mitarbeit motivieren. Sie entdecken so nicht nur ein Stückchen Natur, sondern können selbst neues Leben ermöglichen, es pflegen und es schützen.
Pädagogische Absicht ist es, Kindern einen Teil der Natur zurückzugeben, die ihnen umweltkundliche Grundeinsichten vermittelt. Sie erleben mit, daß es nur dort Vögel gibt, wo Insekten vertilgt werden können und kein Schmetterling kommt, wenn kein Löwenzahn und kein Gänseblümchen wachsen darf.
Sie können hautnah erleben, was die Begriffe Nahrungskette und Naturkreislauf zu bedeuten haben. Sie erkennen, daß die Natur sich selbst „recycelt", wenn ihr dazu Gelegenheit gegeben wird.
Den Kindern kann im eigenen Garten, im eigenen Beet deutlich vor Augen geführt werden, daß es sinnvoll ist, die Natur zu pflegen und ihr mit natürlichen Mitteln wieder die Möglichkeit zur Selbstregulierung zu ver-

schaffen. Sie können sich selbst als einen Teil der Natur begreifen lernen, der eine große Verantwortung dafür trägt, daß der Naturkreislauf nicht gestört wird.

Die Kinder können Tiere kennen- und entdecken lernen, die sie bisher nur aus Bilderbüchern oder dem naturhistorischen Museum kennen und darüber nachdenken, ob die Maus nun „schädlich“ ist, weil sie das Getreide der Menschen frißt oder „nützlich“, weil sie den Greifvögeln als Nahrung dient. Und ist der Greifvogel vielleicht „schädlich“ weil er Singvögel schlägt, oder ist er „nützlich“, weil er die Anzahl der Mäuse auf natürliche Weise in Grenzen hält? Begriffe wie „schädlich“ und „nützlich“ werden ad absurdum geführt. Jede Pflanze, jedes Tier, und auch jeder Mensch hat seinen Platz und auch seine Aufgabe.

Im eigenen Garten erleben die Kinder das Funktionieren der Nahrungsketten: Das Gras dient der Heuschrecke als Nahrung, die Heuschrecke wird von der Spitzmaus gefressen, diese wird wiederum von den Greifvögeln geschlagen, der stirbt irgendwann, nachdem allerdings sein Kot den Boden gedüngt hat, wird von Aasfressern, von Maden, Würmern und Bakterien gefressen oder zersetzt. So entsteht dann ein nährstoffreicher Boden.

Bevor die Kinder jedoch in einem richtigen Garten auf Entdeckungstour gehen können, sammeln sie am besten erste Erfahrungen in einem Zimmergarten.

Das erfordert nur wenig Aufwand, macht Spaß und gibt den Kindern die Möglichkeit, selbst etwas anzupflanzen, das Wachsen der Pflanzen auf der Fensterbank zu verfolgen und erste Kenntnisse im Rahmen der Pflanzenpflege zu erwerben.

Die Kinder entwickeln Geduld und haben trotzdem, schneller als es der Garten im Freien ermöglicht, Erfolgserlebnisse bei der Ernte.

Viele Kinder kennen Kräuter nur tiefgefroren oder gar nicht. Da sie aber sicherlich die Topfblumenpflege im Elternhaus beobachtet und auch dabei mitgeholfen haben, wird es leicht sein, die Kinder zu motivieren, einen eigenen Zimmer- oder Kräutergarten anzulegen.

Der Zimmergarten bietet viele Möglichkeiten des Experimentierens und hilft dabei, theoretische Erklärungen zu verarbeiten. Die Kinder können die Blumentöpfe an verschiedenen Standorten plazieren und erkennen, welche Luft- und Lichtverhältnisse die Anzucht erleichtern und welche Materialien (Eierkartons, Joghurtbecher, Blumentöpfe oder Styroporschalen), besser geeignet sind.

Während es draußen noch sehr kalt ist, können wir uns durch den Zimmergarten schon ein Stück Frühling in den Gruppenraum holen, ohne dafür viel Geld ausgeben zu müssen.

Ziele

Die Kinder sollen

- angeregt werden, im Garten „herumzuschnüffeln“, zu beobachten, zu entdecken und ihre Entdeckungen anderen mitzuteilen,
- sich selbst als einen wichtigen Teil der Natur begreifen, der unter anderem die Aufgabe hat, die Natur zu schützen und nicht ungebührend in sie einzugreifen, da sie sich sonst nicht selbst regulieren kann,
- begreifen, daß sie in der Lage sind, Hilfsmaßnahmen zu ergreifen, wo andere Menschen Natur schon zerstört oder geschädigt haben, in dem sie z.B. Nistmöglichkeiten schaffen, Wohnhöhlen errichten und neue Lebensräume für bedrohte Tiere und Pflanzen aufbauen,
- erkennen, daß Tiere, Pflanzen und Menschen von einer intakten Natur abhängig sind,
- sich ein eigenes Beet anlegen und ein „Mini-Naturschutzgebiet“ errichten und dieses für Beobachtungen nutzen,
- lernen, daß Tiere und Pflanzen beobachtet, aber nicht durch Toben gestört oder durch falsche Behandlung zerstört werden dürfen,
- mit der Pflege von Pflanzen und Tieren vertraut werden,
- Maßnahmen des biologischen Pflanzenschutzes kennenlernen wie z.B. Bierfallen und Brennesseljauche,
- den Nutzen von Wildpflanzen schätzen und sie einsetzen lernen,
- die Begriffe „schädlich“ und „nützlich“ als unbrauchbar erkennen,
- selbst entdecken und erfahren, wie Pflanzen gesät, gepflanzt und vermehrt werden können und den Boden entsprechend bereiten,
- lernen, einen Zimmergarten fachgerecht anzulegen,
- entdecken, welche Materialien sich für die Anzucht am besten eignen,
- ausprobieren, welche Erde (Humus, Gartenerde, Blumenerde, Sand) und welcher Standort vorzuziehen ist,
- erkunden, welche Kräuter sich für die Anzucht im Zimmergarten eignen (z.B. Kresse, Schnittlauch, Dill, Minze, Zitronenmelisse, Radieschen, Mini-Tomaten),
- selbständig ihren Zimmergarten anlegen und pflegen d.h., die Pflanzen mit Wasser versorgen, sie an einen schattigen oder sonnigen Ort stellen (je nach Bedarf) und für Frischluftzufuhr sorgen,
- mit Hilfe der Erzieherin den Begriff der Photosynthese erfassen,
- den Nutzen der Pflanzen als Sauerstoffbereiter, als Lebensmittel von besonderer Qualität und Schmackhaftigkeit erkennen können,
- Kräuter und Wildpflanzen fachgerecht ernten und zu Speisen verarbeiten können.

Praxisbeispiele

Der Zimmer- oder Kräutergarten

Für den Kräutergarten eignen sich Kräuter wie: Kresse, Senf, Mungobohnen, Melisse, Dill, Schnittlauch und diverse Salate. Diese Saat wächst sehr schnell, und die Kinder können umgehend einen Erfolg erleben.
Aber auch Radieschen, Feldsalat und Spinat können für die Zimmerkultur benutzt werden.
Am einfachsten ist es, einen Eierkarton zu nehmen, mit Erde vom Komposthaufen zu versehen, die Erde gut anzufeuchten, die Samen draufzustreuen, sie etwas festzuklopfen und das Ganze dann einige Tage mit Frischhaltefolie gut abgedeckt stehenzulassen. Sind die ersten Triebe sichtbar, wird die Folie entfernt und der „Garten" auf die Fensterbank gestellt. Der Kräutergarten sollte hell und sonnig stehen.
Variante:
Wir bepflanzen unterschiedliche Pflanzbehälter wie z. B. Joghurtbecher, kleine Blumentöpfe und ausgediente Aluschalen.
Die Kinder beobachten nun, in welchen Behältern sich die Pflanzen besonders gut entwickeln und ziehen Rückschlüsse.
Variante:
In die einzelnen Vertiefungen einer Eierpalette geben wir unterschiedliche Erdarten wie z. B. Sand, Kies, Gartenerde, Blumentopferde und Erde vom Kompost.
Auch hier beobachten wir, wie sich die ausgesäten Pflanzen entwickeln.
Die Ergebnisse können schriftlich oder zeichnerisch dokumentiert werden.

Das „Kraftwerk" Bohne

Für diesen Versuch, der den Kindern zeigen soll, welche Kraft in einer Bohne steckt und wie sie Wasser speichert, benötigen wir für jedes Kind eine Bohne, eine Pappschachtel und etwas Gips. Jedes Kind kennzeichnet seine Schachtel und legt seine Bohne hinein. Die Erzieherin hilft den Kindern, den Gips nach Gebrauchsanweisung anzurühren. Der Gips wird in die Schachteln gegossen. Nun brauchen die Kinder nur noch abzuwarten, was geschieht. Sie sollten jeden Tag nachsehen, ob die Bohne schon ihren Gipsmantel gesprengt hat.

Die schnelle Bohne

Wer einen ganz schnellen Erfolg sehen will, muß Bohnen einpflanzen und den Topf eine Weile an einem dunklen Ort stehen lassen. Parallel dazu setzen wir eine Bohne in einen mit Blumenerde gefüllten Blumentopf, der auf der Fensterbank stehen bleibt. Die Kinder beobachten, wie unterschiedlich sich ihre Bohnen entwickeln.

Der Hyazinthenzwerg

Für den Hyazinthenzwerg benötigen wir eine ausgediente Plastikflasche. Von der schneiden wir das obere Stück ab, stecken es umgekehrt wieder in die Flasche und befestigen es mit einem Tacker. Dann füllen wir die Flasche mit Wasser und hängen die Hyazinthenzwiebel hinein.
Dann setzen wir unserem „Zwerg" einen Papierhut auf und stellen ihn ins Dunkle. Mit der Zeit wächst dem „Zwerg" ein Bart (die Wurzeln), und auch auf seinem Kopf beginnt es zu sprießen. Irgendwann legt der „Zwerg" dann seinen Hut ab. Vorher wird er aber schon auf die Fensterbank gestellt.
Auch Krokusse, Schneeglöckchen und andere Frühblüher lassen sich auf der Fensterbank ziehen.

Die Keimfabrik

Keimlinge gehören heute zu einer vollwertigen Ernährung umweltbewußter Menschen. Sie sind reich an Vitaminen und Proteinen.
Außerdem sind sie preisgünstig und mit einfachen Mitteln in relativ kurzer Zeit „herzustellen".
Dazu benötigen wir ein altes Weckglas oder Gläser mit Schraubverschluß. Der Deckel der Gläser wird durch ein mit Gummiband befestigtes Mulltuch ersetzt oder der Deckel mit einer Blechschere ausgeschnitten und mit einem Siebstück versehen.
Nun können Samen wie Sojabohnen, Luzerne, Senf oder Mungobohnen in das Glas gefüllt werden. Aus einer viertel Tasse Samen entwickelt sich eine ganze Tasse Keimlinge. Die Samen wurden vorher gründlich gewaschen und über Nacht eingeweicht.

Im Keimgefäß müssen die Samen dann immer feucht, aber nicht naß gehalten werden. Einmal am Tag werden die Keimlinge frisch gewässert. Dazu wird das Keimglas mit Wasser gefüllt, etwas geschüttelt und dann mit dem Verschluß nach unten schräg in ein Gefäß gestellt, damit das überschüssige Wasser ablaufen kann. Nach etwa drei Tagen lassen sich die Keimlinge essen.
Variante:
Wir lassen die Samen auf einem feuchten mentholfreien Papiertaschentuch oder auf feuchter Watte keimen. Watte oder Tuch wird auf einen Teller gelegt, befeuchtet und Samen daraufgestreut. Man kann ein zweites feuchtes Tuch darüberlegen und dies täglich befeuchten. Einmal am Tag müssen auch diese Keimlinge in einem Sieb ausgespült werden.
Nur richtig gekeimte Samen sind genießbar.
Eine gute Temperatur zum Keimen liegt zwischen 15–25 Grad. Das Messen der Temperatur werden die Kinder gerne übernehmen. Regel: Je größer das Samenkorn, desto kürzer der Keim. Keime können etwa 2–3 cm lang sein, sie müssen frisch verbraucht werden und eignen sich gut für Salate und als Brotbelag.

Hyazinthenmemory

Nach Gebrauch der Hyazinthenhüte spielen wir damit Memory. Die Hüte werden auf dem Fußboden verteilt, und unter je zwei Hüte werden gleiche Dinge gelegt. Das können Dinge sein, die etwas mit dem Thema der Gruppe zu tun haben: zwei Kastanien, zwei Eicheln, zwei gleiche Blätter, Sonnenblumenkerne oder Krokuszwiebeln und anderes.
Jedes Kind deckt nacheinander zwei Hüte auf. Hat es zwei gleiche Dinge entdeckt, darf es sie behalten und weitersuchen. Sind unterschiedliche Dinge unter den Hüten, ist das nächste Kind an der Reihe.

Das Kartoffellabyrinth

Um der Natur auch wirklich auf die Spur zu kommen, was im Garten nicht immer möglich ist und um die lange Wartezeit zu überbrücken bis die Keimlinge soweit sind und im Garten etwas zu entdecken ist, richten wir ein Kartoffellabyrinth ein.
Dazu benötigen wir einen Schuhkarton und mehrere etwa sechs Zentime-

ter breite Papp- oder Tonpapierstreifen. Die Streifen kleben wir so in den Schuhkarton, daß ein Labyrinth entsteht. In dieses Labyrinth legen wir eine Kartoffel (mit einer schon etwas älteren Kartoffel geht es schneller). Der Schuhkarton bekommt an irgendeiner Stelle ein Ausgangsloch. Dann legen wir den Deckel drauf und stellen den Karton an einen dunklen Ort. Nach einiger Zeit können wir den Deckel öffnen und sehen, welche Wege sich die Kartoffel gesucht hat. Vielleicht haben die Wurzeln sogar das Ausgangsloch gefunden.

Abenteuerhütte

Die Abenteuerhütte wird am besten aus langen Weidenruten oder Ahornzweigen gebaut. Die Zweige werden tief in die Erde gesteckt und wie aus der Zeichnung zu ersehen ist, oben zusammengebunden. Dazu benötigen wir möglichst viele Zweige, damit die Abenteuerhütte möglichst uneinsehbar wird.

Im Frühjahr pflanzen wir Rankgewächse wie Efeu oder wilden Wein. Auch Feuerbohnen und Kapuzinerkresse, die man in der Gartenabteilung von Kaufhäusern oder größeren Lebensmittelläden kaufen kann, sind gut geeignet. Sie haben im Sommer besonders leuchtende schöne Blüten. Wenn die Hütte ganz dicht bepflanzt wird, ist sie von außen nicht mehr einsehbar und bietet den Entdeckern guten Schutz.

Das Abenteuerhaus kann auch Kuschelhütte, Treffpunkt, Schatzkammer oder Spielhaus sein.

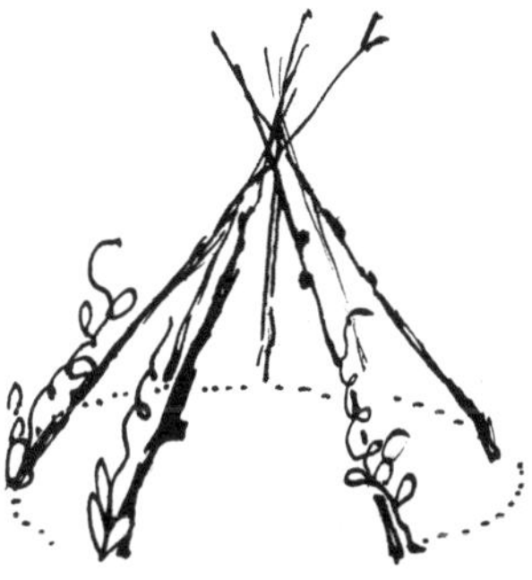

Feuerbohnenzelt

Knöterich-Laube

Größere, schon etwas geschicktere Kinder können die Abenteuerhütte auch mit Flechtwerk aus Naturmaterialien versehen. Dazu eignen sich Maisblätter, Heu, Stroh und Gras.
Die Abenteuerhütte bietet den Kindern nicht nur einen reizvollen eigenen und für Erzieherinnen nicht einsehbaren Spielraum. Sie ermöglicht den Kindern auch mitzuerleben, wie sich ein Objekt durch den Bewuchs mit Pflanzen verändert. Ist die Abenteuerhütte dicht bewachsen, bietet sie auch Insekten und Vögeln einen Lebensraum und kann zur Beobachtungsstation für die Kinder werden.

Solitärbienenbrutplatz

Jeder Garten sollte für solitär – d.h. einzeln – lebende Bienen und Wespen einen Brutplatz einrichten. Solitärwespen und -bienen sind bei uns selten geworden, weil sie keinen Lebensraum finden. Wir können ihnen wieder einen schaffen, indem wir einfach an einer geschützten Stelle ein paar zusammengebundene Röhren (Bambusstangen) aufhängen. Die Solitärbienen und -wespen nehmen die Nistmöglichkeiten gerne an, weil sie nicht gerne ihre Nester selber bauen.
Auch Hohlblocksteine eignen sich gut als Nisthöhlen, wenn sie von einer Seite verschlossen werden. Das muß auch bei den Röhrenbündeln geschehen.
Die Kinder können nun wie die Detektive überwachen, ob ihre Nisthilfen angenommen werden.

Ohrwurmstation

Um die Pflanzen in unserem Garten zu schützen, richten wir eine Ohrwurmstation ein. Ohrwürmer interessieren sich sehr für „Schädlinge“ und kaum für Ohren. Läuse z. B. fressen sie für ihr Leben gerne.
Für die Einrichtung einer Ohrwurmstation benötigen wir einen Tonblumentopf, etwas Holzwolle, ein Stück Drahtgeflecht und einen kräftigen Holzstab.
Die Holzwolle wird in den Topf gefüllt, mit dem Drahtgeflecht verschließen wir den Topf und sichern die Holzwolle. Dann stecken wir den Topf auf einen Holzstab, und den setzen wir in unseren Garten.
Die Ohrwürmer nehmen den Topf gerne als Wohnung an, weil er ihnen die Nahrungssuche ganz leicht macht.

Reisighaufen

Auch Igel und Käfer benötigen einen Unterschlupf. Sie besuchen uns nur in unserem Garten, wenn sie sich sicher fühlen. Auch das Wiesel können wir beobachten, wenn wir einen Reisighaufen anlegen, der ihm Unterschlupf bietet.
Die Kinder fühlen sich nicht nur wohl mit dem Bewußtsein, Tieren einen neuen Lebensraum geschaffen zu haben, sie schaffen sich damit auch eine neue Beobachtungsaufgabe.
Gemeinsam mit der Erzieherin können sie in der Nähe des Reisighaufens eine Beobachtungsstation einrichten und feststellen, wann der erste Igel Einzug hält.

Steinhaufen

Auch einen Steinhaufen benötigen wir in unserem Garten. Er kann auch von den Kindern aufgeschichtet werden. Der Steinhaufen wird die Heimat von Eidechsen, Blindschleichen und Salamandern. Diese ernähren sich vorwiegend von Schnecken und Insekten. Durch das

Aufschichten des Steinhaufens und die damit verbundene Ansiedlung der Eidechsen tragen wir wieder ein Stückchen dazu bei, das Gleichgewicht der Natur aufrecht zu erhalten.
Die Kinder können auch Literatur heraussuchen, um sich mit dem Leben der Tiere vertraut zu machen und ihr Wissen zu vertiefen.

Nistkästen und Vogeltränken

Beim Bau von Nistkästen für Singvögel wie Rotkehlchen, Meisen und Zaunkönige können die Eltern und Erzieherinnen helfen. Auch Vogeltränken sollten wir einrichten, denn an der Vogeltränke können die Kinder die Vögel besonders gut beobachten. Vögel sind nützliche Insektenvertilger. Besonders in der Brutzeit benötigen sie viele Eier und Larven von Insekten.

Brennesseljauche

Wenn die Ansiedlung von Ohrwürmern und Singvögeln nicht ausreicht, um die Läuse von unseren Pflanzen zu vertreiben, stellen wir Brennesseljauche her. Brennesseljauche vertreibt nicht nur Insekten, sie hilft auch vorbeugend gegen Pilzerkrankungen und düngt die Pflanzen.
In einem großen Gefäß (Regentonne) werden Brennesseln gesammelt und mit kaltem Wasser bedeckt. Die Brühe muß nun 1–2 Wochen ziehen und kann dann 1:10 verdünnt verwendet werden.

Der Komposthaufen

Da in jedem Kindergarten und in jedem Hort auch organischer Müll anfällt, z. B. von Teeblättern, Essensresten, Kaffeesatz und gemähtem Gras, lohnt sich die Einrichtung eines Komposthaufens.
Durch Kompostierung entlasten wir auch unsere Umwelt, denn 50% der Abfälle „wandern" nun nicht mehr in den Mülleimer und von dort auf die Deponie, sondern auf unseren Komposthaufen. Ist der erst einmal eingerichtet, gibt es für die Kinder wieder viel zu entdecken: Sie können verfolgen, wie sich der bakterielle Abbauprozeß

vollzieht, wie Regenwürmer den Boden „umpflügen“ und aus Abfällen Humuserde bereiten.
Der Komposthaufen wird so angelegt:
Der Komposthaufen wird am besten im Frühjahr angelegt. Dafür können wir einen fertigen Kompostsilo kaufen oder aus Holzlatten von Erwachsenen zwei große luftige Behälter (2 × 1 Meter) bauen lassen. Es geht allerdings auch ohne Lattengerüst. Der Kompost sollte im Halbschatten unter einem Busch oder Baum stehen.
Die erste Kompostschicht besteht aus kleinen Ästen und Reisig, aufgefüllt mit Laub und Gras.
Der Untergrund muß auf jeden Fall locker und luftdurchlässig sein, damit die Regenwürmer ihren Weg finden können.
Nun kann der Kompost mit organischen Abfällen (keine Asche) aufgefüllt werden. Pflanzen-, Obst- und Speisereste gehören auf den Kompost, aber auch kleine Äste, Gras und Laub (kein Unkraut).
Der Komposthaufen muß feucht gehalten werden, damit sich die Regenwürmer wohlfühlen. Die Kinder können ihn ab und zu begießen, wenn es nicht regnet.
Auch für eine gute Durchlüftung muß gesorgt werden, damit nichts schimmelt. Wenn der Kompost zu stinken beginnt, ist er nicht gut genug durchlüftet.
Ab und zu braucht der Kompost etwas Kalk und eine Schicht Brennesseln, und alle zwei Monate will er umgesetzt werden. Das heißt, die obere Schicht wird nach unten verlegt. Das geht am besten, wenn man einen zweiten Komposthaufen einrichtet.
Nach etwa einem Jahr ist der Kompost gebrauchsfertig. Wir haben wertvolle Humuserde gewonnen, die im Garten verteilt oder für Anpflanzungen in Blumentöpfen verwendet werden kann. Durch Kompostierung läßt sich auf künstliche Düngung verzichten.
Die Kinder erkennen und erleben, daß Abfälle wieder in ihren natürlichen Kreislauf zurückgebracht werden.

Sträucher und Hecken

des Gartens sollten möglichst naturbelassen werden. Benötigen sie aber dennoch einen „Verjüngungsschnitt“, so sollte der auf keinen Fall während der Brutzeit erfolgen. Außerdem sollte die Erzieherin darauf achten, daß nicht alle Hecken und Büsche zur gleichen Zeit beschnitten werden, da den Vögeln sonst die Fluchtmöglichkeiten genommen werden.
In Hecken und Sträuchern nisten viele Vögel. Auch andere Tiere wie das Wiesel z. B. finden hier Unterschlupf.

Die Regenwurmstation

Zu jedem Kompost gehören Regenwürmer, und jeder Gartenbesitzer freut sich über Regenwürmer, denn Regenwürmer lockern den Boden auf. Sie fressen sich überall hindurch, vermischen den Boden und die Abfälle gleichmäßig. Damit helfen sie, aus Erde und organischen Abfällen wertvollen Humus herzustellen.
Von Regenwürmern durchpflügte Erde (Humus) ist um ein vielfaches wertvoller, als normale Erde. Sie weist mehr löslichen Stickstoff, Kali, Magnesium und eine Unmenge von Spurenelementen auf, die die Pflanzen mögen. „Regenwurmerde" ist voll von Kleinstlebewesen, die für eine dauerhafte Feuchtigkeit des Bodens sorgen.
Am einfachsten lassen sich Regenwürmer im Kompost züchten. Ist der Kompost richtig angelegt und wird er gut „gepflegt", gedeihen dort viele Regenwürmer.
Wir können aber auch eine Regenwurmzucht- und beobachtungsstation einrichten. Das geht so:
Wir besorgen uns ein 50 Liter-Aquarium mit Deckel.
In das Aquarium legen wir zunächst einmal eine Schicht feuchte Zeitungsschnipsel. Darauf gehört eine Schicht sandige Gartenerde. Dann können wir das Aquarium weiter auffüllen mit organischen Abfällen aus Küche und Garten. Diese „Bio-Abfälle" sollten etwas zerkleinert werden. Damit erleichtern wir den Regenwürmern das Leben, denn sie haben keine Zähne.
Regenwürmer lieben besonders Abfälle, die schon etwas angerottet sind. Am wohlsten fühlen die Regenwürmer sich, wenn nicht zuviel Abfälle eingefüllt werden. Sie benötigen etwa die Hälfte ihres Lebensgewichtes (eine Rechenaufgabe für die Erzieherin: Wieviele Regenwürmer füllen wir ein? Wieviel wiegt ein Regenwurm etwa?).
Wenn soweit alles hergerichtet ist, können wir die ersten Regenwürmer für den Aufbau unserer Zuchtstation suchen und ausgraben oder in einem Zoofachgeschäft kaufen.
Für den Aufbau der Regenwurmstation werden etwa 4–8 Regenwürmer benötigt.
Sind die Regenwürmer gut im Glashafen untergebracht, bekommt der Deckel Luftlöcher, damit die Regenwürmer nicht ersticken. Außerdem sind Regenwürmer lichtscheu, deswegen muß das Aquarium entweder eingewickelt werden, oder es muß im Dunkeln stehen. Für Beobachtungszwecke kann es natürlich kurzfristig wieder etwas Licht bekommen, das halten die Regenwürmer aus.

Regenwürmer lieben eine Temperatur von etwa 18–25 Grad. Die Kinder können lernen, mit einem Thermometer umzugehen, wenn sie regelmäßig selbst nachprüfen, ob diese Temperatur gehalten wird.
Nun können die Kinder selbst beobachten, wie die Regenwürmer sich verhalten und was ihr Verhalten im Aquarium bewirkt. Wahrscheinlich werden die Kinder einen gewissen Respekt vor dem kleinen Tier entwickeln und vielleicht reizt es sie, weitere Beobachtungen anzustellen, z. B. mit der Erde, die der Regenwurm da für uns produziert. Diese besonders wertvolle Erde könnte von der Einrichtung auch im Rahmen eines Basares, einer Wohltätigkeitsveranstaltung oder einer Werbewoche angeboten werden. Selbst Regenwürmer sind bei Gartenbesitzern gern gesehene Kaufobjekte.
Die Kinder können auch Beobachtungsaufgaben bekommen, wie z. B. folgende:
- Wie lange dauert es, bis die Regenwürmer die verschiedenen Schichten des Aquariums „durchgepflügt" haben.
- Was passiert, wenn das Aquarium über einen längeren Zeitraum hinweg im Licht steht?
- Was passiert mit den Abfällen, wann verändern sie sich?
- Nach welcher Zeit sind mehr als 4 (8) Regenwürmer zu beobachten?

Später werden die Regenwürmer in den Garten gesetzt oder an Liebhaber weitergegeben.
Die von uns zum Nulltarif hergestellte Erde benutzen wir für weitere Experimente und für unseren Zimmergarten.

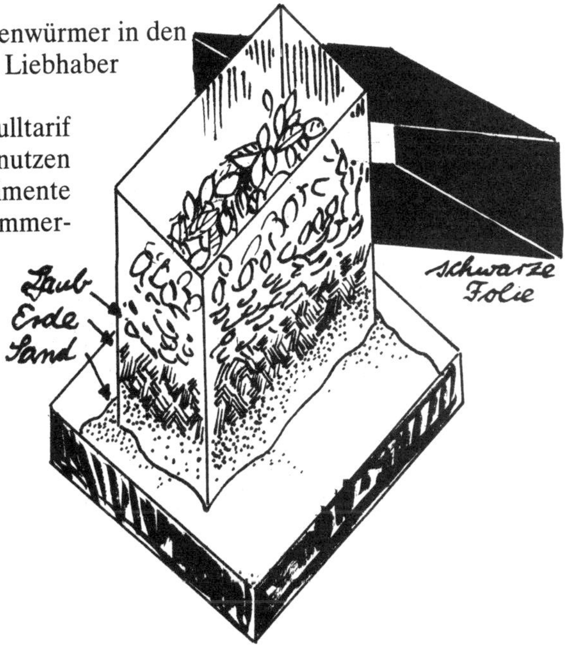

Regenwurmposter

Zur weiteren Information der Kinder zeichnet die Erzieherin ein Regenwurmposter und versieht es mit wichtigen Informationen. Das könnte so aussehen:
Ich bin ein Regenwurm:
Mein Steckbrief:

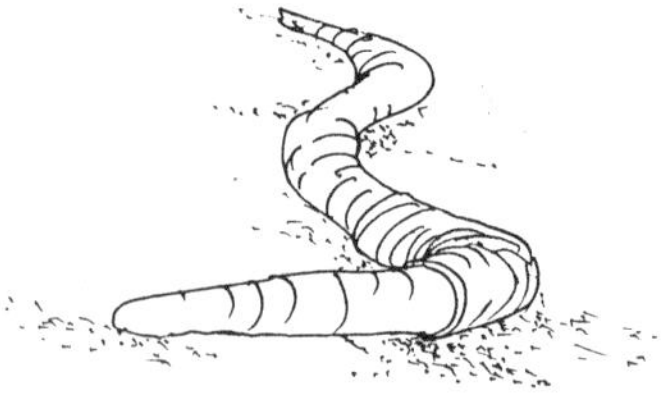

Name: Regenwurm
Wohnort: Erde, Kompost
Beruf: Bodenverbesserer, Humushersteller
Größe: etwa bis 12 cm
Geschlecht: männlich und weiblich.

Aus meinem Leben:
Im Winter schlafe ich tief unten in der Erde. Dort kann ich auch Kälte gut überstehen. Erst wenn es warm wird, komme ich nach oben, um Eier zu legen. Nach 3–4 Wochen schlüpfen meine Kinder.
Wir fressen abgestorbene Pflanzenteile, vermodertes Laub und Küchenabfälle.
Ich zerkleinere alles gut und durchlüfte bei meinen Wegen durch die unterirdischen Gänge den Boden. Das wissen die Menschen zu schätzen. Ich halte den Boden luftig und mache ihn fruchtbar, das haben auch die Pflanzen gerne.
Leider habe ich auch einige Feinde, die mich gerne fressen: Maulwürfe, Igel, Vögel, Käfer und Spitzmäuse. Es gibt auch etwas ganz Besonderes an mir: wenn mich jemand durchtrennt, z. B. beim Graben, dann lebe ich in zwei Teilen weiter. Außerdem bin ich gleichzeitig Mann und Frau.

Regenwurmversuche

Die Kinder haben den Regenwurm inzwischen kennen- und schätzengelernt. Wir wollen ihre Kenntnisse durch zwei Versuche erweitern und festigen.
Zunächst einmal zeigen wir den Kindern, welche Wirkung das Streusalz auf den Regenwurm hat.
Wir nehmen einen Schuhkarton und trennen ihn in der Mitte mit einer Glasscheibe. Nun füllen wir in beide Teile des Kartons normale Garten- oder Komposterde und setzen in beide Kartonhälften gleich viele Regenwürmer. Eine Hälfte der „Regenwurmerde“ begießen wir nun vorsichtig (damit der Karton nicht aufweicht) mit gesalzenem Wasser.

Ist das passiert, ziehen wir die Glasscheibe heraus und lassen den Karton einen Tag so stehen. Am nächsten Tag trennen wir genau dieselben Hälften mit einer Pappscheibe (die hat nicht so scharfe Kanten) und achten dabei darauf, daß wir keine Regenwürmer kaputt machen. Eine Erdhälfte nach der anderen wird nun vorsichtig aus dem Karton herausgenommen und in ein Sieb geschüttet. Nun zählen wir, wieviele Regenwürmer sich auf jeder Kartonseite niedergelassen haben.
Die Kinder wissen jetzt, daß Regenwürmer kein Salz vertragen und deshalb verschwinden. Darunter leiden auch die Pflanzen, die zum Wachsen den vom Regenwurm aufgelockerten Erdboden benötigen.
Ein weiterer Versuch ist mit Regenwürmern in Weckgläsern möglich. In die Weckgläser werden unterschiedliche Erdschichten gefüllt. Dazu kommen Schichten aus Laub oder zerkleinerten organischen Abfällen. Die Gläser können unterschiedlich hergerichtet werden, so daß Vergleiche möglich sind.
Denkbar ist z.B. ein Versuch mit Küchenabfällen, die nicht zerkleinert wurden: Können die Regenwürmer diese Nahrung auch zerkleinern?
Wir können auch versuchen herauszufinden, wie Regenwürmer Blätter, die sich oberhalb des Erdreiches befinden, in die Erde ziehen.
Den Kindern fallen mit Sicherheit auch eigene „Regenwurmentdeckungstouren“ ein.
Wichtig ist aber, darauf zu achten, daß die Regenwürmer nach den Versuchen wieder in den Garten gesetzt werden.
Mit den Regenwürmern haben wir uns ausreichend beschäftigt. Der Garten hat viel zu bieten, viel mehr als einen Komposthaufen, Steinhügel, Reisigschichten und Regenwürmer. Das zeigt die folgende Geschichte.

Besuch bei Familie Müller

Mona und Hans sind mit ihren Eltern in ein neues Haus gezogen. Hinter dem Haus befindet sich ein riesengroßer Garten. Mona und Hans sind begeistert. Der Garten sieht herrlich wild aus. Da sind große alte Bäume, dichte Büsche Heckenrosen, eine völlig verwilderte Wiese und ein Graben, in dem man gut matschen kann.
Am Wochenende kommen Oma und Opa zu Besuch. Sie wollen das schöne neue Haus ansehen, und Opa, der Gartenfachmann, will seiner Tochter ein paar Tips für die Gartenpflege geben. Freudig begrüßen die Kinder am Samstag die Großeltern und ziehen sie gleich hinter sich her in ihr Gartenparadies. Aber Opa kann die Begeisterung der Kinder gar nicht teilen, er

schlägt entsetzt die Hände über dem Kopf zusammen: „Du meine Zeit, das nennt ihr Garten, eine Lotterwiese mit Obstbäumen habt ihr hier, mehr nicht. Aber laßt mich mal machen, ich werde euch schon einen schönen Garten zaubern."
Die Kinder verstehen Opas Entsetzen nicht. Aber beim Kaffeetrinken wird ihnen einiges klar, denn Opa erklärt der Mutter seine Pläne: „Am Wochenende müßt ihr erst einmal das ganz unnütze Zeug 'rausschmeißen. Die Büsche müssen raus, die wilde Wiese muß abgetragen werden und vor allen Dingen das viele Unkraut. Euer Garten besteht ja fast nur aus Brennesseln und Löwenzahn. Und den Komposthaufen könnt ihr auch gleich abtragen. Da gibt es doch jetzt die „Grünen Mülltonnen" für den biologischen Abfall. Ich werde am Montag gleich in das Gartenzentrum gehen und für euren Garten einkaufen: Wir brauchen Zierrasen, Lebensbäume für die Beeteinfassung, ein paar hübsche Tannen, Stiefmütterchen, Tagetes und ..."
„Opa, Opa hör auf", rufen die Kinder. „Wir wollen doch keinen Friedhof bepflanzen, sondern unseren Garten."
„Warum willst du den Garten nicht gleich betonieren und grün streichen, Vater", fragt die Mutter nicht ganz ernsthaft, „wo sollen denn die Schmetterlinge und die Vögel hin, wenn wir alles, was für sie nützlich ist, rausrupfen?"
„Und wo soll unser Gemüsegarten hin?", fragt der Vater.
Nun kann Opa gar nicht mehr folgen. „Einen Gemüsegarten wollt ihr haben, aber wie sieht denn das aus in einer schönen gepflegten Anlage?"
Nun greift Oma ein: „Johann, hast du vergessen, wie Radieschen und Tomaten aus dem eigenen Garten schmecken und denk doch mal an die Erdbeeren. Weißt du noch, wie die Erdbeeren schmecken, wenn sie nicht aus dem Supermarkt kommen?"
Opa ist beleidigt. "Dann erzählt mir doch mal, wie euer Garten aussehen soll und wer außer euch noch alles darin wohnen soll. Vielleicht braucht ihr auch noch Hunde, Katzen, Flöhe und Ratten."
Die Kinder und ihre Eltern sind nicht beleidigt. Sie schenken Opa einen guten selbstgemachten Kirschsaft ein und legen ihm noch ein Stück Kuchen mit Pflaumen von der ersten Ernte auf den Teller und erzählen: ...
Und nun vervollständigen die Kinder mit Hilfe der Erzieherin die Geschichte.
Um mehr über den Einsatz von Dünge- und Schädlingsbekämpfungsmitteln zu erfahren, kann die Erzieherin einen Besuch bei einem fachkundigen Helfer planen.

Besuch auf dem Bauernhof, im Landhandel oder in einer Raiffeisenwarenzentrale

Zunächst einmal erkundigt sich die Erzieherin, wo es eine entsprechende Person oder Einrichtung gibt, die den Kindern bereitwillig Auskunft gibt.
Es gibt viele Landwirte und Landhandelszentralen, die gerne bereit sind, auch an Kinder Informationen zu geben. Die Erzieherin muß sich zunächst selbst informieren und einen Themenschwerpunkt wählen (z.B. Düngung oder Schädlingsbekämpfung). In der Einrichtung wird der Besuch mit den Kindern inhaltlich vorbereitet. Nur wenn die Kinder auch Fragen stellen können und über ein Minimum an Vorinformationen verfügen, macht so eine Exkursion Spaß.
Es gibt auch richtige „Ferien- und Informationsbauernhöfe", die Informationsfreizeiten, -wochenenden und -tage veranstalten.

Besuch in der Schrebergartenkolonie

Mit dem bis jetzt erworbenen Wissen über den Garten kann es für die Kinder auch interessant sein, eine Schrebergartenkolonie zu besuchen.
In solchen Kolonien gibt es viele recht unterschiedlich gestaltete Gärten. Vom naturbelassenen Garten mit Komposthaufen, etwas Wildnis, Gemüse und Gänseblümchen bis hin zur „grünen Wüste" deren Rasen wie Teppichboden aussieht und auf dem kein Gänseblümchen geduldet wird.
Die Erzieherin meldet ihren Besuch natürlich vorher an und versucht, Besuchs- und Interviewtermine für die Gruppe abzusprechen und vorzuplanen.
Die Kinder können gemeinsam mit der Erzieherin Kuchen backen und Saft mitnehmen. So können Besucher und Gäste ein Schrebergartenpicknick an Ort und Stelle veranstalten.

Schrebergartenrollenspiel

Mit diesen Informationen können die Kinder ein Schrebergartenrollenspiel spielen.
Die Erzieherin findet mit den Kindern gemeinsam heraus, wer sich in so einer Schrebergartenkolonie aufhält, dort einen Garten hat oder in irgendeiner Weise in Bezug

zum Schrebergarten steht. Dabei gibt die Erzieherin Anregungen und erinnert an vorangegangene Erlebnisse (Besuch im Landhandel).
Folgende Rollen könnten sich dann ergeben:
Schrebergartenfamilie (Eltern, Kinder, Großeltern)
Schrebergartenbesitzer mit naturbelassenem Garten
Schrebergartenbesitzerin mit „Edelgarten“
Naturschützer, Umweltberater, Landhandelverkäuferin, Verkäuferin eines Gartencenters, Vorsitzende der Schrebergartenkolonie.
Rollenspielkonflikt oder -anlaß könnte sein, daß sich zwei Gartenbesitzer „in den Haaren“ haben, weil der eine sein Unkraut nicht rupft und die Wiese nicht mäht, der andere sich dadurch gestört und belästigt fühlt.
Zum Streitgespräch werden fachkompetente Leute zusammengerufen oder nacheinander befragt.
Ein weiterer Anlaß könnte sein: Die Mitglieder des Schrebergartenvereins haben Mitgliederversammlung und diskutieren mit Gästen über das Thema Schädlingsbekämpfung.
Die Erzieherin kann sich auch in eine Rolle begeben, um helfend eingreifen zu können, ohne das Spiel zu stören.

Was wäre ein Garten ohne Wasser?

Jeder Garten braucht Wasser. Da Wasser ein teures Element und außerdem ein schützenswertes Gut ist, nehmen wir es nicht aus der Leitung, sondern schaffen eine Regentonne an.

Die Regentonne

Als Regentonne eignen sich alte Wein- oder Bierfässer. Im Landhandel sind häufig auch ausgebrauchte große Tonnen zu bekommen, die sich mit einem Überlauf und einem Hahn versehen, als Regentonne eignen.
Mit etwas Glück bekommt man auch im Spirituosenhandel noch ein altes Whiskyfaß.
Nun suchen wir einen geeigneten Platz (Regenrinne mit Fallrohr), um die Regentonne aufzustellen.
Die Regentonne hält nicht nur Wasser für den Garten bereit, sie liefert uns auch wieder naturkundliches Anschauungs- und Erkundungsmaterial. Wir können z. B. ausprobieren, wie es sich anfühlt, wenn wir uns mit dem Regenwasser die Haare waschen (vorher mit den Eltern absprechen). Regenwasser ist nämlich längst nicht so hart wie Leitungswasser. Das

haben die Pflanzen gerne und unsere Haare auch. Vorausgesetzt, die Regentonne steht nicht gerade in einem Industriegebiet.
Auch Wasserläufer können wir auf dem Regenwasser in der Tonne beobachten. Einige Insekten suchen sich die Regentonne zur Eiablage aus. Auch Mücken und viele Libellenarten sind in der Nähe einer Wassertonne anzutreffen.

Regenmesser

Mit Hortkindern fertigen wir einen Regenmesser an, mit dem sie die tägliche Niederschlagsmenge ermitteln können. Benötigt werden hierfür zwei alte Plastikflaschen von ca. 8 cm Durchmesser, ein quadratischer Holzpflock, ein Kantholz, ein kleineres und ein größeres flexibles Plastikstück. Eine der Flaschen wird durchgeschnitten, so daß ein Trichter mit einem Durchmesser von 8 cm entsteht. Den Hals der anderen Flasche erweitern wir so, daß wir den Hals der durchgeschnittenen Flasche wie einen Trichter hineinstecken können. Am unteren Flaschenende markieren wir nun mit einem wasserfesten Farbstift eine Skala, vom Flaschenboden aus gemessen immer in einem Abstand von 1 cm. (Die Skala kann auch mit einem Nagel eingeritzt werden.) Jetzt wird das Kantholz auf den Pflock genagelt. Zur Befestigung der Plastikflasche werden in das Kantholz 4 Nägel geschlagen. Schließlich legen wir zum Schutz gegen die Sonne ein flexibles Plastikstück um die Flaschen herum und nageln es am Holzpflock fest. Die Kinder erfahren von der Erzieherin anschließend, daß 1 cm Regenwasser in der Plastikflasche 10 Litern Niederschlag pro Quadratmeter entspricht. Im Garten können wir diese Aussage mit einem 10-Liter-Eimer auf einem abgegrenzten Bodenstück gut verdeutlichen.

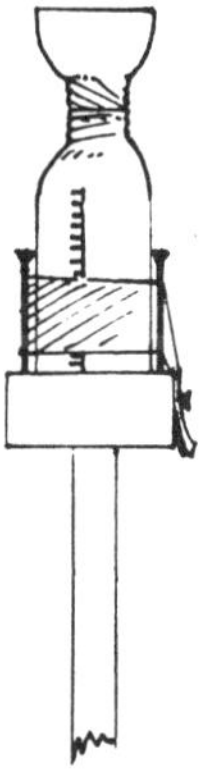

Besichtigung eines Wasser- und Klärwerkes

Warum es sinnvoll ist, mit Wasser sparsam umzugehen, läßt sich am eindrucksvollsten in einem Wasser- oder Klärwerk selbst deutlich machen.
Solche Besuche lassen sich heute leicht arrangieren, die Angestellten solcher Werke sind gern bereit, Auskunft

zu geben. Die Kinder sehen aber auch selbst, wie aufwendig es ist, verschmutztes Wasser zu reinigen. Es muß zunächst einmal gefiltert werden, danach wird dem Wasser Sauerstoff zugegeben. Eine chemische Reinigung ist noch notwendig, und Bakterien werden zugesetzt. Erst dann wird das Wasser wieder in den natürlichen Wasserkreislauf geleitet. Das alles ist sehr aufwendig und dadurch teuer.
Mit Wasser kann man aber nicht nur experimentieren, Wasser läßt sich auch, wenn man nicht allzu verschwenderisch damit umgeht, zum Matschen und Spielen verwenden.

Wassermusik

Bei schönem Wetter stellen wir den Kindern im Freien verschiedene Wasserbehälter zur Verfügung, die mit Wasser gefüllt werden können oder leer bleiben und veranstalten ein variationsreiches, feuchtfröhliches Konzert.
Als Behälter eignen sich z. B. verschiedene Becher, Eimer, Plastikgießkannen, Schüsseln, Flaschen und Plastikschläuche.

Schwamm-Garten

Für dieses gärtnerische Experiment in der Einrichtung benötigen wir saubere Schwämme, die frei von Reinigungsmitteln sind. Die Kinder legen die Schwämme in tiefe Teller und streuen Kapuzinerkresse- oder Lattichsamen darüber. Dann werden die Teller etwa 1 cm mit Wasser gefüllt und im warmen Raum ans Licht gestellt. Schon nach etwa 3 Tagen ist der Schwamm mit grünen Pflänzchen übersät, und nach etwa 10 Tagen kann geerntet werden.

Steingarten

Kinder können die Natur und die Lebensbedingungen der Pflanzen besonders gut im (eigenen) Garten entdekken. Befindet sich der Kindergarten oder Hort auf einem Gelände, das die eine oder andere abschüssige Stelle aufweist, können wir zusammen mit den Kindern mit Hilfe von Natursteinen einen Steingarten anlegen, in dem man schon bald

Schmetterlinge und Heuschrecken beobachten kann. Zur Bepflanzung eignen sich die verschiedensten Arten von Gräsern und niedrige, polsterbildende Gehölze.

Rotkohlzauberei

Mit einem Rotkohlblatt aus unserem Garten, Wasser, Essig und etwas Natron lassen sich Farbzaubereien durchführen. Die Erzieherin zeigt den Kindern, wie es geht. Zuerst hacken wir gemeinsam ein Rotkohlblatt klein und überbrühen es mit kochendem Wasser. Nach etwa 30 Minuten wird das violett gefärbte Kohlwasser in ein Glas abgegossen. Für die Zauberei stellen wir nun drei Gläser auf den Tisch, die scheinbar klares Wasser enthalten. In Wirklichkeit ist nur im ersten Glas Wasser, im zweiten weißer Essig und im dritten Wasser mit etwas aufgelöstem Natron. Wird nun etwas Kohlwasser in jedes Glas gegossen, so bleibt die erste Flüssigkeit in der Färbung violett, die zweite wird rot und die dritte grün. Das Zaubergeheimnis wird von der Erzieherin gelüftet: Der violette Farbstoff des Kohls verfärbt sich in sauren Flüssigkeiten (Essig) rot, während er in alkalischen (Natron) grün wird und sich im neutralen Wasser nicht verfärbt.

Bohnenspiel

Dieses Spiel läßt sich im Gruppenraum wie im Freien durchführen. Jeweils 2 Hortkinder sitzen sich gegenüber. Jedes hat vor sich eine Reihe mit 6 Schälchen. In jedem der 12 Schälchen liegen 5 Bohnen (oder andere feste Früchte). Die beiden Kinder nehmen nun abwechselnd den Inhalt eines beliebigen Schälchens aus der eigenen Reihe und verteilen ihn im Uhrzeigersinn auf die nächstfolgenden Schälchen. In jedes Schälchen kommt eine Bohne. In diese Verteilung werden auch die Schälchen des Gegenspielers mit einbezogen, sobald der Inhalt des Schälchens, das man leert, über die Anzahl der eigenen Schalen hinausgeht. Durch die ständige Umverteilung enthalten die Schalen schon bald eine unterschiedliche Anzahl von Bohnen. Verteilt ein Kind die Bohnen so, daß in zwei oder mehreren Schälchen nur mehr eine Bohne liegt, so gehören diese einzeln nebeneinander liegenden Bohnen dem Gegner. Die Spieler müssen also sehr geschickt verteilen und darauf achten, daß nicht in 2 oder mehr Schälchen lediglich 1 Bohne liegt. Verloren hat, wer zuerst keine Bohne mehr besitzt.

Äpfel angeln

Ein beliebtes Spiel, für das wir Äpfel und eine mit Wasser gefüllte Schüssel benötigen: In die Schüssel legt die Erzieherin einen Apfel. Jedes Kind kann nun versuchen, den Apfel mit den Zähnen aus dem Wasser zu holen. Beide Hände bleiben dabei auf dem Rücken verschränkt. Die Mitspieler zählen unterdessen deutlich bis 15. Ist es bis zu diesem Zeitpunkt nicht gelungen, den Apfel herauszuziehen, kommt ein anderes Kind an die Reihe. Am Ende des Spiels findet ein gemeinsames Apfelessen statt, an dem alle beteiligt sind. Dabei erfahren die Kinder von der Erzieherin, daß Äpfel ein sehr gesunder Ersatz für Süßigkeiten sind, daß sie Vitamin C, Mineralien, Ballaststoffe und Zucker enthalten und zu 85 Prozent aus Wasser bestehen.

Kirschkernweitspucken

Ein besonders wohlschmeckendes Wettspiel, das Kinder schon viele Generationen vor uns spielten: Jedes Kind geht mit gleich vielen Knupperkirschen an den Start. Wer kann seine Kerne am weitesten spucken? Die zurückgelegte Strecke wird gegebenenfalls mit dem Meterband ausgemessen. Alle Beteiligten erhalten zum Schluß ein Stück Gartenobst und den (aus Pappe vorbereiteten) Kirchkernweitspuckerorden.

Kartoffeln schleppen

Im Garten wird eine Bahn markiert. Dann schütten wir einen Haufen kleine Kartoffeln aus. Auf ein Startzeichen soll ein Kind die Kartoffeln so schnell wie möglich aufsammeln, mit ihnen loslaufen und sie zum Ziel befördern. Es darf sie dabei weder in die Tasche, noch unter das Hemd stecken. Sieger ist, wer nach der Stoppuhr der Erzieherin die wenigste Zeit benötigt und möglichst keine Kartoffeln verloren hat.

Variation: Alle Kinder laufen zugleich los. Sieger ist, wer auf dem Weg die wenigsten Kartoffeln verliert und dennoch am schnellsten ist.

Wer kennt sich aus im Garten?

Die Erzieherin gibt den Kindern Rätsel auf, die alle etwas mit dem Garten zu tun haben:

Es sitzt ein Bübchen im Baume drin,
hat rote Bäckchen und Grübchen im Kinn.
Da kommt der Wind und schaukelt's schneller.
Plumps, fällt's herab, auf deinen Teller. (Der Apfel)

Erst weiß wie Schnee,
dann grün wie Klee,
dan rot wie Blut,
schmeckt allen Kindern gut. (Die Kirsche)

Sie hat sieben Häute und beißt alle Leute. (Die Zwiebel)

Was hängt am Baum, ist innen gelb und außen blau? (Die Pflaume)

Rund und klein,
fünf Schwesterlein im engen Haus.
Sie müssen heraus.
Im Wasser gekocht schmecken sie gut. (Die Erbsen)

In kleinen Trauben hängt's am Strauch,
ist rot wie Blut, und gut schmeckt's auch. (Die Johannisbeeren)

An Blüten will er naschen,
Kinderlein, die woll'n ihn haschen. (Der Schmetterling)

Unter grünem Blatt verborgen,
häng ich rot und rund.
Kinder, sucht mich froh am Morgen,
und steckt mich in den Mund. (Die Erdbeeren)

Wer beißt und hat doch keine Zähne? (Die Zwiebel)

Welcher Stock trägt rote Blüten? (Der Rosenstock)

Welches Mütterchen ist stumm? (Das Stiefmütterchen)

Welches Glöckchen hört man nicht? (Das Maiglöckchen)

Alle Tage geh' ich aus, bleibe dennoch stets zu Haus. (Die Schnecke)

Welche Glocken haben keinen Klang? (Die Glockenblumen)

Gartenpoesie

In einem kleinen Apfel

In einem kleinen Apfel
Da sieht es lustig aus:
Es sind darin fünf Stübchen
Grad wie in einem Haus.

In jedem Stübchen wohnen
Zwei Kernchen schwarz und fein,
Die liegen drin und träumen
vom lieben Sonnenschein.

Sie träumen auch noch weiter
Gar einen schönen Traum,
Wie sie einst werden hängen
Am lieben Weihnachtsbaum.
(Volkslied)

Die Erzieherin verteilt Äpfel an die Kinder. Die Äpfel werden quer durchgeschnitten. Jeder kann darin die „fünf Stübchen“ mit den Kernen betrachten.

August

Die verehrlichen Jungen, welche heuer
Meine Äpfel und Birnen zu stehlen gedenken,
Ersuche ich höflichst, bei diesem Vergnügen
Womöglich insoweit sich zu beschränken,
Daß sie daneben auf den Beeten
Mir die Wurzeln und Erbsen nicht zertreten.
(Theodor Storm)

Ausgehend von diesem von Theodor Storm veröffentlichten „Inserat“ ließe sich ein Gespräch führen über eigene „Gartenabenteuer“.

Der Birnenschmaus

So komm, du lieber Sonnenschein,
laß unsre Birnen gut gedeihn!

Und wenn sie gelb geworden sind,
dann komm und wehe, lieber Wind!

Komm, Wind, und schüttle jeden Ast
und lad uns allesamt zu Gast!

Dann eilen wir zum Haus hinaus
und halten einen Birnenschmaus.
(Heinrich Hoffmann v. Fallersleben)

Das Gedicht eignet sich gut für ein kleines Rollenspiel mit den jüngeren Kindern in der Gruppe.

Die Spinne

Thomas sitzt auf der Kellertreppe und spielt mit seinen Autos. Die Mutter kommt zeternd aus dem Keller und steigt mit Riesenschritten über seinen Fuhrpark, um nichts zu zertreten.
Sie schimpft vor sich hin: „Wenn der Papa heute nicht die Spinne tötet, gehe ich nicht mehr in den Keller."
„Warum tötest du sie nicht selbst?" will Thomas wissen.
„Ich mag keine Spinnen. Ich ekele mich davor. Und darum kann ich sie auch nicht töten."
Die Mutter schüttelt sich.

Als der Vater nach Hause kommt, spielt Thomas immer noch auf der Treppe.
„Du, Papi, die Mutti will, daß du die Spinne im Keller tötest. Machst du das?"
„Ich werde sie mir nachher mal anschauen", antwortet der Vater.
Als er dann später in den Keller hinabsteigt, geht Thomas hinterher. Beide suchen die Spinne, vor der sich die Mutter fürchtet. Neben dem Kellerfenster sitzt sie in ihrem großen, schöngewebten Netz. Sie hat einen dicken schwarzen Körper und lange Beine. Ein bißchen unheimlich sieht sie schon aus, findet Thomas, aber im Vergleich zur Größe seiner Mutter ist es doch ein winzigkleines Tier.
„Tut sie den Menschen was?" will Thomas wissen.
„Bestimmt nicht", sagt der Vater.
„Was machst du jetzt mit ihr?" fragt Thomas.
„Am liebsten gar nichts, sie ist nämlich unser Gast und will bei uns nur überwintern. Draußen ist es ihr jetzt zu kalt. Ich werde mal mit Mutter reden."

Beide stapfen wieder nach oben. Thomas muß erstaunt feststellen, daß seine Mutter tatsächlich so tut, als habe sie vor so einer kleinen harmlosen Spinne Angst, während sie an jedem riesigen Schäferhund ohne mit der Wimper zu zucken vorbeigeht.
Die Mutter läßt sich dann aber doch davon überzeugen, daß die Spinne in ihrer Ecke neben dem Fenster bleiben und im Frühjahr wieder verschwinden wird.
Thomas ist froh, daß die Sache so ausgegangen ist und nimmt sich vor, die Spinne einmal täglich zu besuchen, damit es für sie nicht so langweilig in dem dunklen Keller wird.

(Georg Zeissner/Brigitte Lotz 1986)

Anknüpfend an diese Geschichte kann mit Kindern ein Gespräch über die Angst und den Ekel vor manchen Tieren geführt werden. Nach einem Sachgespräch über Spinnen können die Kinder auch Spinnen und Spinnennetze malen.

Geburtstagsbaum

„So laßt uns denn ein Apfelbäumchen pflanzen", heißt eines der letzten erfolgreichen Bücher Hoimar von Ditfurth's. Wenn Bäume im allgemeinen sehr langsam wachsen, so kann man doch mit dem Anpflanzen eines Geburtstagsbaumes viel Freude haben. Da der Platz auf dem Kindergarten- oder Hortgelände für dieses Vorhaben niemals reichen würde, regen wir Kinder und Eltern zu dieser Initiative an. Besonders gut geeignet sind Apfel-, Kirsch- und Pflaumenbaum, weil diese verhältnismäßig schnell wachsen. Für die Pflanzzeit eignet sich am besten der Herbst. Die Kinder können sich (z.B. in einer Baumschule) einen Baum aussuchen, der etwa ihre Größe hat. Neben dem Baum wird ein Schild mit dem Namen des jeweiligen Kindes und dem Pflanzdatum des Baumes befestigt. Wir stellen das Kind neben den Baum und fotografieren es. Jedes Jahr zum Geburtstag entsteht ein neues Bild von Kind und Baum.
Es wird die Kinder beim Vergleichen der Bilder freuen, festzustellen, wer von beiden schneller gewachsen ist, das Kind oder der Baum.

Früchteketten

Der Garten als „Schmuck-Lieferant". Die Kinder durchbohren Apfel-, Sonnenblumen- oder Kürbiskerne, Bohnen u.ä. mit der Nadel und ziehen sie auf einen Faden auf. Das „natürliche" Aussehen der Früchte wird durch eine dünne Klarlackschicht bewahrt.

Graswettziehen

Vor Spielbeginn reißt jedes Kind einige lange, biegsame Grashalme aus. Der erste Spieler biegt dann einen Halm zu einem Bogen und faßt seine beiden Enden zwischen Daumen und Zeigefinger an, der Gegenspieler, den er zum Wettziehen auffordert, zieht seinen Halm durch den

Halm des Herausforderers, biegt ihn dann ebenfalls zu einem Bogen und ergreift beide Enden. Jetzt beginnt das Graswettziehen: Beide ineinander verschlungenen Halme spannen sich, und die Kinder ziehen vorsichtig an. Wem der Halm dann reißt, verliert und muß beide Reste seines Halms dem Sieger als Trophäe übergeben. Der Sieger fordert den nächsten Spieler zum Wettziehen auf.

Seenlandschaft im Garten

Der Umgang mit Sand und Wasser ist eine der Tätigkeiten, bei denen Kinder besonders vertieft und selbstvergessen spielen. In der Sandkiste ziehen die Kinder verschiedene Gräben und Mulden, die mit Plastikfolie oder Einkaufstüten ausgelegt werden. Nun wird Wasser in die „Seenlandschaft“ gefüllt. An den Ufern wachsen Bäume und Büsche, es gibt Brücken und ein Boot, auf dem Menschen spazierenfahren. Neben Plastikfolie bzw. ausrangierten Plastiktüten und Wasser werden Eimer, kleine Äste, Steine, Gras und andere Naturmaterialien benötigt.

Obstkistengarten

Die Entdeckungstour „Garten“ beenden wir mit dem Bau eines Obstkistengartens.
Dazu benötigen wir eine ausgediente Obstkiste, verschiedene Samen von Gräsern und Blumen, Pflanzen, Stecklinge und andere Naturmaterialien.
Für den Teich benutzen wir eine kleine Glasschale oder ein anderes Gefäß, das in der Küche zu entbehren ist.
In unserem Minigarten können wir genau das tun, was wir für sinnvoll halten: wir können ein Stück Naturwiese anlegen, etwas Kresse und Petersilie für die Küche ziehen, Blumen wachsenlassen und auch den „Un-Kräutern“ Raum lassen.

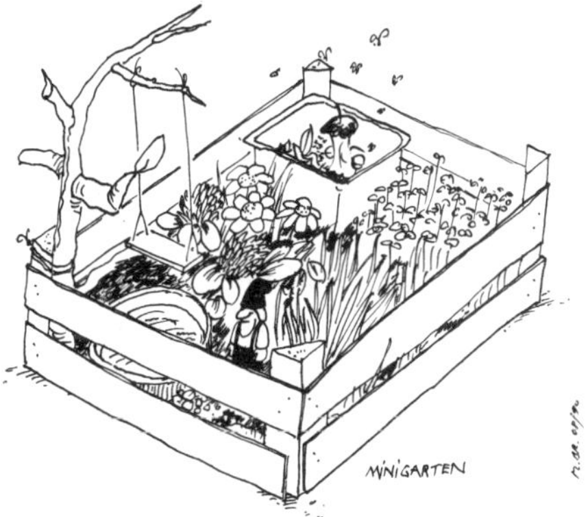

Entdeckungstour „Wald und Wiese"

Informationen

Der Wald ist die artenreichste Vegetationsform auf unserem Planeten. Er beherbergt mehr Tier- und Pflanzenarten als alle anderen Ökosysteme zusammen. Der Wald ist optimaler Lebensraum für viele Tiere und Pflanzen, da er eine so große Vielfalt besitzt.
Eine der Begleiterscheinungen unserer Zivilisation besteht darin, daß der Mensch mit Erfindungen seinen eigenen Lebensraum zerstört.
Innerhalb eines Jahres werden Waldflächen von der Größe Englands abgeholzt und Gebiete so groß wie Portugal ausgelaugt.
Tausende von Touristen strömen selbst in die entlegendsten Wildnisgebiete und zerstören dort unter Naturschutz stehende Parks und Reservate.
Pflanzen und Tiere werden vernichtet, Wälder gerodet, um immer mehr Platz für Industrieanlagen, Straßen und Weideland zu schaffen.
Die Folgen der Zerstörung bekommen wir längst zu spüren: Erosion, Überschwemmungen, Dürrekatastrophen. Unzählige Pflanzen- und Tierarten sterben aus, die Bodenfruchtbarkeit nimmt ab, die Wüste breitet sich aus.
Schon immer haben Menschen in das Ökosystem Wald eingegriffen. Der Wald verkraftet viel und forstet sich, bei gemäßigtem Eingriff, von selber wieder auf. Der Mensch muß den Wald als Holzlieferanten für die Möbelherstellung, den Schiffsbau und die Papierproduktion schonend nutzen, seinen Verstand dabei einsetzen und dem Wald Zeit zum Regenerieren geben.
Für den Menschen wäre es sinnvoll, sich den Wald zu erhalten und ihn nicht weiter zu zerstören. Der Wald speichert Feuchtigkeit, absorbiert Sonneneinstrahlung und hält das Erdreich zusammen. Das trägt dazu bei, unser Klima zu stabilisieren, die Fruchtbarkeit unserer Böden zu bewahren und unseren Wasservorrat zu schützen. Das alles ist jedoch in Gefahr, wenn wir weiterhin den Wald in diesem Tempo ausrauben, ihm keine Zeit zur Erholung gönnen.

Pädagogische Absicht

ist es, den Kindern den Wert unserer Wälder beispielhaft vor Augen zu führen. Sie können Freude daran entwickeln, den Wald zu erforschen, dabei Pflanzen und Tiere zu entdecken, die ihnen vielleicht bisher unbekannt waren und dabei auch anderen Geheimnissen des Waldes auf die Spur kommen.
Wir wollen den Kindern einen persönlichen Bezug zum Wald ermöglichen, damit sie nicht nur forschen und entdecken, sondern sich auch für den Schutz des Waldes einsetzen. Die Kinder erfahren dabei, welchen unschätzbaren Wert der Wald für Menschen, Tiere und Pflanzen hat.
Durch Experimente werden die Kinder erkennen, daß nicht viel dazu gehört, diesen Lebensraum zu zerstören. Dabei kann auch deutlich werden, daß der Wald in ganz besonderem Maße erhaltenswert ist.
Gerade Kinder die in der Stadt aufwachsen, sollten den Wald als einen Ort entdecken, der Abenteuererlebnisse wieder möglich macht und zu spannenden Entdeckungen verhilft.
Dabei schärft sich die Beobachtungsgabe, lernen die Kinder mit Fernrohr, Bestimmungsbuch und Lupe umzugehen, und sie üben ihre Konzentrationsfähigkeit. Die Auseinandersetzung mit lebendigem „Material" ist für Kinder immer besonders interessant und verschafft ihnen lang anhaltende Einsichten. Zusammenhänge werden direkt erfahrbar gemacht und „nisten" sich so im Gedächtnis ein. Unsere Kinder sollen aber auch dafür sensibilisiert werden, auf Schäden des Waldes zu achten, sie zu verhindern (soweit es in ihren Kräften steht) und selbst dem Wald keinen Schaden zuzufügen.

Kurz: Die Kinder sollen den Wald entdecken.

Ziele

Die Kinder lernen, daß
- der Wald für die Menschen, die Tiere und Pflanzen als Sauerstoffspender, Holzlieferant, Schattenspender, Wetterregulator, Lebens- und Schutzraum, natürlicher Erholungspark lebenswichtig ist,
- es auch eine Waldpyramide gibt, die nicht aus dem Gleichgewicht gebracht werden darf,
- es unterschiedliche Wälder mit unterschiedlichen Funktionen gibt,
- der Waldboden unterschiedlichen Lebewesen Unterschlupf und Lebensraum bietet,

- auch „totes“ Holz lebt, Laub seine Funktion hat und der Waldboden Kleinstlebewesen beherbergt, die größeren Tieren wiederum als Nahrung dienen,
- es Nadelwälder, Mischwälder und Auwälder gibt,
- der Wald über unterschiedliche „Stockwerke“ verfügt, die unterschiedliches Leben möglich machen.

Die Kinder
- nehmen den Wald mit allen Sinnen wahr,
- unterscheiden Bäume voneinander,
- untersuchen den Waldboden, die Blätter und Pflanzen, entwickeln dabei „Entdeckerfreude“ und Lust am Forschen,
- gehen behutsam mit Pflanzen und Tieren um,
- schützen Leben.

Die Kinder
- besitzen Kenntnisse über Waldschäden, deren Ursachen und Möglichkeiten, den Wald vor Schäden zu bewahren,
- können Beobachtungen machen und diese aufzeichnen,
- suchen Baumfrüchte und züchten daraus neue Bäume,
- erforschen das Leben unter der Baumrinde,
- kennen den Wald als Erfahrungs- und Erlebnisraum und als Ort der Erholung,
- überlegen, welche Möglichkeiten sie haben, etwas für den Wald zu tun.

Praxisbeispiele

Waldspaziergang

Der erste Waldspaziergang sollte in einem vorher sorgfältig ausgesuchten Waldstück stattfinden. Der Wald muß nach Möglichkeit viele unterschiedliche Nutzungsformen aufweisen. Das ist zum Beispiel bei einem Mischwald der Fall. Es sollten auch Lichtungen vorhanden sein und vielleicht ein kleiner Bach. Der erste Spaziergang im Wald kann den Kindern mögliche Ängste vor dem „finsteren Wald“ nehmen und die Neugier wecken.
Die Erwachsenen nehmen Ferngläser, Lupen, Schachteln, Gläser mit Schraubverschlüssen und Taschen mit, damit die Kinder exakt beobachten und auch „Schätze“ sammeln können.

Eine erste Wegstrecke sollte nur kurz sein (4–6 km, je nach Alter und Energie der Kinder). Die Kinder benötigen aber viel Zeit zum Forschen, Untersuchen und Entdecken.
Sollte ein Forsthaus auf dem Weg liegen, bringt das die Kinder vielleicht schon auf die Idee, einen Besuch beim Förster zu arrangieren.
Auswertung:
Wir breiten unsere „Schätze" entweder noch im Wald oder später in der Einrichtung aus und betrachten sie gemeinsam. Wahrscheinlich haben die Kinder Blätter, Rindenstücke, Moose, vertrocknete Käfer, Kienäpfel, Waldfrüchte und Pflanzen gefunden.
Die Erzieherin/Lehrerin hilft bei der Bestimmung unbekannter Funde. Wir versuchen uns an die Fundstellen unserer Mitbringsel zu erinnern, vergleichen, sortieren und versuchen, weitere Erkenntnisse (z. B. durch Bilderbücher, Bestimmungsbücher und Lernplakate) zu gewinnen.
Auch über Beobachtungen von Tieren und Pflanzen, die wir nicht mitnehmen konnten, sprechen wir. Ebenso fragen wir nach Gerüchen, Geräuschen, Eindrücken und besonderen Erlebnissen.
Die Fundstücke werden gut aufbewahrt.

Waldpyramide

Wie benötigen viele Papprollen oder leere Dosen, etwas Papier und Farbstifte. Das Papier wird so zurechtgeschnitten, daß die Dosen damit beklebt werden können. Jedes Stückchen Papier wird mit einem Symbol versehen, das einen Teil des Waldes zeigt und für das Gleichgewicht des Waldes notwendig ist z. B.: Brennesseln, Farne, Gräser, Schnecken, Schmetterlinge, unterschiedliche Bäume, Uhus, Marder, Mäuse, Schlangen, Wespen, Kleiber u. a. m.
Wenn die Dosen oder Papprollen mit den entsprechenden Bildern beklebt worden sind, werden sie wie beim Dosenwerfen aufeinander gestapelt (Farne, Gräser, Kleinstlebewesen in die untere Reihe, darüber dann Bäume, große Tiere usw.). Nimmt nun ein Kind eine Dose bzw. Papprolle aus der „Waldpyramide" heraus, bricht das „System" zusammen. So, wie auch die Pyramide Wald es tun würde, wenn sie gestört wird.
Nicht nur im Wald gibt es Bäume. In der Stadt, im Park und in unserem Wohngebiet finden wir Bäume. Mit diesen Bäumen wollen wir uns auch beschäftigen.

Bauen mit Naturmaterialien

Von unserem Waldspaziergang haben die Kinder allerlei Dinge mitgebracht (z.B. kleine Äste, Steinchen, leere Schneckengehäuse, Naturmaterialien usw.), die ihnen schön und interessant erschienen. Im Kindergarten bzw. Hort bildet die Erzieherin zwei Gruppen, die aus den gesammelten Dingen gemeinsam etwas basteln sollen. Hierzu bekommen sie ein bestimmtes Thema gestellt: „Fantasielandschaft“, „Stadt“ oder „Spielplatz“.
Als Bastelunterlage dient eine Styroporplatte oder Tapete bzw. Tonpapier im Format von ca. 80×80 cm. Am Ende der Bauaktion sprechen die Kinder darüber, was sie dargestellt haben.
Neben den gesammelten Gegenständen, den Bastelunterlagen, werden auch noch Leim (Klebstoff), etwas Draht und Tesafilm zum Befestigen verteilt.

Allerlei Bauten aus Sand, Lehm, Steinen und Moos

Für das Bauen im Freien und in der Natur benötigen wir viel Zeit. Aus Sand, Steinen, Lehm, Holz, Baumrinde, Moos und getrocknetem Gras entstehen richtige kleine Traumgebilde. Auf dem „Baugelände“ Waldboden mit Moos und Gras werden kleine Mooshäuschen errichtet. Sie verfügen über Ställe, einen Garten, Bäume, Blumen und anderes Zubehör. Die Seitenwände der Häuser werden je nach vorhandenem Naturmaterial aus flachen Steinen oder zwei Stöckchenreihen gebildet, in die die Kinder lockeres Gras stopfen. Als Dächer dienen z.B. Rindenstücke oder Moosplatten. Das Dachgebälk besteht aus Ästen.
Aus Sand und Wasser bauen die Kinder jeder für sich oder gemeinsam kleine Gebäude, die durch Ästchen, Kieselsteine und Pflanzenreste ergänzt und ausgeschmückt werden. Türme, Gänge, Treppen und Tore werden angesetzt, und ausgehöhlt. „Baukunstwerke“ dieser Art lassen sich besonders gut im Garten und auf dem Gelände des Kindergartens herstellen. Je nach örtlicher Lage suchen wir mit den Kindern flache Steine, Kiesel oder auch Lehmbrocken. In Kreisform werden die Steine oder Lehmbrokken aufeinandergeschichtet, wobei die Kreise nach oben hin immer kleiner werden und hüttenähnliche Steintürmchen entstehen. Natürlich lassen sich auch, je nach Talent der Baumeister, kleine Lehmpaläste zaubern.
Um die Abhängigkeiten von Pflanzen, Tieren, Bäumen und Menschen darzustellen, bauen wir mit den Kindern eine „Waldpyramide“.

Bäume in unserem Wohngebiet

Wir fertigen eine großformatige Karte eines bestimmten Gebietes (unser Wohngebiet?) an, das wir untersuchen wollen. Dieses Gebiet wird von Kindern und Erzieherinnen begangen. Dabei bekommen die Kinder die Aufgabe, darauf zu achten, wo Bäume stehen. Der Standort der Bäume wird in die Karte eingezeichnet.
Die Kinder sollen nach Möglichkeit noch vor Ort herausfinden, um welche Bäume es sich dabei handelt (Obstbäume, Parkbäume, Straßenbäume, Schattenspender, Windfang). Sie können auch nach der Funktion dieser Bäume fragen und Erinnerungsstücke mitbringen (Eicheln, Blätter).
Auswertungshilfen: Welche Baumsorten gibt es? Welche Funktion haben die Bäume? (Schutz vor Regen und Sonne, Obstlieferant, Tierunterschlupf)

Gespräche im Elternhaus

Die Kinder erfragen
- Welche Bedeutung haben Bäume für meine Eltern, Geschwister und andere Menschen in meiner Nachbarschaft?
- Gibt es „Baumgeschichten“?
- Welche Verwendungsmöglichkeiten gibt es für das Holz des Baumes?
- Welche Funktionen hat der Baum?
- Gibt es in unserem Wohngebiet genügend Bäume?
- Wie gehen die Menschen mit den Bäumen um?

Sandkistenspiel

Mit viel Naturmaterialien bauen wir in der Sandkiste eine Landschaft, bzw. eine Ortschaft nach. Es kann auch unser Wohngebiet sein.
Die Erzieherin achtet darauf, daß in dem Gebiet keine Bäume fehlen. Während des Sandkastenspiels können wir die „Elternhausgespräche“ auswerten. Ist der Bau fertig, „fällen“ wir alle Bäume, indem wir sie aus der Sandkiste entfernen.
Auswertungshilfen:

Wie gefällt euch der Ort (das Wohngebiet) ohne Bäume? Was würde passieren, wenn tatsächlich keine Bäume im Ort (Wohngebiet) vorhanden wären? Was können wir tun, um die Bäume zu schützen? Gibt es einen gesetzlichen Schutz für unsere Bäume?

Baumentdeckerspiel

Bevor wir eine Entdeckungsreise in den richtigen Wald unternehmen, suchen die Erzieherinnen/Lehrerinnen ein Gelände mit vielen unterschiedlichen Bäumen in der Nähe der Einrichtung (ggf. im Park). Dort spielen wir. Für das Spiel benötigen wir lediglich Tücher zum Verbinden der Augen und Papier zum Unterlegen (damit beim Wechsel der Augenbinde von einem Kind zum anderen keine Augenkrankheiten übertragen werden).
Die Kinder bilden Paare. Einem Kind werden die Augen verbunden. Das sehende Kind führt das „blinde" Kind auf Umwegen zu einem Baum. Mit diesem Baum macht sich das Kind vertraut: Es erriecht, befühlt und ertastet den Baum, bis es meint, so vertraut zu sein, daß es den Baum auch ohne Augenbinde wiederfinden wird.
Nach einiger Zeit gehen die Kinder, wieder auf kleinen Umwegen, zum Standort zurück. Die Augenbinden werden entfernt. Die nun sehenden Kinder versuchen, „ihren" Baum wiederzufinden.
Dann werden die Rollen getauscht.
Bei diesem Spiel erfahren die Kinder, daß Bäume nicht nur durch das Aussehen voneinander zu unterscheiden sind. Bäume haben auch einen eigenen Geruch, sie fühlen sich unterschiedlich an.
Die Sinne der Kinder werden angesprochen und sensibilisiert.

Fantasiereise „Baum"

Für dieses Entspannungs-, Lockerungs- und Fantasiespiel benötigt jedes Kind eine Liegematte oder Decke.
Die Kinder, etwa ab 5–6 Jahren, liegen bequem und entspannt auf ihrer Unterlage und schließen die Augen.
Sie werden von der Erzieherin/Lehrerin gebeten, bewußt erst den Kopf, dann das Gesicht, den Hals, die Schultern, Arme, Hände, den Brustkorb, die Leibmitte, den Unterleib, die Beine und die Füße wahrzunehmen und zur Ruhe kommen zu lassen.

Die Erzieherin gibt mit ruhiger Stimme entsprechende Hinweise. Jetzt versuchen die Kinder, ihren Atem bewußt wahrzunehmen und nach dem Rhythmus: Einatmen – Ausatmen – Pause – zu atmen.
Damit störende Bilder aus dem Kopf verschwinden, kann die Pädagogin Hilfen geben: Unsere Gedanken nehmen wir zusammen und „legen“ sie in einen großen Koffer. Der Koffer wird gut aufbewahrt und kann nach der „Reise“ wieder abgeholt werden. Jetzt ist der Kopf frei.
Nun werden die Kinder gebeten, sich vorzustellen, sie seien ein Baum. Nach jedem Satz macht die Pädagogin eine Pause, damit sich die Kinder in die Vorstellung „fallenlassen“ können. „Du hast schon viele Bäume kennengelernt, Stelle dir vor, wie es ist, ein Baum zu sein. Wo stehst du? – Welcher Baum bist du? – Wie weit reichen deine Wurzeln in den Boden? – Wie stark, dick und lang ist dein Stamm? – Wie lebst du? – Wie geht es dir als Baum? – Wie sieht deine Umgebung aus? – Stelle dir vor, daß du eine Zeitlang als Baum leben sollst. In welcher Jahreszeit lebst du? – Hast du viele Äste, viele oder wenig Blätter, welche Farbe haben sie? – Nisten in dir Vögel, wenn ja, welche? – Gibt es andere Tiere, die bei dir wohnen und dich besuchen? – Welche Wünsche hast du als Baum an die Menschen? – Wie gehen die Kinder mit dir um?
Nach einigen Minuten Pause geht es weiter: – Kehre jetzt in die Wirklichkeit zurück! – Öffne die Augen, schau dich um, nimm wahr, wo du bist! –“
So eine Fantasiereise sollte bei Kindern nicht länger als etwa 5 Min. dauern. Sinnvoll ist es, wenn die Erzieherin vorher selbst so eine Fantasiereise unternommen hat und die Fähigkeit besitzt, die Vorstellungskraft der Kinder anzusprechen.
Auswertungshilfen:
Wie habt ihr euch als Bäume gefühlt? Hat der Baum, der du eben warst, etwas mit dir zu tun? Welcher Baum warst du? Warst du groß und stark oder klein und dünn? Hat sich jemand um dich gekümmert, dich besucht, gepflegt, getröstet und lieb gehabt? Wie haben sich Erwachsene, wie Kinder dir gegenüber verhalten? Gab es Tiere, die dich besucht haben?
Gemeinsam wird abschließend über die unterschiedlichen Eindrücke gesprochen.

Der lachende und der weinende Baum

Die Erzieherin/Lehrerin stellt zwei Plakate her, auf denen je ein Baum zu sehen ist. Ein Baum bekommt ein lachendes, der andere ein trauriges Gesicht. Die Kinder bekommen mehrere runde Aufkleber, auf die sie zeichnen, was den Bäumen nützen und was ihnen schaden

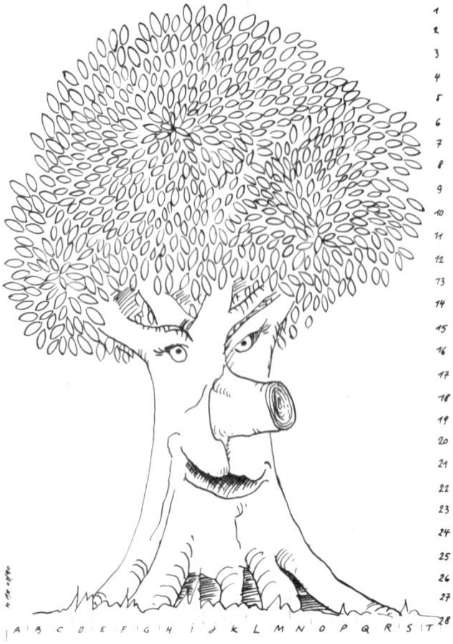

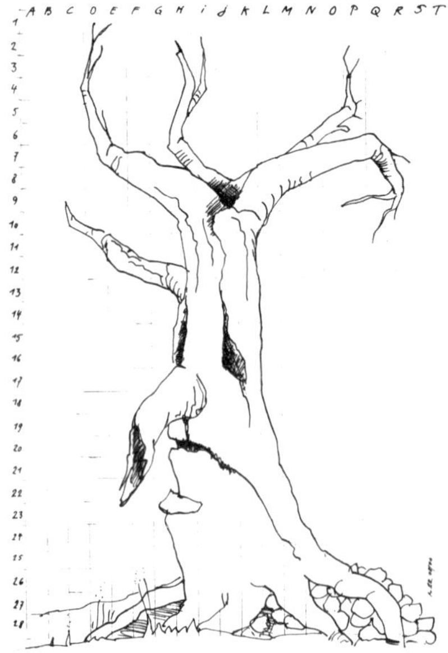

könnte. Die Aufkleber werden von Kindern auf den entsprechenden Baum geklebt.

Waldspaziergang ohne Wald

Auch bei Regenwetter können wir im Haus einen „Waldspaziergang“ machen. Die Erzieherin/Lehrerin lädt die Kinder ein, mitzugehen und mitzumachen. Sie erzählt: „Wir gehen durch einen dichten Wald. Die Bäume stehen eng beieinander, wir müssen uns vorsichtig hindurchquetschen und aufpassen, daß uns die Tannennadeln nicht zu sehr pieksen. Wir passen auch auf, daß wir beim Gehen nichts zerstören, geht also schön vorsichtig, achtet auf den Waldboden. Da, da war etwas. Wir bleiben stehen, ganz still und lauschen: Die Vögel zwitschern. Was mögen das für Vögel sein? Wir gehen weiter und müssen über einen Graben springen. Dabei werden unsere Füße naß, die Schuhe müssen ausgezogen werden. Ich gebe jetzt mein Fernglas herum, damit ihr berichten könnt, was dort hinten zu entdecken ist. Pst, ganz leise, da ist wieder ein Geräusch – ein Wildschwein. Laßt uns lieber rennen. Schnell auf einen Baum (Stuhl)

geklettert – gerettet. Nun müssen wir uns ausruhen, wir machen ein Picknick. Es fängt an zu regnen, wir suchen Unterschlupf in einer Höhle. Dann geht es weiter: Ein Baumstamm versperrt uns den Weg. Wir müssen balancieren."
Die Erzieherin kann auch Rehe oder Hasen aus einem Versteck heraus aufschrecken. Die Kinder können den Förster treffen und viele andere Dinge entdecken und erleben. Die Kinder sollten inspiriert werden, die Geschichte selber „weiterzuspinnen".

Vogelstimmen raten

Die Erzieherin/Lehrerin stellt einen Kassettenrecorder mit Aufnahmen von Vogelstimmen und anderen Waldgeräuschen auf den Tisch oder in die Stuhlkreismitte. Die Kinder hören Waldgeräusche und versuchen, sie zu identifizieren. Wer Schwierigkeiten hat, diese Aufnahmen zu machen kann die Kassette: „So singen unsere Vögel", Traber, Ex Libris, Bestellnr. 220-7903 leihen oder kaufen.

Wald-Memory

Die Erzieherin/Lehrerin grenzt im Wald einen Spielraum ein.
Sie hat vorher eine Sammlung von „Waldmaterialien" angelegt und in einen Korb gelegt. Die Pädagogin zeigt den Kindern ihre „Schätze": Kastanien, Bucheckern, ein Stück Moos, Kienäpfel, ein Stück Rinde und andere natürliche Materialien, die sich in dem abgesteckten Spielgelände finden lassen. Der Korb wird aufgedeckt, die Kinder machen sich mit den Fundstücken vertraut, benennen sie. Nun gehen die Kinder in das Spielgelände, um möglichst viele Gegenstücke zu den gezeigten Materialien zu finden und zusammenzutragen.

Waldgerüche raten

Auch eine „Geruchs- oder Duftsammlung" kann von der Erzieherin/Lehrerin oder den etwas größeren Kindern angelegt werden.
Dafür werden Waldmaterialien, die intensiv duften wie z.B. Baumrinden mit Harz, Blätter, Moose und Farne

gesammelt. Blätter werden zerrieben und jedes „Duftutensil“ in einer verschlossenen Dose aufbewahrt.
Käfer und Schmetterlinge berauschen sich an dem Saft der Eichenrinde, der einen starken Duft ausströmt. Auch Menschen können diese Gerüche wahrnehmen. Die Pädagogin hilft den Kindern bei der Identifizierung der Düfte. Später kann ein „Duft-Kim“ aus den Utensilien entwickelt werden. Die Gruppe kann auch direkt in den Wald auf „Schnuppertour“ gehen.
Nachdem viele Aktionen im Einzugsgebiet der Kinder und im Haus stattgefunden haben, sollte die Entdeckungstour wieder direkt in den Wald führen.

Der Waldspaziergang

Kai bekommt keine Luft mehr und muß stehenbleiben. Er ist den anderen davongelaufen, weil sie seinen Marienkäfer haben wollten, den er zuerst gesehen hat und der jetzt ihm gehört.
Vorsichtig öffnet er seine Faust. Der Marienkäfer krabbelt auf seinem Finger. Die Flügel des Tierchens heben sich ganz sachte und ssst, fliegt es davon. Kai schaut ganz verdutzt und ein wenig traurig hinterher. Dabei fällt ihm auf, daß er unter einem Baum steht, dessen Blätter so tief hängen, daß er sie mit den Händen fassen kann. Und an diesen Blättern, die beinahe seinen Kopf berühren, glitzert es, als hingen viele, viele Silberperlen daran. So etwas hat Kai noch nie gesehen. Er stellt sich auf Zehenspitzen, um besser die Perlen betrachten zu können. Es sind lauter Wassertropfen, auf die die Sonne fällt und die sie zum Glitzern bringt. Vorsichtig tippt er mit einem Finger an ein Blatt, und in Sekundenschnelle ist aus der glitzernden Perle ein kleines Rinnsal auf seiner Hand geworden.
Er läßt die Hand lieber unten, die Perlen gefallen ihm besser.

Inzwischen haben die anderen Kinder Kai eingeholt. Norbert hat ihn zuerst erreicht und Kai zeigt ihm, was er entdeckt hat. Norbert springt hoch und schlägt mit der Hand gegen den Zweig. Schreiend springen die übrigen Kinder zurück, weil sie nicht naß werden wollen.
„Das sind doch nur Regentropfen!“ ruft Norbert und rennt schon zum nächsten Ast, um das Spiel zu wiederholen.
Kai geht langsam hinterher. Keines der anderen Kinder hat die herrlich glitzernden Perlen entdeckt. Er aber sieht sie noch überall, mal wölben sie sich auf den Blättern, mal hängen sie ganz zart und durchsichtig am Rand eines Blattes.

Unten im Gras, auf einem sonnenbeschienenen Fleck ist ein hauchzartes Spinnennetz über und über mit ganz kleinen, zarten Perlen bedeckt, die aufgereiht an den Spinnfäden hängen.
„Hat es dir im Wald nicht gefallen?“ fragt Norbert Kai auf dem Heimweg, weil er so still ist.
„Doch“, antwortet Kai nur. Aber seine Augen glänzen, als würden sich die silbrigen Wassertropfen immer noch darin spiegeln.
(Georg Zeissner/Brigitte Lotz 1986)

Die Geschichte sensibilisiert für die Wahrnehmung, regt zur selbständigen Naturbeobachtung und zum Experimentieren mit Wassertropfen an.

Waldhütte

Aus heruntergefallenen, ca. 2 Meter langen, biegsamen Ästen bauen wir eine Waldhütte. Sechs Äste oder mehr werden im Kreis oder Rechteck aufgestellt und oben mit Paketband zusammengebunden. Am Boden liegende büschelige Zweige und trockene Grasbüschel bilden das Dach.

Waldmasken

Aus Karton oder Wellpappe lassen sich schnell Masken herstellen. In ein gesichtsgroßes Dreieck werden Löcher für Augen, Mund und Nase geschnitten. Anschließend verschönert jedes Kind seine Maske mit gesammelten Zweigen, Blättern und Gräsern. Die Maske wird mit einem Band am Kopf befestigt.

Suchspiel

Die Kinder erhalten ein Sammelgefäß (Schuhkarton) und sammeln selber Dinge, die in irgendeiner Form einen Zusammenhang zum Wald oder zu Bäumen haben: Eicheln, kleine Äste usw.
Wir breiten die Sachen auf einem Tuch aus, betrachten, befühlen und benennen sie. Nun setzen sich alle Kinder in den Kreis und schließen die Augen. Die Erzieherin gibt einem Kind einen Gegenstand

vom Tuch zum Befühlen und eventuell zum Beschnuppern. Das Kind soll raten, um welchen Gegenstand es sich handelt; gelingt ihm das nicht, darf das nächste Kind raten.

Tarnverkleidung

Für das Versteckspiel stellen die Kinder Tarnkleidungen her. An einem Gürtel aus Paketband werden Zweige, Blätter und Gras gebunden und zu einem Ring geschlossen.

Stockzielwerfen

Wir stecken einen dickeren Stock in den Erdboden. Von einer Linie aus bewerfen ihn die Kinder der Reihe nach mit Steinen. Für jeden Treffer gibt es einen Punkt. Wer wirft den Stock als erster um?

Zapfenkicker

Jedes Kind sucht sich einen Tannenzapfen. Dann zeichnet die Erzieherin einen Kreis auf den Waldweg. Von einer Ziellinie aus, in etwa 5 Metern Entfernung, muß der Tannenzapfen mit Gefühl in den Kreis gekickt werden.

Variation: Mit krummen Ästen (Keine für das Spiel abbrechen!) und einem Tannenzapfen oder runden Holzstück wird Hockey gespielt. Tore markieren wir auf der Erde. Zwei Mannschaften werden gebildet.

Beobachtungsaufgaben

Im Wald gibt es viel zu entdecken.
Zuvor geht die Erzieherin in den Wald und sucht für die Entdeckungstour ein geeignetes Waldstück aus.
Die Kinder bekommen Beobachtungsaufgaben:

- Erforschen, in welchen Bäumen Vögel wohnen.
- Vogelnester betrachten, alte Vogelnester untersuchen.

- Höhlen der Vögel (vom Schwarzspecht) suchen, Hornissen- und Wespennester suchen.
- Altholz betrachten, Insekten, Borkenkäfer, Bockkäfer und Holzwespen darin entdecken.
- In „totem“ Holz Insekten wie z. B. Ameisen, aufspüren.
- Blätter, die auf dem Waldboden liegen, nach Fraßspuren von Insekten absuchen.

Gelände-Kim

Wir teilen die Kindergruppe in zwei Kleingruppen A und B auf. Beide Gruppen gehen eine kurze Wegstrecke ab (je nach Alter, Erfahrung und Entwicklungsstand der Kinder bemessen, maximal jedoch etwa 100 m). Sie prägen sich den Boden, die Büsche und die nähere Umgebung der Wegstrecke gut ein, achten auch auf Kleinigkeiten. Nun kehren alle zum Ausgangspunkt zurück. Gruppe A bekommt den Auftrag innerhalb der begangenen Wegstrecke etwa zehn Veränderungen vorzunehmen: einen Stein auf die andere Seite legen, Dinge, die nicht in den Wald gehören, dorthin legen, Laubhaufen umschichten oder Tannenzapfen unter einen Laubbaum legen.
Gruppe B versucht, die Veränderungen herauszufinden. Ein zweiter Durchgang, mit vertauschten Rollen sollte erfolgen. Am Ende des Spiels werden selbstverständlich alle „waldfremden“ Gegenstände wieder eingesammelt.

Waldstockwerke entdecken

Das Leben des Waldes findet nicht nur auf dem Boden statt. Der Wald beherbergt etwa fünf Stockwerke.
Mit einer Leine kann die Erzieherin einige der Stockwerke für die Kinder entdeckbar machen. Sie zieht zwischen zwei Bäumen übereinander mehrere Leinen (drei bis fünf). Die erste Leine wird knapp über dem Waldboden gespannt, die oberste Leine ist so hoch, daß das kleinste Kind mit ausgestreckten Armen die Leine berühren kann.
Die Kinder untersuchen nun die durch die Leinen gekennzeichneten „Stockwerke“ des Waldes. Sie stellen fest, welche Tiere in den „Stockwerken“ wohnen, nennen Pflanzen, die über die „Stockwerke“ ragen und

Sträucher, die sich dort angesiedelt haben. Die „Waldstockwerke“ können später in der Einrichtung zeichnerisch nachvollzogen werden.

Das Baumstamm-Telefon

Auch abgeholzte Bäume bieten viele Möglichkeiten für Entdeckungstouren. Sie weisen viele Spuren ihrer ehemaligen und jetzigen Bewohner auf. Meisen-, Star-, Spechthöhlen sind zu entdecken.

Wie sich die Tiere, die in diesen Baumhöhlen leben, vor anderen Tieren schützen können, zeigt das „Baumstamm-Telefon“. An jedem Ende des Baumes steht ein Kind. Ein Lind legt das Ohr an den Baumstamm, das andere kratzt oder klopft daran. Die Geräusche sind deutlich am anderen Ende des Baumes zu hören. So hört auch der Specht rechtzeitig, daß der Marder kommt, und flieht.

Regenschirmexperiment

Die Kinder halten einen aufgespannten Regenschirm umgekehrt unter einen Baum. Der Baum wird geschüttelt oder man klopft gegen den Stamm. Insekten, Spinnen und andere kleine Tiere werden in den Schirm fallen.

Die Tiere sollten noch an Ort und Stelle mit der Lupe betrachtet werden. Dabei können die Kinder ihre Scheu vor Insekten verlieren und in ihnen nützliche Waldbewohner erkennen.

Waldgeländespiele

Wald und Wiese bieten viele Spielanlässe

Für Kinder ab sechs Jahren ist der nahe Wald ein wahres Paradies für Spiele. Er bietet abwechslungsreiches Gelände und hält eine unerschöpfliche Fülle an Spielmaterial bereit (Baumstämme, Äste, Blätter, Tannenzapfen, Moos und vieles mehr). Bevor wir mit Kindern im Wald spielen, müssen wir den Waldabschnitt, in dem gespielt werden soll, zunächst gemeinsam kennenlernen, die Grenzen, in denen die Kinder sich bewegen dürfen, abstecken und gegebenenfalls mögliche Gefahren entschärfen. Es ist hilfreich, zu Beginn jedes Kind mit einer Trillerpfeife auszustatten, damit es sich im „Notfall“ sofort bemerkbar machen kann.

Spurenleger

Bei diesem Geländespiel werden die Kinder in zwei Gruppen geteilt, in eine kleine (4 Kinder) und eine große (8 Kinder). Die kleine geht voraus und hinterläßt Spuren (Zeichen im Erdboden, Markierungen durch kleine Äste, legt Irrspuren usw.). Nach einer verabredeten Zeitspanne folgt die große Gruppe, die die Spurenleger suchen muß. Ein Spiel, bei dem die Beobachtungsfähigkeit gefördert wird.

Nachtgeländespiel

Einmal im Jahr dürfen fast alle Kinder eine Nacht in ihrer Einrichtung verbringen. Am Abend dieses Übernachtungsfestes können die ganz mutigen Kinder mit der Erzieherin ein Nachtgeländespiel spielen. Dazu sollten auch die Eltern eingeladen werden.

Je zwei Kinder (ein Kind und ein Elternteil) bekommen eine Taschenlampe und verstecken sich damit im Gelände.

Sie zählen immer wieder langsam und leise bis zehn und geben dann ein Blinkzeichen.

Die anderen Kinder der Gruppe (auch in Begleitung Erwachsener) suchen nun die „Leuchtkäfer".

Mit Hort- und Schulkindern kann dieses Spiel auch in einem bekannten Park- oder Waldgelände gespielt werden. Kindergartenkinder bleiben besser im Kindergartengelände.

Schmuggelgeländespiel

Wir bilden zwei Gruppen: Schmuggler und Zöllner. Sie werden durch unterschiedlich farbige Bänder am Handgelenk kenntlich gemacht.

Zunächst suchen sich die Schmuggler zwei Lager, die in gebührender Entfernung voneinander eingerichtet werden müssen. In einem Lager wird Tee aufbewahrt, in dem anderen Kaffee (Spielmarken oder Bonbons). Jedes Lager muß ständig von einer Person, die ausgewechselt werden darf, bewacht werden. Zwischen den beiden Lagern liegt die Grenze, die wird vorher von der Erzieherin markiert.

Die Schmuggler müssen auf ein Startzeichen hin den Kaffee in das Teelager und den Tee in das Kaffeelager transportieren. Jedes Kind darf nur ein Schmuggelstück bei sich tragen.

Die Zöllner nehmen auch auf das Startzeichen hin ihre Arbeit auf. Sie sollen versuchen herauszufinden, wo sich die Lager befinden und müssen den Schmugglern soviel Schmuggelware wie möglich, abnehmen.
Bei größeren Kindern kann zusätzlich verabredet werden, daß man versucht, sich gegenseitig die Bänder abzunehmen.
Das Spiel ist beendet, wenn beide Lager entdeckt, alle Schmuggler gefangen oder alles Schmuggelgut beschlagnahmt worden ist. Außerdem sollte ein Zeitlimit festgesetzt werden. Nach spätestens 1–2 Std. sollte das Spiel durch ein Zeichen abgebrochen werden.
Ist viel Zeit vorhanden, z. B. auf einer Ferienfreizeit, können die Lager auch schon am Vortag aufgebaut und ganz komfortabel eingerichtet werden.
Die Zöllner können währenddessen mit der Erzieherin gemeinsam ein Basislager einrichten, dessen Standort allen bekannt ist und in dem Schmuggelgut gesammelt und Schmuggler gefangengehalten werden.

Geräuschgeländespiel

Die Kinder bekommen, nachdem sie in zwei Gruppen geteilt worden sind, Geräuschinstrumente in die Hand. Mit diesen Instrumenten müssen sich die Kinder der ersten Gruppe im Gartengelände (Hortkinder auch im Wald) verstecken. Immer, wenn sie langsam und leise bis zehn gezählt haben, geben sie ein Geräusch von sich.
Die zweite Gruppe orientiert sich an den musikalischen Signalen und sucht die erste Gruppe.
In einer weiteren Spielrunde werden die Gruppen getauscht.

Wurzelfiguren fürs Theaterspiel

Für unseren nächsten Waldspaziergang nehmen wir uns vor, nach allerlei Wurzeln und geformten Holzteilen Ausschau zu halten, die sich manchmal halb verwittert unter Laub liegend, am Boden finden. Auch knorrige Äste und Rinden werden gesammelt. In die Einrichtung zurückgekehrt, wird die Sammlung auf Zeitungsbögen ausgebreitet und betrachtet. Unter leichtem Hin- und Herdrehen und gegen das Licht betrachtet, erkennt das fantasievolle Auge merkwürdige Wesen, wundersame Wurzelgeschöpfe, Hexen, Geister, Schlangen und Zwerge. Sie kön-

nen, leicht verändert, als schmückende Gebilde hergerichtet oder für das Puppenspiel (mit farbigen Lichtquellen) eingesetzt werden.
Als Werkzeuge, Hilfsmittel und schmückende Beigaben werden benötigt: Leim, Draht, Nägel, mehrere Hämmer, Sägen, Wolle, Stoff, Vogelfedern, Blätter und Gräser.

Steinmosaik

Von einem Ausflug haben wir Kieselsteine mitgebracht, aus denen die Kinder nun unter Anleitung der Erzieherin ein Mosaik aus Steinen anfertigen. Motive können z.B. Blumen, Vögel oder Fische sein. Dafür erhält jedes Kind eine Hartfaserplatte (etwa DIN A 4), auf die ein Holzrahmen gelegt wird. Dann tragen die Kinder eine dicke Schicht Spachtelbrei glatt auf. Jedes Kind legt das selbstgewählte Steinmotiv. Nach etwa 3 Tagen wird das Mosaikbild aus dem Rahmen herausgenommen. Die Erzieherin hilft dabei den Jüngeren. Das Bild wird umgedreht, damit auch die Rückseite austrocknen kann. Mit farblosem Wachs eingerieben, erhält das Mosaik einen schönen Glanz.

Welches Blatt zu welcher Frucht?

Die Kinder bauen für dieses Spiel in der Einrichtung einen Verkaufsstand auf. Angeboten werden Eicheln, Kastanien, Haselnüsse, Bucheckern usw. Eichen-, Kastanien-, Haselstrauch- und Buchenblätter dienen als Geld. Wer drei Eicheln kauft, muß mit drei Eichenblättern bezahlen. Für vier Kastanienblätter erhält man vier Kastanien. Die jüngeren Kinder lernen so Früchte und Blätter zuzuordnen und vertiefen Mengen- und Zahlbegriffe.

Fantasiefiguren

Aus Gräsern, Disteln, Tannennadeln, Borken, Rinden, Koniferenzapfen und anderen natürlichen Fundstücken können die Kinder originelle Figuren basteln. Hilfsmittel sind hier: Karton bzw. Pappe als Klebeuntergrund, Klebstoff und Stecknadeln.

Blätterdruck

Die Kinder färben gesammelte Blätter auf der Blattunterseite mit Tusche, Kerzenruß oder Schuhcreme ein und legen das Blatt zwischen zwei Papiere. Über das obere Papier wird mit der Handkante gestrichen. Fertig ist der Druck.

Wer räumt den letzten Zapfen?

Mit einem Stock zeichnen wir ein Quadrat in den Sand. Es wird in 16 Felder unterteilt. In jedes dieser 16 Felder legen wir z. B. einen kleinen Tannenzapfen, kleine, zerbrochene Stöckchen, Steine oder sonstige Fundsachen. Das Spiel beginnt:

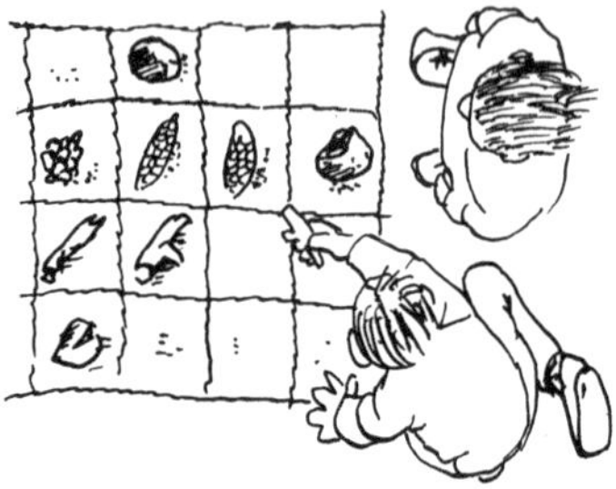

Zwei Spieler nehmen abwechselnd einen, zwei oder drei Tannenzapfen auf einmal vom Spielfeld weg. Grundsätzlich dürfen nur zwei oder drei Steine weggenommen werden, wenn sie in einer Linie waagerecht oder senkrecht liegen. Verlierer ist, wer den letzten Tannenzapfen abräumen muß.

Der Tannenzapfen

Die Kinder laufen den Waldweg entlang, mit Plastikbeuteln in den Händen, und sammeln eifrig Kiefernzapfen.
Sie wollen im Kindergarten daraus verschiedene Tiere basteln.
Susanne hat ihren Beutel fast voll. Jetzt nimmt sie nur noch Zapfen, die sehr schön sind.
Da sieht sie im Moos einen anderen Zapfen. Er ist länglich und von einer Tanne heruntergefallen.
Sie hebt ihn auf und schaut ihn sich an. Schön ist er, viel schöner als die kratzigen Kiefernzapfen. Der Tannenzapfen ist lang und fast glatt. Die Schuppen liegen ganz an, als würden sie sich aneinanderschmiegen. Man kann darüberstreichen, ohne sich wehzutun. Hellbraun, ein wenig glänzend liegt der Zapfen auf Susannes Hand. Wie gleichmäßig und fehlerlos die

Schuppen Reihe um Reihe bis zur Zapfenspitze hinauf angeordnet sind. Susanne muß dieses Meisterwerk immer wieder anschauen.
Im Kindergarten angekommen, legt sie ihn vorsichtig auf die Fensterbank. Dort liegt er am nächsten Tag noch, doch Susanne traut ihren Augen nicht. Sämtliche Schuppen stehen wie Schweineborsten ab. Jetzt ist der Tannenzapfen genauso kratzig und sperrig wie ein Kiefernzapfen. Enttäuscht zeigt sie der Kindergärtnerin, was passiert ist.
„Er hat sicher in der Sonne gelegen, darum öffnen sich jetzt die Schuppen", erfährt Susanne.
„Paß mal auf, was aus den Schuppen herausfällt."
Die Kindergärtnerin klopt mit der Zapfenspitze ein wenig auf den Tisch, da rieseln aus dem Zapfen viele zarte, kleine hellbraune Blättchen mit jeweils einem dunklen Punkt an der Spitze. Die Blättchen sind so hauchzart, wie die Flügel eines Insekts.
„Was ist das?" fragt Susanne.
„Das ist der Tannensamen. Der dunkle Punkt ist das Samenkorn, und das Blättchen ist der Flügel, der das Samenkorn durch die Luft trägt. Jedes fliegt woanders hin, der Wind trägt sie mal weit und mal weniger weit weg, damit sie alle genügend Platz zum Wachsen haben, wenn sie auf dem Waldboden landen und dort Wurzeln schlagen.
Susanne holt eine Schachtel und legt vorsichtig die Samenflügel hinein.
„Die bringe ich morgen wieder in den Wald, damit sie dort wachsen können. Hier ist ja doch kein Platz für so viele Tannenbäume", erklärte sie.

Die Geschichte ist geeignet, um schon mit den Jüngeren im Kindergarten ein Sachgespräch über Bäume und deren Samen zu führen. Auch werden die Kinder angeregt, Pflanzen und Gegenstände ihres Lebensbereiches intensiver zu betrachten.

(Georg Zeissner/Brigitte Lotz 1986)

Auch die Wiese ist eine hervorragende Spielfläche mit großen Erlebnismöglichkeiten, die über das Spiel hinausgehen (z. B. Naturbegegnung: Blumen sehen, berühren, riechen). Auf einer Spiel- und Tummelwiese lassen sich Bewegungsspiele, Kreisspiele und ganze Spielaktionen und Spielfeste durchführen. Doch nicht jede Einrichtung verfügt über ein Stückchen „Naturschutzwiese".
Das läßt sich mit einfachen Mitteln ändern. Die einfachste Art, eine Wiese anzulegen ist, ein Gartenstück einfach verwildern zu lassen und nur zweimal im Jahr zu mähen. Dann dauert es allerdings recht lange, bis sich eine große Wildblumenpracht entwickelt hat.

Erfolgreicher ist es, wenn die Grassoden vorsichtig abgetragen und durch eine Sandschicht ersetzt werden. Wenn das mit Hilfe der Kinder geschehen ist, kann eine Wildwiesenmischung, die überall im Handel erhältlich ist, eingesät werden.
Beim Abtragen der Grassoden und auch beim Festklopfen des Sandes können die Kinder wertvolle Hilfe leisten. Im Pinguingang können sie, mit Brettchen unter den Schuhen, die Sandflächen glatt treten und für die Aussaat vorbereiten.
Das neu angelegte Wiesenstück muß geschützt liegen und darf eine Weile nur beobachtet, nicht aber zum Spielen betreten werden. Zum Spielen suchen wir uns eine andere Wiese. Wächst unser Stückchen „Naturschutzwiese" erst einmal, beginnen die Entdeckungen und Beobachtungen.

Beobachtungen am laufenden Band

Für jedes Kind wird in der Wiese (klurz bevor sie gemäht wird), eine Schnur gespannt. Jedes Kind bekommt eine Lupe, einen Stift und einen Malblock. Jetzt gehen die Kinder entlang ihrer Schnur auf „Entdeckungsreise". Sie beobachten, was sich entlang der Schnur bewegt, krabbelt, lebt und wächst. Das können kleine Tiere sein (Raupen, Heuschrekken) ein vierblättriges Kleeblatt oder ein Schneckenhaus.
Die Kinder betrachten ihre Funde genau und malen auf, was sie gesehen haben.

Schmetterlingstrinken

Jedes Kind erhält einen Becher, der mit einem Getränk gefüllt ist und einen Strohhalm. Den Strohhalm nehmen die Kinder in den Mund und trinken nun. Sie dürfen dabei nicht ihre Hände zur Hilfe nehmen.

Schmetterlingsspiel

Die Kinder stehen auf der Wiese (Park/Garten). Die Mehrzahl der Kinder faßt sich an den Händen und bildet einen Kreis. Die übrigen Kinder sind Schmetterlinge, die soeben gefangen wurden und jetzt versuchen, aus dem Netz – dem Kreis – zu entkommen. Das Netz darf sich bewegen und die Schmetterlinge entweder fester einschließen oder durchlassen.

Wächter und Eindringlinge

Für dieses Wiesenspiel stecken wir ein quadratisches Feld von etwa 5×5 Metern ab. Es wird von 2 Wächtern bewacht. Die anderen Kinder versuchen jetzt, in das Feld einzudringen. Wer dabei von den Wächtern abgeschlagen wird, muß auf der Stelle unbeweglich stehenbleiben. Die beiden Kinder die bis zuletzt dabei sind, werden in der nächsten Runde die Wächter.

Wie „fressen" Kleinstlebewesen?

Aus einem Pappteller oder einem runden Stück Karton und einem Rundholz bauen wir eine künstliche Blume. In die Mitte des Tellers legen wir ein saugfähiges Stückchen Papier (Taschentuch) oder Stoff, das wir mit einer süßen Flüssigkeit beträufeln (Honig, Sirup, Apfelmus). Unsere „Blumen" werden in die Wiese gesteckt. Es wird nicht lange dauern, bis Bienen, Schmetterlinge und andere Insekten sich auf unsere „Blume" setzen, ihre Saugwerkzeuge ausfahren und ihre Mahlzeit so einnehmen, daß wir gut zuschauen können.
Wir können selbst auch ausprobieren, wie Schmetterlinge trinken.

Blütenkorb

Im Sommer wollen wir zusammen mit den Kindern einen prächtigen Blütenkorb herstellen. Dafür besorgen wir im Kaufhaus einen Drahtkorb, wie man ihn zum Waschen von Gemüse oder zum Aufbewahren von Eiern kennt. In einen solchen Korb füllen wir reichlich Moos und Humus aus dem Wald und hängen ihn auf der Terrasse der Einrichtung auf. Die Kinder streuen Samen von Ringelblumen oder Löwenmäulchen darüber und achten in den nächsten Tagen darauf, daß das Moos immer gut feucht ist. Schon nach einiger Zeit entsteht ein prächtiger Blütenkorb, der bei guter Pflege über Monate hinweg blühen kann.

Blumen färben

Wir pflücken einige weißblühende Blumen und stellen sie in Tintenwasser. Nach kurzer Zeit färben sich die Blumen hellblau. Das Experiment läßt sich auch machen, indem das Tintenwasser durch den Saft der roten Bete ersetzt wird. Dann erhalten wir rosa Blumen. Die Kinder sollten selbst mit Blumen und Naturfarben experimentieren.

Baumblätterkartenspiel

Auf einem Ausflug suchen wir gemeinsam mit den Kindern Blätter. Je 2 Blätter jeder Art werden gepreßt und auf weißen Karton geklebt. Die Karten werden dann gemischt. Die Kinder suchen zusammengehörige Blattpaare heraus. Die Erzieherin hilft bei der Beschreibung der Blätter und nennt, falls erforderlich, die Bäume, an denen sie wachsen. Für das Spiel benötigen wir je 2 Blätter z.B. von Ahorn, Buche, Eiche, Kastanie; weiße Pappe und Klebstoff.

Blumen und Pflanzen konservieren

Schon vor mehr als 400 Jahren fand der italienische Botaniker Luca Ghine heraus, daß sich Pflanzen durch Trocknen und Pressen konservieren lassen. Die Methode des „Herbarierens“ macht nicht nur Erwachsenen sondern auch Kindern Spaß und erweitert das naturkundliche Wissen.
Wollen wir mit Kindern sammeln und herbarieren, benötigen wir Lupen mit starker Vergrößerung, Pflanzenstecher, Taschenmesser, Plastikbeutel zum Sammeln, Präpariernadeln und Pinzetten, Lösch- und Fließpapier, Bütten- und Herbarierpapier als Albumblätter. Die Erzieherin hat rechtzeitig einige Pflanzenbestimmungsbücher besorgt.
Das Trocknen und Pressen der Pflanzen ist ein einfacher Vorgang. Die Pflanzen werden mit Präpariernadel und Pinzette in die Lage gebracht, in der konserviert werden soll. Dann werden sie zwischen mehrere Löschblätter (notfalls geht es auch mit Zeitungspapier) gelegt und durch Beschweren gepreßt. Hierfür legen wir z.B. mehrere dicke Bücher auf. Mit den getrockneten Pflanzen kann gebastelt werden, die Kinder können Briefkarten verzieren oder ein Pflanzenalbum (Herbarium) anlegen.

Grashalmzirper

Musikalisch geht es zu, wenn die Kinder unterwegs einen Grashalm zwischen den Daumen beider Hände einklemmen und auf dessen scharfe Kante blasen. Es entstehen zirpende Töne. Was läßt sich mit Grashalmen noch alles anstellen?

Viele schöne Spiele und Experimente lassen sich auch mit dem Löwenzahn machen, besonders mit der aus dem Löwenzahn entstehenden „Pusteblume“.

Pusteblumenhubschrauber

Jedes Kind pflückt sich eine Pusteblume und pustet die Samen so weit wie möglich weg. Den Flug der Samen verfolgen wir. Wer möchte, kann auch ein Fähnchen dorthin stecken, wo sein Pusteblumenhubschrauber gelandet ist.

Wessen „Hubschrauber“ ist besonders weit geflogen?

Papierhubschrauber

Wenn das Wetter einmal nicht so gut ist, können wir die Gelegenheit nutzen, um festzustellen, was sich Menschen von der Natur abgesehen haben. Hier z. B. von der Pusteblume. So wie sie, funktioniert in etwa auch der Papierhubschrauber:

Alle durchgezogenen Linien werden eingeschnitten. A nach vorne und B nach hinten falten. C und D werden nach innen geklappt und E wieder nach vorne gefaltet.

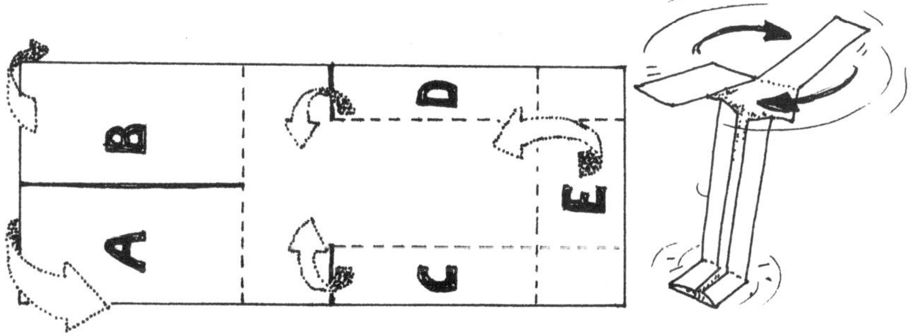

Nun suchen wir einen geeigneten Standort, um den Flug des Hubschraubers zu verfolgen und nach Parallelen zum Flug der Pusteblumensamen zu suchen.

Vermehrung des Löwenzahn

Sollte auf unserer Wiese kein Löwenzahn wachsen, suchen wir uns eine Wiese, auf der Löwenzahn schon zu Pusteblumen geworden ist. Jedes Kind sucht sich eine Pusteblume, pflückt sie ab oder gräbt sie aus und transportiert sie vorsichtig an einen neuen Standort. Dort wird sie entweder eingegraben, und wir warten auf einen kräftigen Wind, der die Samen weiterträgt, oder wir produzieren den Wind selber und sorgen so für die Verteilung der Samen. Auf einer Karte können wir den Stand- oder Pflanzort einzeichnen und im nächsten Jahr kontrollieren, ob unsere „Vermehrungsaktion" erfolgreich war.

Vermehrung von Blumen

Verschiedene Möglichkeiten der Vermehrung von Blumen haben die Kinder durch die Anlage des Zimmergartens im Gruppenraum bereits kennengelernt. Auf der Wiese können sie nun entdecken, welche Rolle der Wind bei der Vermehrung spielt und auch beobachten, welche Funktion die Insekten in diesem Zusammenhang haben. Wahrscheinlich werden die Kinder auch entdecken, daß es Bäume gibt, bei denen die Vermehrung ähnlich funktioniert, wie bei der Pusteblume. Beim Ahorn z.B. fliegen die Samen auch hubschrauberähnlich durch die Luft.
Kommen die Kinder nicht von alleine darauf, wird die Erzieherin sie bei einem Spaziergang auf die Linde und den Ahorn und deren Flug der Samen aufmerksam machen.

Wundersocken

Bevor die Wiesen gemäht werden, können die Kinder noch etwas für die Vermehrung der Saat tun. Die Erzieherin sucht eine Wiese aus, auf der möglichst viele unterschiedliche Wildblumen und Gräser geblüht haben. Durch diese Wiese dürfen die Kinder laufen. Dabei haben sie nur Wollsocken an den Füßen. Unter den Socken bleibt die Saat der Blumen und Gräser haften. Wir zupfen die Saat dann von den Socken ab und säen sie in ein künftiges Stück Wiese oder in einen Blumentopf ein. Arbeiten wir mit Blumentöpfen, sollte jedes Kind seinen eigenen Blumentopf bekommen um nachvollziehen zu können, was an seiner „Wundersocke" hängengeblieben ist.

Auf den Tisch des Hauses

Es werden mehrere Gruppen gebildet, die verschiedene Dinge, herbeischaffen müssen. Die Erzieherin hat sich vorher eine Liste gemacht und ruft jetzt die Kinder, die alle eine Nummer bekommen haben auf: „Auf den Tisch des Hauses von dem Kind mit der Nr. 3 möchte ich eine Kornblume haben." Oder: „Auf den Tisch des Hauses von dem Kind mit der Nr. 7 bitte ein Kleeblatt" usw.

Die Heckenrosenfee

Aus den Blüten der Heckenrosen können wir Feen machen, mit denen wir während des Wiesenfestes die Tische dekorieren.

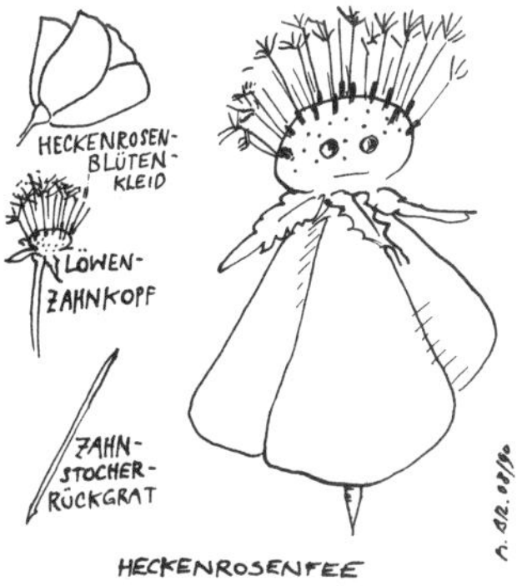

Die Raupe „Nimmersatt" wird zum Schmetterling

Wer nicht geduldig genug ist, die Entwicklung einer Raupe zum Schmetterling in der Natur zu beobachten, kann dies auch im Hause tun. Dazu müssen wir für die Raupen eine Behausung bauen und Futter bereitstellen. Wir nehmen einen Schuhkarton, stellen ihn so auf, daß ein Glas mit Wasser und eine Brennesselpflanze darin Platz haben. Auf die

Brennessel setzen wir zwei oder drei Raupen. Dann verschließen wir den Karton, der vorher mit Luftlöchern versehen wurde, mit Klarsichtfolie.
Jetzt können wir ungestört die Entwicklung der Raupe zum Schmetterling verfolgen.
Bei unseren täglichen Kontrollen achten wir darauf, daß keine Raupe in das Wasserglas gefallen ist. Sollte das der Fall gewesen sein, muß die Raupe gerettet werden.
Der Schmetterling wird natürlich freigelassen. Im Schuhkarton kann er nicht leben.

Die Kinder können während dieser Zeit das Buch von der Raupe Nimmersatt betrachten und kontrollieren, ob Raupen tatsächlich so gefräßig sind.

Wer kennt sich aus?

Kinder und Erzieherin/Lehrerin sitzen im Kreis. „Wer kennt sich aus in Wald, Wiese und Natur?“, fragt die Pädagogin und gibt der Reihe nach Rätsel auf:
Mich sammelt gerne groß und klein
und frißt vergnügt das wilde Schwein. (Die Eichel)

Am Teich im Rohr quakt er im Chor.
Bist du zu keck, plitsch, platsch ist er weg.
Nun sagt, ob ihr wißt, wer das wohl ist? (Der Frosch)

Der Schnee wird weich,
es taut der Teich,
lang wird der Tag.
Wann ist das? Sag!
(Im Frühling)

Die Sonne glüht,
die Linde blüht,
das Korn wird voll.
Wann ist das wohl?
(Im Sommer)

Das Feld ist leer
und regenschwer,
die Erde naß.
Sag, wann ist das?
(Im Herbst)

Die Felder weiß,
auf Flüssen Eis.
Es weht der Wind.
Wann ist das, Kind?
(Im Winter)

Rate, was ich weiß, es brennt und ist nicht heiß. *(Die Brennessel)*

Welches Kätzchen ist kein Tier?
Welches Kätzchen hat keine Tätzchen?
Welches Kätzchen fängt keine Maus? *(Das Weidenkätzchen)*

Welche Nadeln taugen nicht zum Nähen? *(Die Tannennadeln)*

Wer steht im Wald auf einem Bein? *(Der Pilz)*

Hat ein rotes Mützchen auf; weiße Punkte sind darauf. *(Der Fliegenpilz)*

Wer kann ein Netz an Zweigen weben? *(Die Spinne)*

Ein Blümchen blau und sehr klein,
blüht im verborgenen allein,
es duftet gar lieblich und fein,
wie mag wohl sein Name sein? *(Das Veilchen)*

Stacheln hab ich wie ein Igel.
Ei, sieht das nicht lustig aus?
Purzle ich vom Baume herunter,
springt ein braunes Männlein raus. *(Die Kastanie)*

Im Walde wächst es,
ist erst grün, dann rot und rund.
Wer es ißt, kriegt einen blauen Mund. *(Die Heidelbeere)*

Männchen im Strauch.
Hat ein schwarzes Käppchen auf,
ein rotes Mäntelchen um
und Steinchen im Bauch.
Wie heißt das Männchen im Strauch? *(Die Hagebutte)*

Viele Nadelbäume sind mir verwandt,
ich stehe meist im sandigen Land.
Wer meine Äpfel nicht veracht,
im Winter damit Feuer macht. *(Die Kiefer)*

Es schnauft und heult die Straß' herauf
und hat doch keine Lunge.

Es leckt den Schnee wie Sahne auf
und hat doch keine Zunge. *(Der Wind)*

Trag' tausend Nadeln her und hin,
obwohl ich doch kein Schneider bin. *(Der Igel)*

Welches Wasser fällt vom Himmel? *(Der Regen)*

Gänseblümchenwiese

Herr Müller mäht seinen Rasen nicht.
„Vielleicht ist er zu faul dazu", sagen die Nachbarn.
Das Gras wächst und sieht struppig aus wie ein altes grünes Fell.
„Jetzt sollte Herr Müller aber wirklich das Gras abschneiden", meinen die Leute.
Auf Herrn Müllers Wiese wachsen jetzt gelbe Butterblumen, Gänseblümchen, lustige Kleeblättchen, weiche Moospolster und viele Sorten Blüten, Blättchen und Gräser, deren Namen nicht einmal die Eltern kennen. Nur die Bienen kennen jede Blüte, den sie kommen den ganzen Tag über.
„Das ist ja nur Unkraut", sagen die Erwachsenen, aber die Kinder freuen sich, denn sie können Sträuße pflücken für die Puppenstube, eine winzig kleine Mooshütte bauen, Ketten aus den Stengeln der Butterblumen machen und in die Pusteblumen blasen.
(Georg Zeissner/Brigitte Lotz 1986)

Der Text regt schon die Jüngsten in der Gruppe dazu an, die Pflanzen der Wiese genau zu betrachten und auf ihr zu spielen. Mit Kindern vom Vorschulalter an läßt sich auch ein kritisches Gespräch führen: „Spielen auf dem Rasen verboten!"

Drei Gedichte

Pusteblume
Pusteblume, Löwenzahn,
zünde deine Lichter an.
Tausend Samen fliegen fort,
blühen bald an jedem Ort.
Nächstes Jahr fängt's wieder an –
Pusteblume – Löwenzahn.
(überliefert)

Das Wassertröpfchen

Tröpflein muß zur Erde fallen,
muß das zarte Blümchen netzen,
muß mit Quellen weiter wallen,
muß das Fischlein auch ergötzen,
muß im Bach die Mühle schlagen,
muß im Strom die Schiffe tragen.
Und wo wären denn die Meere,
wenn nicht erst das Tröpflein wäre.
(Joh. Wolfgang v. Goethe)

Maler Frühling

Der Frühling ist ein Maler,
er malt alles an:
die Berge mit den Wäldern,
die Täler mit den Feldern.
Was der noch malen kann!

Auch meine lieben Blumen
schmückt er mit Farbenpracht!
Wie sie so herrlich strahlen!
So schön kann keiner malen,
so schön wie er es macht.
(Hoffmann von Fallersleben)

Die Wiesensaison beenden wir etwa im September mit einem Wiesenfest. Dazu schmückt sich jedes Kind mit dem, was die Wiese, kurz bevor sie gemäht wird, zu bieten hat: Blätter, Blumen und Gräser eignen sich hervorragend zur Schmuckherstellung. Wir können Blumenkränze flechten (Vorsicht: Löwenzahnmilch aus den Stengeln des Löwenzahns ist nicht zu entfernen und gibt auf der Kleidung häßliche braune Flecken), Blätterkronen „zaubern", Linden- oder Ahornhörner auf die Nase setzen und uns mit Kirschohrringen behängen (in dieser Zeit müssen die Kirschen dann allerdings gekauft werden).
Wir können auch Wiesenkönig und Wiesenkönigin wählen. Das Fest wird mit Wiesentee und Apfel- oder Pflaumenkuchen und ganz vielen Wiesenrätseln und -spielen begangen.

Zum Schluß noch ein paar Anregungen für weitere Beschäftigungen in Wald, Wiese, Garten oder einem anderen Gelände, z. B. auch auf Naturlehrpfaden oder in einem Naturkundemuseum.

Windrenner

Wir bauen mit den Kindern einen Windrenner. Dafür schneiden wir den Boden des Windrenners aus einem festen Stück Pappe. Als Räder werden die abgesägten Endstücke

von 2 Garnrollen verwendet (notfalls gehen kreisrundgeschnittene Pappscheiben). Für die Achsen benutzen wir 2 hölzerne Schaschlikspieße, ebenso für den Mast. Durch die Mitte des Bodens wird ein Loch für den Mast gebohrt. Zu seinem besseren Halt werden ober- und unterhalb des Loches ebenfalls durchbohrte Pappscheiben festgeklebt. Das kleine Segel aus Papier oder Stoff hängt zwischen 2 Schaschlikstäben und wird mit Bindfäden am Mast befestigt. Bei gutem Wind (es darf auch gepustet werden) und auf einem glatten Untergrund rollt der Windrenner in Windrichtung.

Entdeckungstouren auf Naturlehrpfaden

Zur Stärkung des Umweltbewußtseins und zur Wissenserweiterung um den Kreislauf der Natur, sind in den letzten Jahren von Naturschutzorganisationen, Wandervereinen und Fremdenverkehrsverbänden überall in Deutschland, Österreich und der Schweiz Naturschutzpfade angelegt worden.

- Waldlehrpfade sollen das Verständnis für das ökologische Zusammenwirken von Tieren und Pflanzen wecken.
- Heide- und Moorlehrpfade zeigen die Eigenheiten und Entstehung solcher Landschaften.
- Darüber hinaus gibt es Alpenlehrpfade, Obstlehrpfade, Vogellehrpfade und geologische Lehrpfade, die mit den Gesteinen eines Gebietes bekannt machen.

Auf allen Lehrpfaden weisen Tafeln mit ausführlichen Erläuterungen auf Naturphänomene hin, z. T. sind sie auch bildlich dargestellt. Meist wird am Ausgangspunkt des Naturlehrpfades auf einer Schautafel der Wegverlauf und das Thema des jeweiligen Lehrpfades sorgfältig erklärt. Oft gehören auch Freigehege und Rundwanderstrecken zu den Naturlehrpfaden. Erwachsenen wie Kindern sollen sie die Natur, in diesem Fall das heimische Wild, näherbringen. Für eine Exkursion mit Kindern informieren wir uns rechtzeitig beim örtlichen Fremdenverkehrsverband oder Wanderverein. Ausflüge mit der Gruppe, wie Familienspaziergänge, werden wesentlich

spannender für Kinder, wenn z.B. jeder einen Beutel und nach Möglichkeit eine Pinzette und einen Zettel erhält, auf dem die Dinge stehen, die beim Gang durch Wald und über Wiesen zu sammeln sind (z.B. drei verschiedene Blätter, eine Vogelfeder, zwei verschiedene Stücke Rinde, ein Abfallstück, drei schöne Kieselsteine, das „Schönste, was du siehst" usw.).
Für dieses Entdeckungsspiel „schwärmen" jeweils drei Kinder zusammen aus, bleiben jedoch in Sichtweite der Erzieherin bzw. der Eltern, die helfend fungieren könnten.
Grundsätzlich sollten wir auf unseren Spaziergängen und Ausflügen mit Kindern gekennzeichnete Pfade benutzen und dafür sorgen, daß keine Grashänge beschädigt und keine geschützten Pflanzen zertreten, ausgerissen oder gar ausgegraben werden. Nach einem Picknick werden selbstverständlich alle angehalten, ihre Abfälle mitzunehmen. Wir sollten den Kindern verdeutlichen, daß selbst unscheinbare Schadwirkungen, die von einem einzelnen ausgehen, millionenfach vervielfältigt, von verheerender Zerstörungskraft sein können. Es liegt in unserer Hand, Umwelt und Landschaft zu erhalten und die Tier- und Pflanzenwelt zu schützen.

Museumstour

Naturkundliche Museen sind besonders gut geeignet, um auch schon 4jährigen Kindern die Tier- und Pflanzenwelt näherzubringen. Die Erzieherin führt mit Hilfe von Bildkarten als Anschauungsmaterial ein Gespräch über bekannte und unbekannte Tiere. Beim Museumsbesuch erhält dann jedes Kind ein bis zwei Bildkarten. Es hat die Aufgabe, das auf den Kärtchen abgebildete Tier im Museum zu finden.
Pädagogisch betreute Naturkundemuseen geben auf Wunsch an Kinder sogenannte Suchspiele aus, Blätter mit Umrissen von Tieren, die es im Museum zu entdecken gibt.

Foto-Entdeckungstouren

Mit Kindern vom Hortalter an können wir uns auf eine Foto-Safari begeben. Nachdem grundsätzliche Informationen zur Handhabung des Fotoapparates gegeben wurden, findet eine gezielte Foto-Aktion statt. Für Einzel- und Gruppenreportagen bieten sich z.B. folgende Motive an.:

Landschaften:	Wald, Wiese, Felder, Ernte, Wolkenberge ...
Nahaufnahmen:	(je nach technischer Möglichkeit) Blumen, Schmetterlinge, Zweige, Kleintiere, Haushaltsgegenstände ...
Jahreszeiten:	Frühlingsmotive, Schneeaufnahmen, Eiskristalle, Sonne in den Morgenstunden ...
Garten:	Blumen, Bäume, Sträucher, Stauden, Blüten ...

Weitere „Entdeckungsmotive“: Menschen, Tiere, Zoo, Aquarien, Wochenmärkte, Jahrmarkt, Reise mit den Eltern, Stadtbummel.

Naturinstrumente

Für die Graspfeife benötigen wir nur einen schönen festen Grashalm. Den spannen wir zwischen die Daumen der aneinandergelegten Hände und blasen kräftig hinein. Wie eine Eschen- oder Holunderflöte hergestellt wird, zeigt das Bild.

Steineschießen

Die Kinder legen fünf große, flache Steine in eine Reihe nebeneinander und türmen darauf in drei oder vier Etagen kleinere Steine. In einer Entfernung von drei bis fünf Metern wird dann ein Punkt festgelegt, von dem aus jedes Kind versucht, mit einem anderen Stein möglichst viele Steine herunterzuwerfen. Jeder hat nur einen Wurf.

Mit dem letzten Spielvorschlag gehen unsere Umweltentdeckungstouren zu Ende. Wir hoffen, daß Sie die eine oder andere Anregung erfolgreich in Ihr pädagogisches Konzept einbauen können. Sicher werden Sie dabei neue Erkenntnisse und Erfahrungen sammeln, die Anlässe für weitere Entdeckungstouren bieten.

Bei allen Bemühungen sollte den Kindern ein Leitgedanke glaubhaft und einfühlsam vermittelt werden:

Entdecke deine Umwelt,
erlebe sie intensiv und gehe behutsam mit ihr um!

Literaturverzeichnis

Die mit einem * gekennzeichneten Bücher eignen sich besonders für die pädagogische Praxis in Kindergarten, Hort und Grundschule.

Ahrens, D.: Das große Buch der gesunden Ernährung. Bergisch Gladbach 1984

*Bartel, A. u. M.: Umweltspiele noch und noch. Freiburg 1990

*Beyer, G./Knötzinger, M.: Wahrnehmen und Gestalten. München ^{5}1984

Biermann, R. u. G.: Die Angst unserer Kinder im Atomzeitalter. Frankfurt 1988

Binsch, P. u. a.: Altbewährtes neu entdeckt. Stuttgart 1989

*Blechner, G.: Der Garten als Kinderspielplatz. Wiesbaden ^{2}1976

Böhmig, U.: Heilmittel Ernährung – naturnahe Behandlung. Wien 1985

Bölsche, J. (Hrsg.): Das gelbe Gift – Todesursache Saurer Regen. Reinbek 1984

Brunnengräber, R.: Deutschland – Das andere Geographiebuch. München 1982

Bruns, A. u. H./Schmidt, G.: Biogärtners Jahrbuch. München 1984

*Cornell, J. B.: Mit Kindern die Natur erleben. Pittenhart ^{2}1984

Cropley, A. J.: Kreativität und Erziehung. Stuttgart 1982

Deutsche Umwelthilfe: Jugend erlebt Natur – Eine Materialsammlung der Naturschutzverbände. Radolfzell 1989

Deutscher Naturschutzring: Lebensrecht Natur. Bonn 1983

Ditfurth, H. v.: So laßt uns denn ein Apfelbäumchen pflanzen. Hamburg 1985

GAIA. Die Zukunft der Arche. Atlas zur Rettung unserer Welt. Frankfurt a. M. 1987

GAIA. Der Öko-Atlas unserer Erde. Frankfurt a. M. 1985

Gärtner, E. (Hrsg.): Grünbuch Ökologie. Köln 1987

Gege, M./Jung, H. u. a.: Das Öko-Sparbuch für Haushalt und Familie. München 1986

Geipel, H.: Lebendiges Feld. München 1988

*Graeb, G.: Kinder experimentieren. München 1976

Grefe, C. u. a.: Das Brot des Siegers. Die Hamburger-Konzerne. Bornheim-Merten 1987

Griefahn, Monika (Hrsg.): Greenpace. Reinbek 1983

Grießhammer, R.: Der Öko-Knigge. Reinbek 1984

Gropengießer, J./Schneider V. (Hrsg.): Gesundheit Jahresheft VIII. Stuttgart 1990

Hansen, M.: E = eßbar? Was Sie über die Zusatzstoffe in Ihrer Nahrung wissen sollten. Bonn 1985

Institut für ökologische Medienarbeit (Hrsg.): Medienkursbuch Ökologie. Freiburg 1985

Jonas, H.: Das Prinzip Verantwortung. Frankfurt a. M. 1984

Katalyse-Umweltgruppe (Hrsg.): Umwelt-Lexikon. Köln 1984

*Kilian, S.: Die Stadt ist groß. Weinheim 1976
Koch, E. R.: Umweltschutz zu Hause. München 1984
Kreuzer, R.: Deine Welt ist meine Welt. Freiburg 1989
Lange, V./Wingert, E. (Hrsg.): Robin Wood. Und vor uns sterben die Wälder. Reinbek 1984
Langheine, R./Lehmann, J.: Die Bedeutung der Erziehung für das Umweltbewußtsein. Kiel 1986
Limousin, O.: Die Geschichte vom Papier. Ravensburg 1984
Lutz, R.: Ökopolis. Eine Anstiftung zur Zukunfts- und Umweltgestaltung. München 1987
Massoth, P. u. E.: So gesund wie möglich. Weinheim 1984
Mayer, U.: Rettet das Meer. München 1987
Mayer-Tasch, P. C.: Die verseuchte Landkarte. München 1987
*Michalski, T.: Ich zeig dir was und du machst mit. München 1986
Michelsen, G./Siebert, H.: Ökologie lernen. Frankfurt a. M. 1985
*Naturschutzzentrum NRW (Hrsg.): Natur – Kinder – Garten. Leverkusen 1990
*Press, H. J.: Spiel, das Wissen schafft. Ravensburg 1977
*Rosemann, H. u. a.: Ein Kind erobert die Welt. Kinder lernen, mit der Welt wirksam umzugehen. Warendorf 1979
Schäfer, H.: Bio-Report. Wegweiser durch den Milliarden-Markt der Naturkost. Bergisch Gladbach 1988
*Scholz-Peters, R.: Originelles aus Leergut. Stuttgart 1976
Schreiber, R. L. (Hrsg.): Rettet die Wildtiere. Stuttgart 1980
Schreier, H.: Fernsehmäuse kitzeln nicht. Mülheim 1987
Schürmann-Mock, J.: Mit Kindern in die Zukunft. München 1987
Seifert, A.: Gärtnern, Ackern – ohne Gift. München 1982
Seymour, J./Girardet, H.: Gebrauchsanweisung für eine gesunde Welt. München 1987
Thiesen, P.: Der öffentliche Spielplatz – Symbol einer einfallslosen Erwachsenenwelt? In: Animation 12/1981
*Thiesen, P.: Arbeitsbuch Spiel. Für die Praxis in Kindergarten, Hort, Heim und Grundschule. Köln/München ^{5}1991
*Thiesen, P.: Kreatives Spiel mit Kindern, Jugendlichen und Erwachsenen. Ein Praxisbuch. München ^{2}1989
*Thiesen, P.: Die gezielte Beschäftigung im Kindergarten. Freiburg ^{4}1990
*Thiesen, P.: Schönwetterspiele im Kindergarten. Freiburg ^{2}1990
*Thiesen, P.: Drauflosspieltheater. Ein Spiel- und Ideenbuch für Kindergruppen, Hort, Schule, Jugendarbeit und Erwachsenenbildung. Weinheim 1990
*Thiesen, P.: Konzentrationsspiele für Kindergarten und Hort. Lebendige Förderung ohne Dressur und Streß. Freiburg 1990
Thiesen, P.: Sozialpädagogik lehren. Weinheim 1991
*Vester, F.: Ein Baum ist mehr als ein Baum. Ein Fensterbuch. München 1985
Vester, F.: Januskopf Landwirtschaft – der Boden, der uns ernährt. München 1986
*Vester, F.: Wasser = Leben. Ravensburg 1987
Ward, C.: Das Kind in der Stadt. Frankfurt a. M. 1978
Weber-Kellermann, W. u. a.: Was wir gespielt haben. Frankfurt a. M. 1981
*Wellinghorst, R.: Umwelterziehung in der Schule. Stuttgart 1988
*Wiebus, H. O.: Wir tun was für den täglichen Umweltschutz. München 1987

*Wüpper, E.: Leselöwen – Umweltgeschichten. ^{3}1990
Wucherpfennig, P.: Umweltbuch. Reinbek 1985
*Zeissner, G./Lotz, B.: Vorlesebuch Kindergarten. München ^{2}1986
Zimmer, K.: Das einsame Kind. Für ein neues Verständnis der kindlichen Urbedürfnisse. München 1982

Für die freundlich erteilte Abdruckerlaubnis danken wir folgenden Verlagen und Autoren:

Bardtenschlager Verlag, München – Georg Zeissner/Brigitte Lotz:
Gänseblümchenwiese (S. 186); Der Waldspaziergang (S. 168/169); Der Tannenzapfen (S. 176/177); Die Spinne (S. 155) aus: Vorlesebuch Kindergarten.

Beltz Verlag, Weinheim – Susanne Kilian:
Supermarktgarten (S. 98/99) aus: Die Stadt ist groß.

Loewes Verlag, Bindlach – Edgar Wüpper: Leckerli (S. 50–52) aus: Leselöwen – Umweltgeschichten.

Anschriften

„Aktion Ameise" – Unabhängige Gemeinschaft junger aktiver Umweltschützer. c/o Gunter Steibach, Irsengrund, 8999 Oberreute
Arbeitsgemeinschaft für Umweltfragen e. V., Matthias-Grünewald-Straße 1–3, 5300 Bonn 2
Arbeitsgemeinschaft der Verbraucher e. V., Heilsbachstraße 20, 5300 Bonn 1
Bund der Jugendfarmen und Aktivspielplätze e. V., Im Elsental 3, 7000 Stuttgart 80 (Hier kann eine Liste bestehender „Kinderbauernhöfe" [Lern- und Erlebnisbauernhöfe] bezogen werden).
BUND – Bund für Umwelt- und Naturschutz Deutschland e. V., Postfach 120536, 5300 Bonn 1
Bundesforschungsanstalt für Naturschutz und Landesökologie, Konstantinstraße 110, 5300 Bonn 2
Bundesgesundheitsamt, Thielallee 88–92, 1000 Berlin 33
Bundesministerium für Ernährung, Landwirtschaft und Forsten, Rochusstraße 1, 5300 Bonn 1
Bundesministerium für Jugend, Familie und Gesundheit, Kennedy-Allee 105–107, 5300 Bonn 1
Bundesministerium für Umwelt, Naturschutz und Reaktorsicherheit, Postfach, 5300 Bonn 1
Bundeszentrale für gesundheitliche Aufklärung, Ostmerheimerstraße 200, 5000 Köln 91
Bundesverband Bürgerinitiativen Umweltschutz e. V., Friedrich-Ebert-Allee 120, 5300 Bonn 1
Deutsche Gesellschaft für Gartenkunst und Landschaftspflege e. V., Markgrafenstraße 14, 7500 Karlsruhe 1
Deutscher Naturschutzring e. V., Kalkuhlstraße 24, 5300 Bonn 3
Deutscher Tierschutzbund e. V., Baumschulallee 15, 5300 Bonn 1
Deutscher Verbraucherschutzverband (DVS) e. V., Lebeberg 4, 6200 Wiesbaden
Deutsche Umwelthilfe, Schloßstraße 12, 7763 Öhningen
Energie- und Umweltzentrum, Am Elmschenbruch 8, 3257 Springe-Eldagsen
Greenpeace, Hohe Brücke 1, 2000 Hamburg 11
Öko-Institut, Hindenburgstraße 20, 7800 Freiburg
Robin Wood, Postfach 102122, 2800 Bremen 1
Schutzgemeinschaft Deutscher Wald, Meckenheimer Allee 79, 5300 Bonn 1
Stiftung „Wald in Not", Wielandstraße 4, 5300 Bonn 2
Umweltbundesamt, Bismarckplatz 1, 1000 Berlin 33

Umweltstiftung World Wildlife Found Deutschland (WWF), Sophienstraße 44, 6000 Frankfurt 90

Vereinigung Deutscher Gewässerschutz e.V., Matthias-Grünewald-Straße 1–3, 5300 Bonn 2

Zentralstelle für Umwelterziehung an der Universität Essen, Universitätsstraße, 4300 Essen